목숨을 걸고 투자하라

THE BATTLE FOR INVESTMENT SURVIVAL by Gerald Loeb

This Korean edition was published by Goodmorning Books in 2008 by
arrangement with the original publisher, Simon & Schuster, Inc., New York
through KCC(Korea Copyright Center Inc.), Seoul.

목숨을 걸고 투자하라
The Battle for Investment Survival

1판   1쇄 펴낸날 2008년 7월 15일
1판 10쇄 펴낸날 2024년 8월 10일

지은이 제럴드 로브
옮긴이 박정태
펴낸이 서정예
표지디자인 디자인 이유
펴낸곳 굿모닝북스

등록 제2002-27호
주소 (10364) 경기도 고양시 일산동구 호수로 672 804호
전화 031-819-2569
FAX 031-819-2568
e-mail goodbook2002@daum.net

가격 14,800원
ISBN 978-89-91378-17-9 03320

* 잘못된 책은 구입하신 서점에서 바꿔드립니다.
* 이 책의 전부 또는 일부를 재사용하려면 사전에
  서면으로 굿모닝북스의 동의를 받아야 합니다.

목숨을 걸고 투자하라

제럴드 로브 지음 | 박정태 옮김

The Battle for Investment Survival

굿모닝북스

|차례| 목숨을 걸고 투자하라

The Battle for Investment Survival

전투에서 전쟁으로, 리스크는 점점 더 커지고 있다

이번에《목숨을 걸고 투자하라》의 개정증보판을 내게 된 것은 두 가지 이유 때문이다. 초판의 수요가 꾸준히 이어지며 20만 부 이상 팔렸고, 각계의 독자들로부터 책의 내용과 관련한 고견(高見)이 답지했다. 초판의 내용은 판을 거듭할 때마다 부분적으로 보완해왔고, 1957년에는 전면 개정판까지 냈는데, 이번에도 그 내용을 거의 수정하지 않고 그대로 실었다. 다만 1964년 세법 개정으로 인해 새로 고쳐야 할 부분은 내용을 수정했다. 기본적으로 이 책의 철학은 세월의 검증을 통과했다. 1935년에 쓴 내용도 있고, 1943년과 1957년에 새로 쓴 장(章)도 있고, 이번 1965년 개정판에 다시 쓴 것도 있다; 이 내용들은 처음 쓰여졌을 때와 마찬가지로 지금도 여전히 유효하다.

그러나 이번 개정증보판에서는 상당히 많은 내용을 추가했다.

이 책이 처음 나왔을 때 독자 한 분이 이렇게 물어왔다. "선생님이 책에서 쓴 생각들을 실제로 활용해 본 적이 있습니까?" 나의 대답은 분명했다. 나는 먼저 내 생각들을 실제로 활용해 본 다음, 그리고 나서

책에다 옮겨 적었다.

자신이 쓸 수 있는 것보다 더 많은 돈을 버는 사람은 그 자체로 투자자다. 그가 투자자가 되고 싶든 말든, 혹은 자신이 투자를 하고 있다는 사실을 알고 있든 말든 문제가 되지 않는다.

장래에 사용하기 위해 현재의 구매력을 아껴두는 것 역시 투자다. 현재의 구매력을 어떤 식으로 따로 챙겨두건 관계없다. 가장 일반적인 방법은 현금을 금고 속에 보관하거나, 은행에 예금하거나, 부동산을 사두거나, 주식이나 채권을 사두거나, 상품선물에 투자하거나, 금이나 다이아몬드를 사놓는 것이다.

투자의 진정한 목적은 기본적으로 필요 이상의 현재 구매력을 미래에 쓸 수 있도록 비축하는 것이다. 가령 한 친구가 하루종일 벽돌을 쌓는 일을 해서 일당으로 48달러를 번다고 하자. 그런데 이 친구는 당분간 자신이 매일 버는 돈 48달러를 저축해 미래를 위해 투자하기로 했다. 어느날 이 친구는 자기집을 짓기로 하고, 벽돌공을 하루 48달러에 고용하겠다고 생각한다. 자기가 저축해둔 게 그 금액이니, 그렇게만 된다면 좋을 것이다.

그런데 실제로는 약간 다른 상황이 벌어진다. 화폐가치가 늘 변동하기 때문이다. 시간이 어느 정도 지났다면 틀림없이 벽돌공의 하루 임금이 정확히 48달러가 되지 않을 것이다. 이보다 떨어졌을 수도 있겠지만, 대개의 경우 올랐을 것이다. 따라서 훗날의 벽돌공 하루 임금으로 48달러를 저축해서는 안 된다. 실제로 이 책의 초판이 나온 이래 임금은 꾸준히 상승했다.

사실 인플레이션이나 생활비 상승, 화폐가치의 하락에 대비해 현재의 구매력을 유지하는 것이야말로 투자에서 가장 먼저 고려해야 할 사항이다.

앞으로 쓸 물건을 따로 비축해둘 경우 창고료나 보험료를 물어야 한다. 그런데 앞으로 쓸 돈을 저축해둘 경우에는 비용을 지불하지 않아도 될뿐더러, 자신이 저축한 돈을 다른 사람이 쓰는 대가로 내는 이자나 배당금을 받을 수 있다. 만약 나중에 원금을 전부 받지 못할 위험이 있다고 느끼면, 추가적인 이익 배당이나 더 높은 이자, 혹은 잠재적인 시세차익(자본이득)을 원할 것이다. 물론 궁극적으로 수익은 최대화하고 위험은 최소화할 것이다.

결국 투자를 위해서는 명목상의 화폐금액이 아니라 구매력에 기초한 수익률을 따져봐야 한다는 것이다. 물가가 오를 때는 최초의 투자원금이 구매력을 상실한 만큼 그것을 보충해줄 만한 충분한 추가 수익을 올려야 한다. 또 물가가 떨어질 때는 처음에 투자한 명목상의 화폐금액을 최대한 유지해야 한다. 대개의 경우 물가 상승기에는 (충분하지는 않지만) 투자수익을 올리기가 쉽지만, 물가 하락기에는 손실을 보기 쉽고 손실 규모도 크다.

내가 처음 투자업계에 몸담았던 1921년 무렵 투자는 비교적 안정된 분야였다. 그런데 1929~32년 사이 많은 사람들이 투자를 "전투(battle)"라고 부르기 시작했고, 나 역시 1943년부터는 이 말을 입에 올렸다. 1957년이 되자 "전쟁(war)"으로 변했고, 리스크는 점점 더 커지고 있다.

투자를 시작하기 전에 모든 측면에서 문제를 연구해보고, 투자에 따르는 위험과 투자의 목적, 성공 가능성을 정확히 이해한다면, 일단 목표의 절반 이상을 달성하고 들어가는 셈이다.

주식시장에서 늘 돈을 버는 사람도 있다. 하지만 이런 사람은 극히 드물다. 주식시장에서 성공을 거두는 사람은 이 책에서 설명한 투자 패턴 가운데 하나를 실천하고 있다는 게 내 믿음이다. 투자의 성공 여부는 투자자의 능력과 그가 가진 돈, 시장에 뛰어드는 시점, 투자하는 동안의 시장 분위기, 그가 감수할 수 있는 리스크에 따라 좌우된다. 물론 투자자의 지식이나 연륜에 따라 조금씩 다르겠지만, 내가 이 책에서 설명한 나의 투자 경험과 투자 아이디어, 투자 원칙과 지침들은 이 책의 독자들이 어디에 투자하든 투자 성과를 높여줄 것이라고 확신한다.

앞서도 말했듯이 이 책의 이전 판에 실었던 내용들도 여전히 유효하다. 하지만 나는 이번 개정증보판에서 세월을 통해 검증됐으며 똑같이 유효한 몇 가지 새로운 아이디어를 추가했다. 또 오늘날 투자업계에서 주목 받고 있는 약간 복잡한 이론들도 소개했다.

이전 판을 읽은 독자들이 자꾸만 물어오는 게 있다. 분산 투자라는 중요한 전제에서 일관성이 없는 것처럼 느껴진다는 것이다. 일관성이 없는 게 아니다. 분산 투자는 초보자에게 꼭 필요하다. 하지만 그 반대로 진짜 큰돈은 집중 투자를 통해 벌 수 있다. 경험을 더 많이 쌓을수록, 리스크를 감수할 수 있는 역량을 더 키워갈수록, 스스로 투자를 계획할 수 있는 능력이 커질수록, 분산 투자의 필요성은 더 적어질 것이다.

1965년 여름

제럴드 M. 로브

제 1 장
지식과 경험, 육감이 필요하다

월 스트리트에서 꾸준히 양호한 수익률을 올리는 것보다 더 어려운 일은 없다. 정말로 그렇다. 이렇게 배우기 어려운 것도 없다. 학교나 교과서에서 알려주는 내용은 단지 이론적 배경일 뿐이다. 주식시장에서 자금을 운용하면서 자기 힘으로 큰 성공을 거둔 개인이나 기업, 투자회사들도 꽤 있다. 그러나 내가 아는 한 지속적으로 성공만 거듭했다는 말은 들어보지 못했다.

보통사람들은 주식시장에 뛰어들면서 단기간에 손쉽게 이익을 올리려 한다. 원금 보전은 물론 높은 소득까지 원한다. 그러면서도 대개는 자기가 하는 다른 일보다 신경을 덜 쓴다. 자신이 누구의 조언을 받고 있는지, 누구를 통해 거래하는지도 별로 생각하지 않는다. 그러다 보니 자신이 거둔 투자 성과가 우연히 얻어진 것인지, 아니면 열심히 공부해서 얻은 것인지조차 구분하지 못하는 경우가 허다하다. 어떤 종목을 사야 할 때인데도 판단을 잘못해 팔아버리고, 예기치 못한 시장의 급등락으로 큰 손실을 입기도 한다.

실전 경험을 통해 쌓은 지식이야말로 주식시장에서 투자수익을 올릴 수 있는 비결이다; 손실을 보는 이유는 지식이 없기 때문이다. 지식이란 무엇인가? 정보와 그것을 시장의 편에서 해석할 수 있는 능력을 말한다. 그러나 주식시장에서 돈을 벌려면 천부적인 재능이나 육감이 추가적으로 필요하다. 아무리 많은 공부를 하고 다년간의 경험을 쌓았다 해도, 주식시장이 자신에게 정말로 맞지 않는다면 절대 성공할 수 없다.

엔지니어링을 배우는 학생은 응력(stress)과 변형(strain)에 관한 법칙을 배운다. 이 법칙은 학생이 죽을 때까지 변하지 않는다. 어떤 문제에 대해서는 정답이 여러 개 있을 수 있고, 똑똑한 친구라면 남들보다 더 빨리 혹은 독창적인 방식으로 문제를 풀 수 있다. 어쨌든 분명한 법칙에 의해 뒷받침되는 정답은 반드시 있게 마련이다.

그런데 주식의 가치에는 이런 식의 정답이 없다. 열 명의 전문가들에게 물어보면 저마다 다른 열 가지 결론을 내놓는다. 게다가 얼마 있다 다시 물어보면 상황이 변했다며 자신의 결론을 바꾸기까지 한다. 시장가치는 대차대조표와 손익계산서에 의해 부분적으로 결정될 뿐이다; 시장가치는 대차대조표나 손익계산서보다 희망과 공포라는 인간 본성에 의해 더 크게 좌우된다; 시장가치에 영향을 미치는 요인은 인간의 탐욕과 바람, 새로운 발명이나 발견, 금융긴축, 날씨, 유행, 신의 섭리에 이르기까지 이루 헤아릴 수 없이 많다.

심지어 특정 시점의 주가가 그 이후의 시장가치를 결정하는 데 아주 큰 영향을 미친다. 주가가 낮으면 주식 보유자들이 겁을 집어먹고 팔거나, 매수하려고 했던 투자자들이 사는 것을 미루기도 하고, 반대로 어떤 투자자들은 싸다는 생각으로 매수하기도 한다. 주가가 높을 때도 이와 마찬가지의 현상이 벌어져 그 이후의 주가에 영향을 미친다.

그렇다면 주식시장에서 성공을 장담하는 기관투자가나 개인투자자는 과연 무엇을 믿고 그러는 것일까? 자신의 투자 성과에 대해 솔직히 말할 수 있는 투자자는 과연 얼마나 될까? 누구나 충분하다고 인정할 수 있는 장기간에 걸쳐 꾸준히 괜찮은 수익률을 올림으로써 투자원금의 구매력도 유지하고 현금화할 수 있는 자산가치도 계속해서 불려나가는 게 과연 가능한 일일까? 아마도 자기는 다르다고 주장하는 사람이 있을 것이다. 하지만 기간을 아주 길게 잡으면 틀림없이 이 사람도 그렇지 못할 것이다.

그렇다면 이제 보통사람의 문제를 이야기해보자. 대개의 보통사람은 자기 분야에서조차 대단한 성공을 거두지 못했지만 주식투자만큼은 아주 쉽다고 단정한다. 우리가 아는 보통사람은 증권회사 직원과 몇 분 얘기를 나누거나 "투자 자문료"로 얼마를 내고 나서는 이러저러한 주식을 매수한다. 아니 정확히 표현하자면 다른 사람에게 이러저러한 주식을 팔게끔 하는 것이다. 첫 번째 주식거래에서 "이익"을 올리면 "아, 나는 정말 똑똑해" 혹은 "월 스트리트도 별 것 아니군"이라고 생각하기 십상이다. 당연히 이 사람은 더 많은 이익을 바랄 것이다. 만약 손실을 보게 되면 워낙 빨리 돈을 잃었으니 회복하는 것도 금방일 것이라고 자신한다. 대부분의 경우 이런 사람은 증권회사 직원이나 투자자문가에 대해 거의 알지 못한다. 자기가 만난 증권회사 직원이나 투자자문가가 이 분야에서 얼마나 일했는지, 이들의 과거 투자 실적이 어떠했는지 잘 모른다. 더구나 주식투자에 관한 지식 역시 거의 없다. 그러다 보니 돈을 잃게 되는 것이다.

다시 한번 강조하지만, 주식시장에서 성공하는 것보다 더 어려운 일은 없다. 특히 아무런 지식도 없는 사람들, 그리고 주식투자를 쉽게 생각하는 사람들은 절대로 성공할 수 없다.

사실이 그렇다면 이제 어떻게 하라는 말인가? 아무리 어두운 그림도 밝은 면이 있듯 투자의 세계에도 밝은 면이 있지 않을까? 주식시장의 미덕은 과연 무엇인가? 주식투자는 과연 공부할 가치가 있는 것일까?

주식시장의 가장 중요한 미덕은 끊임없이 주가가 공표된다는 것과 거래소에 상장된 주식은 충분히 안정적인 유동성이 보장된다는 점이다. 이런 미덕을 갖고 있는 투자대상은 어디에도 없다. 부동산을 떠올려보면 쉽게 알 수 있을 것이다. 주식은 보통사람도 아주 적은 거래비용으로 쉽게 사고 팔 수 있다. 보유 주식의 가치는 언제든 평가할 수 있다. 항상 경매시장을 통해 거래되므로 유동성이 높고 거짓가격에 속을 걱정은 하지 않아도 된다.

따라서 주식시장을 무시해버려서는 안 된다; 다만 주식시장을 최대한 활용하려고 노력하라; 월 스트리트에는 함정이 있다는 점을 잊지 말라; 불가능한 것을 바라지 말라.

주식시장에서는 지켜야 할 몇 가지 규칙이 있다. 내가 가장 강조하는 첫 번째 규칙은 매일같이 주가가 공표되고, 언제든 경매시장을 통해 사고 팔 수 있는 주식만 매수하라는 것이다. 거래가 활발히 이뤄지며, 사고 파는 사람이 많은 종목일수록 특정 시점의 주가가 공정한 가격일 가능성이 높다. 자신이 벌고 있는지 잃고 있는지 반드시 알아야 한다. 과감히 이익을 실현하고, 과감히 손절매할 수 있는 능력 또한 중요하다. 투자의 세계에서 자신을 지켜내기 위해서는 무엇보다 최소의 비용으로 재빨리 투자자금을 옮길 수 있는 역량을 길러야 한다.

물론 주가가 매일같이 공표되지 않는 주식을 매수해서도 돈을 벌 수 있다. 처음에는 가격조차 형성되지 않는 벤처기업 주식에 투자해 돈을 벌 수도 있다. 그러나 내가 말하고자 하는 것은 주식시장의 가장 큰 리스크이자 함정을 피해가라는 것이다. 언제든 사고 팔 수 없는 종목을 건드리지만 않는다면, 일반 투자자로서는 감당해내기 힘든 가장 큰 위험에서 벗어날 수 있다. 사고 파는 사람이 많고 거래도 활발한 종목은 누가 주가를 조작하기도 어렵다. 이런 종목은 투자자로부터 일임 매매를 위탁 받은 증권회사 직원이 주가를 속여 이익을 감추거나, 손실이 났는데 일부러 알리지 않으려 해도 무척 어렵다.

사실 위험을 최소화한다는 점 말고도, 거래소에 상장된 주식은 여유 자금의 가치를 보전하고 늘릴 수 있는 최고의 투자대상이다. 따라서 주식시장에 대해 더 많이 배울수록 재산을 늘릴 수 있는 가능성은 더 커진다. 세상살이의 이치가 다 그렇다. 큰돈을 버는 사람은 아주 극소수다. 자기 분야에서 진짜로 경쟁력 있는 프로페셔널이 되고, 전력을 다해 진정한 성공을 이뤄내는 사람은 정말로 드물다. 대다수는 그저 하루하루 살아나가기 바쁘고, 자기가 전혀 원하지 않았던 변변찮은 일에 매달려 생활한다.

더 잘하기 위해 노력하는 것은 우리 자신에게 달렸다. 주식투자도 마찬가지다. 자신이 완벽한 존재가 아니라는 사실을 얼마나 분명히 깨닫고 있느냐가 바로 주식시장에서 자신이 얼마나 성공할 수 있느냐를 가늠해주는 열쇠다. 위험이 있다는 점을 깨닫는 게 중요하다: "서두르면 일을 망친다." 주식시장에서는 패가망신할 수 있다.

열심히 공부하고 부단히 노력하라. 진정한 지식이 부를 가져다 주고 금전적 보상을 해주는 곳으로 이 세상에 주식시장만한 곳이 없다.

제 2 장

반드시 필요한 투기적 자세

사람들은 투자를 하면서 너무 큰 것을 기대한다. 돈을 계속해서 "굴리고 있어야" 한다고 생각한다. 옳지 않은 생각이다.

대개의 사람들이 생각하는 것처럼 투자가 그렇게 쉽다면, 그저 돈될 만한 데 묻어두기만 하면 그뿐이라면, 복리이자만 받아도 전혀 힘들이지 않고 큰 재산을 모을 수 있을 것이다.

연 6% 복리이자면 12년 만에 원금이 두 배로 불어나고, 연 5% 복리이자라 해도 14년 반이면 원금은 두 배가 된다. 복리이자의 마술은 프랭크 A. 반더리프(Frank A. Vanderlip)가 1933년 1월 〈새터데이 이브닝 포스트Saturday Evening Post〉에서 아주 잘 묘사했다. 반더리프는 이 기사에서 600년 전 이탈리아의 대부호였던 메디치(Medici) 가문이 10만 달러를 연 5% 복리이자로 투자했다면, 1933년에 그 가치는 51경 7100조 달러가 됐을 것이라고 썼다. 금으로 환산한 최초의 투자원금은 지름이 9인치 정도 되는 금구슬에 불과하지만, 1933년의 가치는 현재 전 세계 중앙은행의 태환(兌換)용 금 보유고의 4600만 배에 이른다.

투자란 단순히 돈을 맡겨두고 이자를 받거나 이익을 내는 것보다 훨씬 더 복잡하다. 물가가 떨어지는 시기에는 리스크를 감수하고 무엇을 사두었다가 괜히 비싼 값만 치르고 투자원금을 축내게 된다. 물가가 떨어질 게 확실하다면 현금을 갖고 있는 게 가장 좋은 투자방법이다.

그런데 물가 상승이 우려되는 시기에는 단지 문제가 어려워질 뿐만 아니라 몇 배로 더 복잡해진다. 반더리프는 이 점 역시 아주 이해하기 쉽게 설명했다. 어느 투자자가 1900년에 1000달러를 은행에 예금했다면, 1920년에는 투자원금과 복리이자를 합쳐 2000달러가 됐을 것이다. 하지만 반더리프의 계산에 따르면, 만약 이 투자자가 최초의 투자원금 1000달러로 1900년에 살 수 있었던 "물건들"을 똑같이 1920년에 사고자 한다면 2000달러 외에 1000달러가 더 필요하다. 화폐의 구매력이 그만큼 떨어졌기 때문이다.

원금을 안전하게 보전하는 데 가장 위협적인 요인은 바로 이처럼 화폐의 구매력이 변하는 것이다. 이 밖에도 위협적인 요인들은 많다. 세금부과, 물자통제, 전쟁, 새로운 발명, 정치적 변화, 혁명이 그렇고, 심지어 날씨와 대중 심리의 급변도 화폐의 구매력에 큰 영향을 미칠 수 있다.

그렇다. 안타깝게도 보통의 투자자들이 바라는 것은 현실 세계에서 실현될 수 없다. 원금을 안전하게 보전하려면 응당 그 대가를 치러야 한다. 단순히 이자나 이익을 조금 떼준다고 해서 해결되는 게 아니다.

만약 무한대의 지불능력을 갖고 있는 기관이 매년 일정한 수수료를 받고서 아주 장기간 동안 원금의 구매력을 유지해준다고 한다면, 알만한 사람들은 너도나도 돈을 맡길 것이다. 물론 이 기관의 지불능력이 유지될 것이라고 믿는다는 전제가 필요하지만 말이다.

성공적인 투자에 필요한 육감과 불굴의 의지를 지니고 있으며, 교육과 경험, 올바른 시각을 통해 이 같은 역량을 키워갈 수 있는 사람은 극소수다. 더구나 성공하는 데 이와 비슷한 능력을 요구하는 다른 분야에 비해 그 숫자는 훨씬 더 적다. 실제로 전체 투자자 가운데 일류 투자자가 차지하는 비중은 뛰어난 장군이나 훌륭한 의사, 일류 과학자와 변호사, 작곡가가 그 분야에서 차지하는 비중보다 많지 않다. 물론 어떤 이들은 평균적인 투자자들보다 능숙하게 투자하고 투기도 해서 전체적으로 높은 투자수익률을 올린다. 또 대부분의 사람들보다 구매력을 훨씬 더 잘 보전하는 사람들도 많다.

하지만 이 장과 다음 몇 개 장은 그렇지 못한, 좀 고지식한 사람들을 위해 쓴 것이다. 이런 사람들은 앞서 설명한 논리를 먼저 이해하지 않으면 절대로 투자수익을 얻을 수 없기 때문이다.

투자의 목적이 무엇인가에 대해 반드시 아주 분명하게 정의해둘 필요가 있다. 성공하기 위해서는 누구나 투자 목표를 아주 높이 잡아야 한다. 그저 높은 정도가 아니라 매우 투기적인 목표라야 한다. 동시에 안전한 것이어야 한다. 혹시 역설적인 이야기로 들릴지도 모르겠다. 어떤 투자대상을 매수하는 사람은 자기가 투자한 원금을 미래 시점에 돌려받을 것만 생각해서는 안 된다. 또 자신이 투자하는 동안 받을 수 있는 어떤 형태의 소득이든 거기에 너무 매달려서는 안 된다.

투자 계획을 세울 때는 모든 투자에 따르기 마련인 평균적인 손실, 즉 불가피한 판단 실수로 인한 손실과 화폐가치의 하락이나 세금납부, 당초 예정했던 것보다 어쩔 수 없이 앞당겨 투자를 회수해야 할 때의 손실 등을 전부 상쇄하고도 충분한 투자수익을 올릴 수 있도록 목표를 높게 잡아야 한다.

투자의 목적을 정의한다는 게 다소 형식적으로 여겨질지 모르겠지만, 경제적인 의미에서 확실히 정의해두어야 한다. 그동안은 그냥 넘어갔다 해도, 지금은 우리 주제를 논의하는 데 아주 기본적인 것이기 때문이다. 우선 논의의 초점을 한정하도록 하겠다. 투자원금을 유가증권이나 현금의 형태로 적절하게 굴려나가는 것이다.

원금 보전이라는 문제는 현재 갖고 있는 필요 이상의 구매력을 미래에 사용할 수 있도록 비축해둠으로써, 언제든 아무런 손실 없이 가용자금을 다시 확보하는 것이다.

"투자"란 기본적으로 다른 사람에게 투자원금을 일시적으로 사용토록 해 그 사용료를 받으려는 것이다.

"투기"란 투자원금을 활용해 현재 갖고 있는 필요 이상의 구매력을 온전히 보전할 뿐만 아니라 배당금이나 자본이득(시세차익) 같은 형태의 투자 수익을 올림으로써 원금을 늘리려는 것이다.

성공적인 투자란 경제적 생존을 위한 전투다.

제 3 장
이상적인 투자는 없는가

내가 보기에 보통의 "투자자들"은 일단 다른 이론은 전부 제쳐놓은 채 원금을 맡겨두면 합리적인 소득이 나오고, 필요할 때는 언제든 원금을 즉시 찾을 수 있는 영구적인 투자수단을 찾는 것 같다. 이것이야말로 사실 가장 전통적인 투자의 목표이자 기준이라고 할 수 있다. 그런데 적어도 내가 아는 한 오늘날에는 이런 투자수단을 찾을 수 없다. 우리가 아는 모든 투자수단은 한 가지 혹은 몇 가지 점에서 그렇지 않기 때문이다.

더욱 안타까운 사실은 만약 그런 "이상적인" 투자수단이 영구적으로 존재한다 하더라도 가장 중요한 점을 놓칠 수밖에 없다. 다름아닌 최초에 투자한 구매력과 똑같은 수준의 원금과 소득을 돌려받을 수 없다는 점이다. 물론 보통의 투자자가 바라는 게 비합리적인 것은 아니다. 이들이 바라는 건 투자원금과 그것을 사용한 대가로 지불하는 사용료를 돌려받는 것뿐이다. 은행에 가서 수표를 내고 "금약관(gold clause)" 채권을 매수한 뒤 금괴 실물을 내놓으라고 요구하는 게 아니다. 보통사람들은 그저 "1달러면 1달러지"라고 이야기한다. 하지만 어느날 갑자기 자신의 생각이 틀렸음을 깨닫게 된다. 적어도 내가 지금까지 경험해본 바로는 보통의 투자자가 생각하는 이상적인 "투자"는 이 세상 어디에도 존재하지 않는다.

이상적인 투자가 단지 이론으로만 가능하다는 사실은 쉽게 이해할 수 있다. 그 어느 것도 안전하지 않다; 우리 삶의 어느 분야에서도 확실한 것은 없다. 특히 우리 재산은 "투자한 원금"에 복리이자가 붙고 투자수익이 쌓이듯 그렇게 빨리 증가하지 않는다. 조정이라는 게 자주 찾아온다. 기업의 부도사태나 채권채무의 삭감을 통해, 혹은 화폐가치의 평가절하를 통해 조정이 이뤄질 수 있다. 아주 오래 전부터 이런 일은 늘 있어왔다.

내가 생각하기에 이 같은 조정은 자연스럽고 정상적인 것이다. 물론 유가증권뿐만 아니라 보험이나 부동산까지 포함해 모든 "투자수단"을 전부 고려한다 해도 완벽한 안전은 확보할 수 없다는 게 유감스럽기는 하지만 말이다.

세월에 따라 조류는 이리저리 왔다 갔다 한다. 채무자에게 유리한 쪽으로 급격히 방향을 틀게 되면 "인플레이션" 때문에 못 살겠다는 아우성으로 넘쳐난다. 물가가 너무 올랐다는 비난의 목소리가 갈수록 높아진다. 이런 흐름이 정점에 달한 뒤에는 채권자에게 유리한 쪽으로 방향을 트는데, 이제 "디플레이션"을 성토하게 된다. 상품가격이 폭락하고 시중자금이 말라버리는 것이다.

이런 시련을 겪고 나면 보통사람들은 비로소 언제 "안전한 투자"를 해야 하는지 진지하게 고민하게 되고, "투기"의 필요성을 깨닫게 되는 것이다.

내가 여기서 투기라는 표현을 쓴 것은 기본적으로 조류의 변화를 미리 내다본다는 의미와 함께 구매력을 지켜내려고 애쓴다는 점을 전하려는 것이다. 디플레이션 시기에는 투자원금과 고정이자를 보장하는 정부 채권을 매수하고, 인플레이션 시기에는 주식을 보유하는 게 구매력을 유지하는 길이다.

그런 점에서 대다수 보통사람들은 투기든 투자든 성공적으로 해나가기가 어렵다는 점을 여기서 밝혀둘 필요가 있다. 이것은 마치 처음에 큰돈을 번 사람이 자신의 재산을 계속 유지하기 어렵고, 현재 누리고 있는 행복 역시 지켜나가기 어려운 것이나 마찬가지다.

더구나 투자원금을 성공적으로 보전하려면 다수 군중을 편들려고 하는 포퓰리즘 정부나 사회주의 정부가 새로 부과하는 각종 장애들도 이겨내야 한다.

물론 많은 사람들은 이런 생각이 좀 낯설게 느껴질 것이다. 하지만 모두가 따르는 투자 방식은 그 자체로 실패할 수밖에 없다. 따라서 투자원금을 지켜내고 보전하기 위해 가장 먼저 해야 할 일은 스스로 군중으로부터 벗어나는 것이다.

철저히 개인주의적인 방식으로 사고하는 게 필요하다. 자기 자신을 지키는 데 최선의 길이 무엇인지 진지하게 고민해야 한다. 다수 군중은 늘 평균치에 불과하고, 그저 아무것도 아닌 한 사람에 불과하다. 소수의 성공적인 개인과는 정반대다. 다수 군중은 그래서 다른 사람이 가진 것을 빼앗으려 들고, 그게 자신한테서 나온 것이라고 믿는다. 사실 이들도 불평불만 없이 노력한다면 꽤 많은 돈을 벌 수 있다. 하지만 열심히 노력하고 절약했는데도 안전하게 투자하지 못해 재산을 모으지 못하게 되면, "반사회적인" 수단에 호소하기 시작하는 것이다.

오랜 세월에 걸쳐 저축이라고 하면 순금 같은 귀금속을 매수하거나 집이나 땅처럼 누가 가져갈 수 없는 재산을 모아두는 게 전부였다. 내가 생각하기에 먼 미래 시점에 지금의 미국인을 돌아보면 역시 대부분이 무지했음을 알 수 있을 것이다. 물론 누구의 도움도 구하지 않고 각자 알아서 결정하고 행동에 옮기는 건 전적으로 개인의 자유다.

하지만 안타깝게도 자신의 재산을 정말로 보전해야 할 사람은 많은 재산을 가진 사람들이 아니라 적은 재산을 갖고 있는 사람들이다. 이들이야말로 손실을 보고 있다고 느끼지도 못하는 사이 화폐가치의 평가절하로 인해 심각한 피해를 입을 수 있기 때문이다. 많은 재산을 가진 사람들은 오히려 이런 문제를 아주 능숙하게 헤쳐나간다.

자신이 가진 재산으로 귀금속을 사모으지도 않았고, 사업에 쓰지도 않았다면, 즉 우리가 알고 있는 "투자"에 사용하고자 한다면 가장 먼저 이 점을 이해해야 한다. 조류의 변화를 정확히 인식하고, 가치를 분석할 줄 알아야 한다는 것이다. 그래야 성공하는 데 반드시 필요한 투자자금의 이동을 지속적으로 해낼 수 있다.

이렇게 할 수 없다면 최소한 정직하고 유능한 전문가의 도움을 구할 수 있는 안목이라도 가져야 한다. 이런 전문가는 드물기는 하지만 구할 수는 있다. 오히려 이보다 더 찾기 힘든 건 전문가를 제대로 파악할 줄 아는 안목과 전문가를 믿고 따르려는 자세를 가진 사람이다.

제 4 장

초보자가 피해야 할 함정

이 책에서 설명하고 있는 내용이 불만스럽다면 우선 이 책이 평균적인 보통 투자자를 대상으로 하고 있다는 점을 이해하기 바란다. 누구든 처음 요리를 할 때는 달걀을 삶는 정도에서 시작해야지, 궁중요리부터 도전해서는 안 된다. 궁중요리가 아무리 맛있다 해도 그러면 안 된다. 마찬가지로 이 책을 읽는 경험 많은 독자들 가운데는 내가 여기서 제시하는, 증권거래소에 상장돼 있고 거래도 활발히 이뤄지는 주식 말고도 다른 유가증권에 투자해 돈을 번 경우가 있을 것이다. 그렇게 돈을 벌 수 있는 방법은 많이 있겠지만 일단 여기서는 잠시 제쳐두고자 한다.

증권거래소에 상장돼 있는 거래량이 많은 주도주를 거래하면서 성공 투자의 기본원칙을 직접 체험을 통해 배우는 게 누구든 가장 먼저 할 일이다. 특히 중요한 것은 이 과정에서 자신의 감정, 즉 손실에 대한 공포나 더 큰 이익에 대한 탐욕을 스스로 통제할 줄 아는 능력을 길러야 한다. 대부분의 투자자들이 이런 감정에 사로잡혀 잘못된 투자 결정을 내리고 이로 인해 값비싼 대가를 치른다. 이렇게 충분한 경험을 쌓은 다음에 다른 쪽으로 눈길을 돌려도 늦지 않다. 그러나 신규로 상장된 주식이나 유행처럼 떴다가 금방 사라지는 테마주, 혹은 장외주식에 보통의 투자자들이 투자해 성공하겠다고 생각한다면 엄청난 오산이다. 안타깝게도 대개의 경우 비전문가들이 무모하게 이런 행동을 한다. 전문성이 떨어질수록 행동 반경은 더 넓은 법이다.

따라서 주식시장에 뛰어들기로 결정한 보통의 투자자들이 처음으로 해야 할 일은 매매할 주식을 "유동성이 높은 상장주식"으로 한정하는 것이다.

그렇게 하면 주식을 사고 팔 때 드는 거래비용도 줄일 수 있다. 이건 아주 큰 이점이다. 단순히 거래수수료를 절약할 수 있을 뿐만 아니라 매수호가와 매도호가 간의 차이가 적기 때문이다. 어느 주식이든 매수호가와 매도호가 간의 차이는 해당 종목의 유동성에 따라 천차만별인데, 거래량이 많은 상장주식의 경우 이 차이가 아주 적다.

유동성이 높은 주식을 거래할 때의 또 한 가지 좋은 점은 매일매일의 주가 흐름을 관찰할 수 있다는 것이다. 어느 기업이든 문제가 생기면 가장 먼저 주가가 흔들리는데, 그것도 갑자기 큰 폭으로 떨어진다. 그런데 거래량이 적은 상장주식이나 장외주식의 경우 이런 문제가 뒤늦게 반영된다. 이런 종목들은 주가라고 해봐야 오래 전에 거래된 가격이거나 매도호가인 경우가 태반이고, 실제로 매매된 거래량은 거의 없기 때문에 해당 기업에 문제가 있는지 여부를 주가로 확인하기가 어럽다.

물론 지금 내가 일하고 있는 증권업계의 고객층은 계속 늘어날 것이다. 주로 채권에 투자하는 기관투자가 고객들은 전문가들이고, 이들은 증권회사와 대등한 관계에서 거래한다. 그런가 하면 일찌감치 주식투자에 성공해 다양한 투자대상을 찾는 고객들도 있다. 또 주가가 본격적으로 상승하기 전에 낮은 가격으로 주식을 매수하는 주도 면밀한 프로 투자자나 "준비된" 투자자 고객도 있다. 그러나 이런 투자수익은 기꺼이 리스크를 감수하는 프로 투자자들이 어쩌다 한 번씩 올릴 수 있는 것이다.

현대사회에서는 전문성을 확보하는 게 매우 중요하다. 투자의 세계에서도 마찬가지다. 부동산이나 외환시장, 상품시장, 해외주식, 비상장주식처럼 이것저것 손을 대는 투자자보다는 한 가지 투자대상을 선택해 그것을 완벽하게 이해하는 투자자가 훨씬 더 좋은 결과를 얻는다.

공식적인 증권거래소에 상장된, 거래량이 많고, 주도주로 손꼽히는 종목 이외에는 손을 대지 말라. 그러면 일단 초보자가 빠지기 쉬운 가장 큰 함정을 피해가는 것이다.

물론 이렇게 묻는 사람도 있을 것이다. 모두가 내 말을 따른다면 신생 벤처기업들은 어디서 자금을 조달할 것이며, 장외시장 주식을 전문으로 거래하는 딜러들은 뭘 먹고 살겠느냐고 말이다. 전혀 걱정할 필요가 없다. 증권거래소에 상장된, 거래량이 많은 주도주를 제쳐놓은 채 투자에 성공하는 사람의 숫자는 지극히 적기 때문이다.

증권거래소에 상장된 주도주에 투자해 성공을 거뒀다면 성공적인 투자의 기본원칙이 무엇인지 배웠을 것이다. 이제 좀 다른 쪽으로 눈을 돌려 보려는 투자자들도 나올 것이다. 가령 전환사채를 공부해 이 분야에서는 어떻게 투자해야 하는지 이해할 수 있다. 또 기관투자가들은 합리적으로 성공이 기대되는 곳에 적정 비용으로 자금을 공급해 언제든 새로운 프로젝트를 뒷받침할 태세를 갖추고 있다.

우리가 찾고자 하는 것은 원금을 보전해줄 수 있는 투자수단이라는 점을 명심해야 한다. 이런 생각을 굳게 지켜나가는 투자자는 적고, 실제로 이렇게 투자해서 성공을 거두는 투자자는 더 적다. "오로지 주도주만" 투자하는 방식을 고집한다면, 어느 정도 조정을 겪는 것도 감수할 수 있어야 한다. 시장에서 선호하는 주식은 너무 과도하게 올라 자연히 주가의 흐름이 꺾일 수 있기 때문이다. 그런데 인기가 없는 주식은 헐값에라도 넘기지 않을 수 없을 정도로 주가가 곤두박질치기도 한다. "주도주"에 대한 수요가 워낙 많다 보면 인수합병(M&A) 등을 통해 새로운 주도주가 탄생하기도 한다. 어쨌든 여기서 설명한 원칙을 그냥 흘려버려서는 안 된다. 다른 무엇보다 우리의 첫 번째 원칙은 증권거래소에 상장된, 거래량이 많은 주도주에 집중하는 것이다.

증권업자들이 띄우는 주식, 싸구려 저가주, 그럴듯한 장밋빛 전망으로 포장된 신생 기업 주식, "작전세력"들이 무료 투자강의에서 선전하는 주식, 각종 선전물에 "대박주"로 이름을 올려놓은 주식은 아예 곁눈질할 생각도 하지 말라.

제 5 장

자본이득을 얻기 위한 투자

이제 적어도 시작 단계에서만큼은 증권거래소에 상장된, 거래량이 많은 주도주에만 투자하겠다고 결심했을 것이다. 그러면 다음에 할 일은 "자본이득(시세차익)을 얻기 위해 투자하는 방법"을 배우는 것이다. 어느 주식을 매수하든 일단 그 주식에 투자하면 배당소득을 얻을 수 있는지, 시세차익을 올릴 수 있는지, 혹은 배당소득과 시세차익을 모두 거둘 수 있는지 먼저 따져봐야 한다. 가령 이렇게 생각해보자. 100달러짜리 주식 10주를 매수했는데, 이 종목은 한 해 50달러의 확실한 배당금을 주지만 주가는 12개월 안에 1~2달러밖에 오르지 않는다면 연간 기대 투자수익은 60~70달러가 된다. 반면 다른 종목은 배당금은 주지 않지만 12개월 안에 두 배로 오를 가능성이 있다면 연간 기대 투자수익은 1000달러에 달한다.

훨씬 더 많은 투자수익이 기대되는 종목을 제쳐놓고 좋은 성과를 바란다면 그야말로 어리석은 일일 것이다. 단지 "주식을 갖고 있기 위해" 아니면 "배당소득을 위해" 주식투자를 한다면 차라리 현금을 갖고 있는 게 더 낫다. 이 점은 아주 결정적이다. 성공적인 프로 투자자와 맨날 손실을 보는 아마추어 투자자 간의 가장 큰 차이는 여기에 있다. 바로 이 점 때문에 시장이 위험해 보일 때 떠나 있는 것이다. 시장이 하락할 가능성은 항상 신중하게 체크하고 있어야 하지만, 자신에게 유리하다면 최대의 매수 포지션을 가져가야 한다. 생활비로 쓸 소득이 필요할 경우에는 주식을 매수할 때 미리 세워놓은 비율만큼 주식을 팔면 아무런 문제도 되지 않는다. 그렇게 해서 마련한 "소득"이 필요한 생활비를 충당할 수 있다. 물론 때로는 시세차익을 고스란히 까먹을 수도 있고, 심지어 투자원금을 축내는 것일 수도 있다. 하지만 그렇다 하더라도 단지 "배당소득"을 위해 주식을 매수하는 것보다는 이 방법이 훨씬 더 안전하다.

무슨 일이든 처음에 해야 할 일은 어떻게 하는지 배우는 것이다. 대부분의 투자자들에게 공통적인 핸디캡이 바로 이것이다. 이들은 아무런 경험도 없다. 더욱 안타깝게도 이들 대부분은 자신과 마찬가지로 경험이 없는 사람에게, 혹은 주식투자를 하지 말라고 권하는 사람들에게 조언을 구하거나 증권회사 직원과 투자자문가, 애널리스트가 하는 말에 전적으로 의지한다.

내가 여기서 말하는 경험은 주식시장의 모든 측면을 전부 겪어보는 것이다. 따라서 어느 기업의 주식을 사놓은 뒤 그냥 몇 년 갖고 있는 것은, 그렇게 해서 돈을 벌었든 돈을 잃었든 전혀 경험이 아니다. 과연 개인이 값비싼 수업료를 지불하지 않고도 주식시장에 관한 이런 귀중한 지식을 어떻게 얻을 수 있을지 생각해본 적이 있다. 시장에서 아주 고가도 아니고 저가도 아닌, 평균 정도의 가격으로 거래되는 종목 100주 정도를 살 만한 자금으로 그때그때 적절한 타이밍을 잡아 롱포지션(매수)을 취하거나 숏포지션(공매도)을 취함으로써 꾸준히 배워나가는 게 내가 생각한 방법이었다. 이렇게 하면 투자원금을 최소화할 수 있고 리스크도 줄일 수 있다. 이 방법에서는 다른 투자 포지션을 취하려면 기존의 포지션을 먼저 정리해야 하기 때문에 초보 투자자에게 유리하다. 대개의 경우 주식시장에 처음 뛰어든 투자자들은 한 종목 한 종목씩 매수 종목을 늘려나가다 주식시장이 하락세를 보이면 미처 자신의 미숙함을 깨달을 사이도 없이 모든 종목에서 손실을 보게 된다. 내가 제시한 방법에서는 어느 종목을 매수한 투자자든 해당 종목을 계속 보유할 것인지, 손절매를 하거나 이익실현을 할 것인지, 아니면 다른 종목으로 교체할 것인지 반드시 결정해야 한다. 이 방법은 주식시장을 배우는 데 매우 유용하며, 많은 초심자들이 마음속으로 거래하는 "모의 투자"와는 전혀 다르다. 모의 투자에서는 손실에 대한 공포나 더 많은 이익을 얻으려는 탐욕처럼 투자자의 심리에서 비롯되는 결정적인 요인들을 시험해볼 수 없다. 또한 이 방법에서는 언제든 확실해 보이는 매수나 매도 기회가 없을 경우 시장에서 빠져나와 있어야 한다는 점도 배울 수 있다.

이 방법에서는 투자 포지션을 빈번하게 교체해야 한다. 혹시 이 방법이 주식투자를 하면서 부딪칠 수 있는 어려움을 너무 두려워하는 게 아니냐고 지적하는 사람도 있겠지만 장담하건대 한번 해보면 금방 마음이 바뀔 것이다. 더구나 이 방법을 따라 해보면 타이밍이 얼마나 중요한지 절실히 느낄 것이다. 주가가 떨어져 값싸 보인다고 해서 그 주식을 싸게 사는 것만으로는 충분하지 않다. 반드시 주가가 오르기 시작할 때 매수해야 한다. 누구든 평균 정도의 주가에 거래되는 종목을 100주 매수할지, 고가의 종목 50주를 매수할지, 저가의 종목 200주를 매수할지, 아니면 10여 개의 종목을 10주씩 매수할지 결정해야 한다. 어떤 경우든 그 장단점이 드러나는 데 그리 오랜 시간이 걸리지 않을 것이다. 아무리 많은 책을 읽더라도 자신의 생생한 경험보다 더 중요할 수는 없다.

물론 이렇게 하려면 반드시 매일 몇 시간 동안은 주식투자에 전념해야 한다. 이보다 더 논리적인 것도 없다. 대부분의 사람들은 정말 놀라운 경험을 하게 될 것이다. 생활비나 각종 주식거래 비용과 세금 등을 제하고도 저축할 만한 투자수익을 올리려면 몇 달은 이렇게 해봐야 한다. 그렇게 여러 달이 지나면 주식투자를 바라보는 안목이 트여 그냥 시장의 흐름에 맡겨둘 수 있을 것이다. 누구든 반드시 투자에 시간을 쏟아야 한다. 그렇게 해야만 자신의 여유자금이 미래의 불확실한 자산이 되는 것을 피할 수 있고, 주식투자로 단순히 생활비를 버는 데 그치는 게 아니라 자신의 부를 늘리는 보다 강력한 수단을 손에 쥘 수 있는 것이다.

이렇게 첫 경험을 쌓는 데 필요한 자금은 아주 작아야 한다. 자신이 가진 재산의 10%를 넘지 않는 게 좋다. 5000달러 정도면 적당하고, 굳이 그 이상일 필요는 없다. 시행착오를 통해 배우기로 마음먹은 기간 중에도 당연히 시간을 투자해야 한다. 하지만 자신의 나머지 자금을 따로 제쳐놓은 채로 그냥 놔두려면 어느 정도의 자제력이 필요하다.

더구나 이 기간 중에 인플레이션이 심각해져 화폐의 구매력이 떨어졌다면 그 자체로 손실을 치러야 한다. 하지만 자신의 재산 전부를 갖고 실험한다면 이보다 그 수업료가 훨씬 더 클지도 모른다. 재산의 10%로 제한한 게 이 책의 독자들에게 실제로 딱 들어맞지는 않을 것이다. 더 큰 성공을 위해서라면 과감히 더 큰 리스크를 감수하겠다는 모험적인 독자들도 있을 것이기 때문이다. 아마도 대부분의 경우 적어도 자기가 보기에 기회라고 느껴질 때가 있을 것이다.

이 장을 읽는 많은 독자들이 품을지도 모를 또 한 가지 의문은 왜 꼭 시간을 따로 내서 주식을 거래해야 하느냐는 점이다. 당연히 매일같이 자신의 업무 시간 중에 주식거래에 필요한 시간을 할애해야 할 것이다. 하지만 앞서도 지적했듯이 대부분의 사람들은 공식적인 자기 일에 100% 전념하는 것보다는 자기가 가진 재산을 유지하거나 늘리는 데 약간의 시간을 쏟음으로써 훨씬 더 많은 돈을 벌 수 있다. 만약 공식적인 자기 일에 쏟는 시간을 절대로 할애할 수 없는 경우라면 주식시장에서 얼쩡거리지 말고 모든 것을 다른 사람에게 맡겨야 한다. 이 장을 읽는 독자라면 스스로 주식투자를 할 것인지, 아니면 프로에게 맡길 것인지 결정할 수 있을 것이다. 후자라면 괜찮은 프로 투자자 문가를 알아봐야 한다. 또 다른 경우도 있다. 실제로 주식거래를 해보면 많은 사람들이 자신은 주식투자에 맞지 않는다는 확신이 설 것이다. 그렇다면 자신이 지금 하고 있는 업무에 전념하는 게 낫다. 누구든 일단 무슨 일을 하겠다고 결심하면 아주 많은 시간을 쏟아 부어야 큰 것을 얻을 수 있다. 그렇지 않다면 단 1초도 허비하지 말라. 그 중간은 있을 수 없다는 게 내 생각이다.

이런 질문도 나올 만하다. 그렇다면 수시로 종목을 교체하면서 거래하는 방법과 장기적으로 투자하는 방법 가운데 어느 것이 더 배울 점이 많은가? 우리는 자본이득을 위해 투자한다고 말했다. 우리가 어느 주식을 얼마나 오래 갖고 있었느냐는 자본이득과 아무 관계도 없다. 나는 그런 점에서 단기적으로 종목을 교체하는 게 더 낫다는 쪽이다. 처음에는 이런 식으로 경험을 쌓는 게 훨씬 더 빨리 배울 수 있다.

일단 단기 투자를 마스터하게 되면 장기 투자로 얻을 수 있는 "대박"이나 그 반대의 "쪽박" 대신 주식투자를 지속할 수 있는 기본적인 요소를 훨씬 더 많이 가질 수 있다. 누구든 "능숙해지지 않으면" 절대 성공적인 주식거래를 계속 해나갈 수 없다. 여러 차례의 주식거래에서 성공한 사람만이 자신의 능력에 믿음을 가질 수 있고, 주식거래를 계속 해도 안전하다는 점을 확신할 수 있다. 따라서 자주 주식거래를 해야 마음도 편안해질 수 있고, 새로운 시각에서 바라볼 수도 있다. 시장이 완전히 바닥을 칠 때까지 막연히 주가가 더 떨어질지도 모른다는 불안감에 사로잡히는 일은 피할 수 있다. 다른 이점들도 많이 있다. 아마도 대다수 투자자는 장기 투자를 하는 게 훨씬 더 속이 편하다고 주장하겠지만, 내가 1921년 이래 수천 명의 투자자들을 관찰해본 결과 이건 대중들이 가장 잘못 생각하는 오류다.

그러나 내가 "단기"라는 표현을 썼다고 해서, 무조건 단기에 매매거래를 완결해야만 한다는 의미는 아니다. 매수한 주식을 팔거나, 공매도한 주식을 환매수할 때는 반드시 충분한 이유가 눈에 보여야 한다. 그런데 "장기 투자"를 하는 많은 사람들은 추세의 변화 조짐이 보이는데도 일시적일 뿐이라며 이를 무시한다. 이들이 맞는 경우도 있지만,

결과적으로 틀리는 경우가 많고 대개는 아주 큰 대가를 치르게 된다. 단기 투자를 하려면 매매거래를 완결할 때 반드시 이유가 있어야 한다. 나중에 상황이 바뀌면 다시 포지션을 구축할 수 있다. 이렇게 해서 때로는 투자수익을 올릴 수도 있고 때로는 손실을 볼 수도 있지만 손실을 본다 해도 보험료 정도의 미미한 수준에 그칠 것이다.

장기 투자로 오래 갖고 있는 주식이 큰 호재를 만나 대박을 터뜨렸다면 이 장기 투자자는 자신을 대단한 투기자라고 생각할 것이다. 이렇게 번 재산을 계속 유지하는 운 좋은 경우도 있지만, 한참 뒤에야 뼈저린 현실을 깨닫는 경우가 대부분이다.

그러나 장기 투자가 유용한 경우도 있다. 가령 요즘 미국에서처럼 장기 투자로 거둔 자본이득에 대해서는 낮은 세율을 부과할 때 그렇다. 하지만 주식거래를 처음 시작할 때는 내가 말한 단기 투자의 원칙을 따라야만 한다. 내가 앞으로 이 책에서 어떤 방식이 절대적으로 옳다고 이야기하는 경우는 없을 것이다. 최고의 장기 투자자로 불리는 사람들 가운데는 단기적인 강세신호를 계속해서 따라가다 장기적으로 대성공을 거둔 경우도 있다. 마찬가지로 정말로 결정적인 마지막 매도 시점 가운데는 그저 또 한 번 신고가를 기록한 것처럼 보일 때도 있다.

제 6 장
투기냐 투자냐

주식시장에서 얼마나 높은 투자수익률을 올릴 수 있을까? 배당금이나 이자 같은 "소득"을 기준으로 할 경우 연 3~5%, 아니면 이보다 약간 더 높은 수준이 되겠지만 나는 이런 잣대 자체가 너무 단순하다고 생각한다. 그런데도 대다수는 이렇게 판단한다. 증권회사의 고객이든, 증권회사 직원이든, 채권을 사는 사람이든, 채권을 파는 사람이든 다들 이런 견해를 밝힌다.

이 경우에도 마찬가지지만 평균적인 개인들은 대다수 의견을 따르고, 스스로 대다수 의견에 동참한다. 우리 삶의 다른 많은 경우에서처럼 여기서도 역시 대다수 의견은 아주 잘못된 것이다. 자신만의 생각을 갖고자 하는 개인이라면 대다수 의견을 좇으려는 다수 군중의 움직임에 의문을 제기할 줄 알아야 한다. 왜냐하면 그들은 대개 틀리기 때문이다.

그 이유를 여기서 이야기하겠다. 나는 특히 낮은 수익률의 안전한 소득을 올리고자 할 경우 반드시 손실을 볼 수밖에 없다고 확신하는 사람이다. 그래서 나는 투자가 아니라 투기를 하라고 늘 강조한다. 그래야 손실을 볼 가능성이 더 낮고 이익을 볼 가능성이 더 높기 때문이다.

적어도 자신의 투자원금을 두 배로 늘리겠다는 목표를 가져야 한다. 이런 목표 아래 현명한 투자 프로그램을 짜야 자신의 투자원금을 유지하고 또 추가로 투자수익을 올리는 데도 성공할 수 있다.

이보다 낮은 목표는 결국 실패할 수밖에 없다.

물론 두 배로 늘리고자 하는 투자원금이 얼마냐에 따라 많은 게 달라질 수 있다. 천문학적인 금액을 다루는 것보다는 투자원금이 합리적인 수준일 경우 운용하기가 쉬울 것이다. 여기서 다루고자 하는 내용은 후자의 경우다. 이 경우에도 만약 자신이 갖고 있는 여유자금이 너무 많아서 다루기 힘들다고 생각되면, 가장 먼저 할 일은 "두 배로 늘릴 수 있다"고 판단되는 만큼만 운용하는 것이다. 나머지 자금은 자신이 주식시장에서 투자할 만한 경쟁력을 충분히 갖췄다고 느낄 때까지는 굳이 위험을 감수할 필요 없이 그냥 가만히 놔두는 게 차라리 더 낫다.

예를 들어보자. 다른 분야에서는 전문가로 활동하고 있거나 꽤 높은 연봉과 함께 몇 백만 달러의 여유자금이 있는 사람이라 하더라도, 주식시장에서 제대로 훈련 받지 않은 사람이라면 절대로 연간 평잔(平殘) 기준으로 10만 달러 이상 투자할 필요가 없다. 그 이상 되는 돈을 왜 위험에 빠뜨리려고 하는가? 10만 달러를 두 배로 만들겠다는 목표 아래 열심히 투자해 한 해 2만5000달러에서 5만 달러를 벌 수 있다면, 사실 더할 나위 없이 충분한 성과일 것이다. 만약 손실을 보게 된다면, 전 재산보다는 재산 가운데 일부만 투자했다가 그 중 일부를 잃는 게 당연히 더 나을 것이다. 그러나 만약 당신의 전 재산을 오로지 한 해 6%의 투자수익을 목표로 투자한다면 머지않아 투자원금이 줄어들 수밖에 없을 것이다.

내가 예로 든 금액은 그저 간단히 설명하기 위한 것이다. 실제 금액은 개인 사정에 따라 달라질 수 있다. 내가 투기용 자금을 10만 달러로 제한했다 하더라도 얼마든지 다른 요소를 고려할 수 있다. 가령 어떤 사람은 훨씬 더 큰 금액을 안전하게 운용할 수 있고, 또 금액이 더 커질수록 기분이 좋아질 수도 있다. 그런가 하면 반대로 10만 달러를 운용하면서도 불안에 휩싸여 좋은 성과를 내지 못할 수도 있다.

실은 이 책을 읽는 대다수 독자가 처음부터 10만 달러를 투자할 만큼 돈이 많지는 않을 것이다. 그렇더라도 당신의 돈을 두 배로 늘리겠다는 계획을 세우라는 게 나의 조언이다. 그렇게 해야 당신의 목표를 달성할 수 있고, 그래야 크게 성공할 수 있다. 만약 처음부터 적은 금액의 배당금이나 이자소득을 얻고자 한다면 조금만 계산이 잘못 돼도 투자원금을 까먹을 수 있다.

혹시 투자하지 않고 따로 놔둔 원금의 구매력이 인플레이션으로 인해 떨어지는 위험이 없지 않을까 우려하는 독자들도 있을 것이다. 실제로 이런 위험은 있다. 하지만 자신이 주식시장에서 무엇을 해야 하는지 진정으로 알기 이전까지는, 주식시장에서 투기하는 위험보다 훨씬 더 작다.

그냥 저축하려고 하다간 원금마저 축낼 수 있고, 두 배를 목표로 하면 25~50%의 투자수익률을 올릴 수 있다는 내 말이 좀 이상하게 들릴지도 모르겠다. 하지만 조금만 생각해보면 이 말이 그렇게 비논리적이지 않다는 사실을 이해할 것이다. 실제로 꾸준히 투자수익을 올리며 재산을 불려나가는 사람이 있는가 하면, 반대로 이제는 충분한 재산을 모았다고 생각하는 순간 가진 것을 전부 혹은 일부라도 잃는 사람을 얼마나 많이 보았는가?

물론 두 경우를 직접 비교하기는 어렵다. 그러나 연 6% 수익률을 위해 투자하는 것은 이제 그만 은퇴하겠다는 말이나 다름없다. 부재지주(不在地主)처럼 남에게 돈을 빌려주고 뒷짐을 지고 있는 셈이다. 마치 "나는 멀찌감치 물러나 있을 테니, 돈아 네가 알아서 굴러가렴"이라고 말하는 격이다. 당신의 돈을 두 배로 불리고자 한다면 반드시 적극적으로 행동하고 많은 일을 해야 한다.

제 7 장
투자자를 위한 건전한 회계

주식투자 자금의 구매력을 유지하기 위해 기본적으로 염두에 두어야 할 사항은 내가 "소득"을 얻기 위한 투자에서 지적한 오류에서 깨끗이 벗어나는 것이다.

내가 생각하기에 가장 좋은 방법은 정기적으로 계좌금액을 "시장가격"(여기에는 수령할 예정인 배당금이나 이자가 당연히 포함된다)에 따라 평가하고, 미리 정해둔 고정 수익률, 가령 분기별로 1.5%의 기회비용을 스스로에게 지급하는 것이다. 이렇게 분기별로 공제하는 1.5%의 기회비용은 실제 계좌에서 발생하는 "소득"과 같을 수도 있고, 때로는 여기에 못 미칠 수도 있다. 하지만 그렇다고 해서 꼭 맞출 필요는 없다. 주목해야 할 것은 정기적인 계좌 평가액이 이 같은 기회비용을 공제하고도 이익을 기록하느냐는 점이다. 가령 계좌에서 나온 "소득"이 연 6%였는데, 기회비용을 공제한 계좌 평가액이 그대로라면 자본이득은 전혀 없는 셈이다.

그러나 기회비용을 공제한 평가액이 늘어났든 줄어들었든 아니면 그대로였든, 연 6%의 기회비용은 계속해서 적용해야 한다. 계좌 평가액이 얼마가 되든 자동적으로 기회비용에 반영해야 하는 것이다. 주식에 10만 달러를 투자했다면 6000달러를 기회비용으로 공제해야 한다. 1년 뒤 주식 평가액이 15만 달러로 증가하면 기회비용은 9000달러가 돼야 하고, 주식 평가액이 5만 달러로 감소하면 기회비용은 3000달러가 돼야 한다. 이 같은 기회비용은 계좌 평가액을 차감하는 부채 항목으로 하거나, 아예 현금으로 인출할 수도 있다.

이런 방법의 이점은 여러 가지다. 우선 "소득"에 대한 집착에서 비롯되는 자기기만에서 벗어날 수 있다. 가령 당신이 액면가 100달러에 6% 고정금리 채권을 10매 샀다고 하자. 1년 뒤 이 채권의 시장가격은 70달러가 됐다. 당신은 6%의 고정금리 이자, 즉 60달러의 소득을 얻었겠지만, 원금의 시장평가액은 700달러에 불과하므로 결국 240달러의 순손실을 입은 셈이다. 1000달러를 그냥 갖고 있었다면, 6%의 고정금리 소득을 벌지 못했을 것이므로 60달러를 기회비용으로 공제한 940달러만 현금으로 남는다. 순손실은 60달러가 된다. 그런데 만약 1000달러를 매력적인 투기 상품에 투자해 한 해 50%의 투자수익을 올렸다고 해보자. 그러면 한 해 뒤 투자원금의 시장평가액은 1500달러가 될 것이고, "소득"에 해당하는 기회비용 90달러를 차감한 1410달러가 순잔액으로 남을 것이다.

물론 투기 상품에 투자해 이익이 아니라 손실을 볼 수도 있다. 하지만 전제는 현명한 방식으로 계좌를 운용해야 한다는 것이다. 소득을 최우선으로 고려할 경우 어떤 계좌도 적절하게 운용할 수 없다. 여기서 제시하는 방식대로 계좌를 운용하면 우선 자의적으로 설정한 장애물을 제거할 수 있고, 나중에 이야기하겠지만 그 자체로 무궁무진한 성공의 기회를 잡을 수 있다. 여기서 소개한 것처럼 정기적으로 시장평가액을 계산하는 방법은 뮤추얼펀드를 비롯한 투자신탁계좌를 적절히 운용하는 데도 꼭 필요하다. 펀드에 투자한 금액을 최초의 "원가" 기준으로만 인식한다면 불가피한 실수로 인해 손실이 발생해도 이를 모른 채하고 넘어갈 수 있다. 하지만 모든 것을 "시장가격"으로 평가하면, 언제나 현재의 정확한 상황을 알 수 있고 서둘러 펀드를 환매하거나 교체하지 않을 것이다. 개인투자자들의 회계는 실현된 투자성과를 건전하게 반영하는 것이어야 한다. 그런 점에서 매달 보유주식의 시장가격을 평가하고, 만약 현재 주가로 매각했을 경우 세금과 거래수수료를 내고 현금으로 얼마를 손에 쥘 수 있는지 근사치로라도 계산해보는 게 좋다. 이렇게 하면 과도한 주식거래를 피할 수 있고, 평가이익을 과도하게 인식하는 우도 범하지 않을 것이고, 세금이 무서워 주식을 팔지 못하는 일도 없을 것이다.

제 8 장

왜 투자해놓고 그냥 방치하는가

주식시장에 투자하기로 했다면 왜 투자를 하는지, 어떤 목표를 이루고자 하는지, 목표 달성 기간은 얼마로 예상하는지, 리스크는 얼마나 부담할 것인지를 확실히 해두어야 한다. 이것은 기본이다. 이런 점을 분명히 파악하지 않고 주식투자를 시작했다면, 자신의 투자 포지션을 얼마나 할지, 혹은 투자기간을 얼마로 할 것인지 제대로 계획을 세워 실행에 옮길 수 없을 것이다.

일단 투자를 시작했다면 절대 즉흥적으로 투자를 종결지어서는 안된다. 정당한 이유 없이 투자를 그대로 유지하는 건 더욱 나쁘다. 가령 어떤 주도주가 곧 오를 것이라는 확신을 갖게 됐다고 하자. 당신은 재빨리 해당 종목을 매수했다. 이런 경우 만약 이 종목의 주가가 예상했던 것처럼 빨리 움직여주지 않는다면 팔아야 한다. 당신이 이 종목을 매수한 것은 장기적인 가치 때문이 아니라 단기적인 트레이딩 수단으로 적합했기 때문이다; 따라서 나중에 "비자발적인 투자"로 그냥 보유해서는 절대 안 된다. 반대로 두 달쯤 후 배당금 증액을 발표할 것으로 기대되는 종목을 매수했다고 하자. 이런 경우 단지 이 종목의 주가가 약세를 보인다는 이유로 매도해서는 안 된다. 기대했던 배당금 증액이 이뤄지지 않았거나, 전반적인 시장 상황의 변화로 인해 배당금 증액이 예상처럼 긍정적으로 받아들여지지 않을 경우에만 이 종목을 팔아야 한다.

한 가지 명심해야 할 점은 자신의 투자를 종결지을 때, 그 결과가 이익이 됐든 손실이 됐든 먼저 그 금액을 정해두어야 한다는 것이다. 아주 적은 금액의 투자수익을 올리고자 한다면 당연히 큰 성공을 거둘 기회는 적어질 것이다. 또한 주가가 1~2% 정도 떨어지는 리스크는 언제든 감수해야 하는데, 목표 투자수익률을 1~2% 수준으로 잡는다면 거래수수료와 세금을 감안할 경우 현실적으로 남는 게 없다. 더구나 이렇게 목표를 작게 잡으면 거의 100%의 완벽한 승률을 기록해야 한다. 그런데 한번 투자할 때 3%의 시세하락 리스크를 부담하면서 30%의 투자수익률을 목표로 한다면, 너무 낙관적인 것처럼 보이지만 그래도 이게 훨씬 더 낫다. 독자들은 이런 식으로 주식을 거래하는 경우는 아주 드물 것이라고 생각한다. 실제로 매우 드물다. 그래서 이런 방법을 찾는 것이고, 너무 과도하게 하지는 말라는 것이다.

처음 투자를 시작할 때는 규모를 작게 해야 한다. 물론 이것은 자신의 가용 투자자금에 비해 상대적으로 작다는 의미다. 작게 투자해서 큰 투자수익을 얻도록 해야 한다; 다시 말해 어떤 주식을 1000주 매수해 1%의 이익을 얻고자 하기 보다는 100주를 매수해 10%의 이익을 얻으려고 해야 한다. 투자하지 않고 현금으로 보유하고 있는 여유자금은 급할 때 쓸 수 있고, 지금 투자한 종목을 매매할 때 경제적 요인에 따라 객관적으로 판단할 수 있게 해준다. 즉, 공포나 탐욕, 갑작스러운 자금수요, 혹은 투자수익을 올리는 데 치명적인 약점으로 작용하는 인간 본성의 오류들에 빠지지 않을 수 있다. 물론 이렇게 자금운용을 여유롭게 하면 신용증거금 부족으로 인한 "마진 콜(margin call)"의 위험도 제거할 수 있다.

극히 예외적인 경우, 가령 투자할 자금은 충분하지 않지만 누구보다 앞서 갈 수 있다고 자신하는 아주 탁월한 젊은 친구들을 제외한다면, 절대 신용을 쓰거나 어떤 형태로든 대출자금으로 투자할 필요 없다. 누구든 효과적으로 주식투자를 한다면 가용자금 가운데 일부만 투자해도 큰 투자수익을 올릴 수 있고, 굳이 여러 가지 제약을 무릅써가며 과도한 금액을 투자하지 않아도 된다. 이와는 반대로 비효율적으로 주식거래를 하게 되면 목표 수익을 올리기 위해 아주 큰 금액을 투자해야 하고, 처음에 이익을 올리다가도 결과적으로는 다 까먹고 손실을 입게 될 것이다. 물론 나도 인플레이션 시기에는 대출을 받는 게 유리하다고 말한 적이 있지만, 그건 어디까지나 상대적인 의미다. 비록 대출을 받는 게 유리한 상황이 있다 해도, 절대로 지금처럼 신용을 써서는 안 되며 반드시 작게 투자해야 한다는 게 내 지론이다.

또 한 가지 지적해둘 점은, 투자자금이 많은 경우라도 수많은 종목에 조금씩 투자하는 것보다 몇 개 종목에 집중 투자하는 게 더 낫다는 것이다. 물론 이렇게 몇 개 종목에 집중 투자한 금액은 앞서 설명한 가용 투자자금의 30% 수준에 그쳐야 한다. 이렇게 투자 금액을 늘리면서도 몇 개 종목에 집중 투자하는 식으로 스스로를 제어할 수 있다면 그 자체로 안전성도 높이고 투자수익률도 좋게 할 수 있다. 그러나 맨 처음 투자 포지션을 취했을 때부터 해당 종목에 대해서는 아주 자세히 알아야 한다. 또 실수가 있었다면 즉시 빠져나와야 한다. 멈칫멈칫하다가 빠져나오지 못하면 치명적인 손실을 입을 수 있다. 수많은 종목을 조금씩 보유하게 되면 그만큼 매수할 때 제대로 신경을 쓰지 못하게 되고, 대개는 전체적으로 얼마나 큰 손실이 났는지 깨달을 새도 없이 이 종목 저 종목에서 작은 손실을 누적시키게 된다. 과도한 분산 투자는 지식의 부족함을 메워주는 서투른 보호장치일 뿐이다.

제 9 장
주식투자자가 하지 말아야 할 것

투자원금을 보전할 수 있는 백전불패(百戰不敗)의 공식을 기대해서는 안 된다. 앞서도 이야기했듯이 투자원금의 보전에는 숱한 장애가 있기 때문이다. 화폐 구매력의 변동이나, 정치적 요인, 전쟁, 대중들의 정서, 개별 기업들의 부침을 꼽을 수 있다. 이런 어려움들을 쉽게 설명할 수 있다면 "투자란 경제적 생존을 위한 전투"라는 말 자체가 성립하지 않을 것이다.

이 책의 목적은 독자들로 하여금 그들이 얻고자 하는 투자 성과를 좀 더 높여주고자 하는 것이다. 이것은 충분히 가능한 일이고 가치 있는 목표이기도 하다.

이런 목표를 달성하기가 얼마나 어려우며, 또 목표를 명확히 이해하는 게 얼마나 중요한지 기본적인 사항들은 이미 대략적으로 설명했다.

실전 투자에서 가장 먼저 지켜야 할 기본원칙은 자신이 선정한 종목의 잠재적인 투자수익률이 정말로 대단해 보일 때까지는 섣불리 투자해서는 안 된다는 것이다. 단지 "소득"을 위해 투자한다거나, 오로지 "자금을 굴리기 위해" 투자하는 것, 혹은 "인플레이션을 헤지하기 위해" 투자하는 것은 일고의 가치도 없다.

어느 기업의 주식이든, 심지어 채권이라 하더라도 투자자 입장에서 볼 때 투자수익을 거둘 가능성이 예측할 수 있는 리스크에 비해 압도적으로 크다는, 아주 신중하면서도 확실한 판단이 서지 않는 한 어떤 상황에서도 매수하거나 보유해서는 안 된다. 특히 예측할 수 있는 리스크에 대해서는 아주 상세하게 모든 점을 고려해봐야 한다.

투자를 실행에 옮길 때는 그 상황에서 자신의 가용 투자자금 가운데 더 많은 금액을 투자한다 해도 그렇게 위험해 보이지 않을 정도로 향후 전망이 좋아야 한다. 동시에 전체 자금 가운데 많지 않은 일부 금액만 투자해도 전체 자금을 기준으로 충분한 투자수익률을 올릴 수 있을 정도로 잠재적인 수익이 아주 커야 한다.

다른 식으로 표현하자면, 일단 투자 경쟁력을 갖추게 되면 분산투자는 오히려 바람직하지 않다는 말이다. 따라서 매수 종목은 한두 종목, 기껏해야 서너 종목으로 한정해야 한다. 대신 이들 종목은 아주 효과적으로 선정해야 하고, 매수 타이밍도 능숙하게 잡아야 한다. 또한 가용 투자자금 가운데 큰 부분까지 굳이 위험에 빠뜨릴 필요가 없을 정도로 이들 종목의 잠재적인 투자수익률은 매우 높아야 한다.

이 원칙을 따른다는 것은 오로지 최고의 주식을 최적의 타이밍에 매수한다는 말이다. 이렇게 하면 리스크는 두 가지 측면에서 떨어뜨릴 수 있다. 우선 신중한 종목 선정을 통해, 또 하나는 충분한 현금 준비금의 보유를 통해서다. 투자 종목의 숫자를 최소화하면 각각의 종목에 대해 모든 상세한 내용들을 충분히 파악할 수 있는 시간이 확보된다.

이 원칙을 따르면 분산 투자를 피할 수 있을 뿐만 아니라 상당한 기간 동안 자금을 투자하지 않고 현금으로 보유할 수 있다. 주가가 바닥까지 떨어져 아주 싸게 살 수 있는 시기야말로 평균 이상의 투자수익률을 올릴 수 있는 절호의 기회다. 평균적인 투자자들은 이 시기에 투자손실을 입지만, 현금을 보유하고 있다면 자주 찾아오지 않는 이런 기회를 붙잡을 수 있다. 사실 대다수 투자자들이 공포에 사로잡혀 주가가 아주 싼데도 불구하고 매수하지 않으려 할 때가 바로 이런 기회라고 생각하면 된다. 따라서 너도나도 주식시장에 뛰어들고, 모두가 나서서 매수하려고 할 때는 좋은 기회가 아니다. 성공적인 투자자라면 대중들 사이에 투자 열기가 뜨겁고 과도한 확신이 퍼져 있을 때는 투자하지 않는다. 성공적인 투자자는 투자수익을 얻는 게 아주 쉬워 보일 때만 투자에 나선다.

항상 갖고 있는 자금 전부를 투자한다고 해서 좋은 성과를 거두는 것은 절대 아니다. 모든 돈을 전부 주식투자에 쏟아 부으면 마음의 평화마저 깨진다. 언제든 예기치 못했던 뉴스가 나와 순식간에 상황을 복잡하게 만들어버릴 수 있기 때문이다.

물론 현금을 보유하고 있으면 화폐의 구매력은 떨어지는 게 사실이다. 하지만 적어도 우리가 살아가는 동안에는 주식시장이 하락할 경우 그 속도가 화폐의 구매력이 떨어지는 속도보다 훨씬 더 빠를 것이다.

신용으로 주식을 매수하는 문제는 여기서 다루지 않았지만, 이 문제는 주식 트레이더로서 얼마나 탁월한 감각을 갖고 있느냐에 달려있다.

투자의 세계에서 살아남기 위한 전투에서 승리하려면 한 가지 꼭 필요한 요소가 더 있는데, 그것은 늘 현재의 결과가 아니라 최후의 결과를 생각해야 한다는 점이다. 매번 투자한 종목마다 혹은 투자한 포트폴리오마다 100%의 투자수익률을 올린다는 것은 불가능하다. 억지로 그렇게 하려고 애쓰다 보면 자신의 투자 계획 전체를 망쳐버리기 십상이다. 가끔씩 시장에서 빠져나와 있으면서, 강세장과 약세장을 통틀어 만족할 만한 평균 수익률을 거뒀다면 소기의 성과를 거둔 것이다.

내가 하는 이야기가 상당히 투기적인 것처럼 들릴지도 모르겠지만, 여기서 제시한 원칙은 대부분의 투자자들이 따르는 방법보다 훨씬 더 보수적이고 안전한 것이다.

제 10 장
사업보고서에서 주목해야 할 내용

주식투자자가 상장기업의 사업보고서에서 뭔가 이익이 될 만한 항목을 찾아내려면 좀 특별한 시각이 필요하다. 물론 특정 산업에 정통한 전문가라면 자신의 전문지식에 비춰볼 때 명백하게 드러나는 사항들을 면밀히 주시해 각각의 수치들을 검증해볼 수 있다. 이런 전문가가 주식시장의 스페셜리스트와 손을 잡으면 좋은 투자 성과를 거둘 것이다.

그러나 대부분의 평범한 투자자들은 정보에 빠르지 못하다. 더구나 보통사람들은 신문에 나는 기사제목만 보고 그것이 정확한 기업 현황이겠거니 하고 생각하기 때문에 실제로 기업이 어떤 상황에 놓여있는지에 관한 지식은 한참 부족하다. 그러다 보니 기업의 실상을 정확히 알았다면 그렇게 비싸게 지불하거나 싸게 팔지 않았을 수준의 매수호가나 매도호가로 주문하는 경우를 심심치 않게 발견할 수 있다.

실전 투자에서 활용할 수 있는, 기업의 실상을 정밀하게 평가하는 간단한 방법 한 가지를 알려주겠다. 현재의 현금 수입으로는 공장 증설이나 필요한 운전자본의 증가, 배당금 지급 등을 충당할 수 없어 끊임없이 외부자금을 조달해야 하는 기업을 나는 특히 예의주시한다. 물론 예외도 있다. 창업한 지 얼마 되지 않은 벤처기업이나 성장 속도가 워낙 빠른 기업의 경우 늘 이런 상황이고, 업종 자체가 성숙한 대기업의 경우 이런 상황에 절대 빠지지 않는다. 따라서 이런 상황이라면 해당 업종의 수익성이 극히 낮거나, 경영진이 부실하거나, 아니면 너무 무리한 확장을 한 결과라고 판단할 수 있다.

이런 기업들 대다수는 지속적인 자기자본 수혈과 함께 대규모 외부 차입과 우선주 발행으로 자금을 조달한다. 얼마나 많은 자산을 외부 자금으로 취득하는지, 또 얼마나 오랜 시간이 지나야 이익을 낼 수 있는지는 보는 시각에 따라 달라진다. 따라서 보통의 투자자나 웬만한 애널리스트들조차도 쉽게 결정을 내릴 수 없다.

다음으로 내가 사업보고서에서 주목하는 내용은 기업의 재고자산 항목이다. 내가 특히 주의 깊게 보는 기업은 가격 변동폭이 큰 재고자산을 대규모로 보유하는 기업이다. 이런 기업들은 대부분 광고나 밀어내기식 판매를 통해 사업을 유지하는 데 주력할 뿐, 실제 영업활동이나 제조활동에서 이익을 얻는 경우가 거의 없다. 재고자산의 가격이 오르면 돈을 벌고, 재고자산의 가격이 떨어지면 손실을 보는 식이다. 한마디로 특정 상품의 투기적 상황에 매달려 간접경비를 줄여야만 회사가 돌아가는 것이다. 물론 적절히 대응하기만 하면 이런 기업 주식도 일시적으로는 매력적일 수 있다. 문제는 왜 이런 주식을 사는지 정확히 알아야 한다는 점이다. 사실 재고자산의 비중이 엄청나면서도 보수적인 회계처리를 하는 기업이 없는 것은 아니다.

영업이익률이 높으면 대개 치열한 경쟁을 유발한다. 물론 어떤 이유로든 독점적인 기업이라면 예외가 될 것이다. 고정자산 비중이 낮으면서 상대적으로 적은 운전자본으로도 이익을 낼 수 있는 업종 역시 치열한 경쟁이 불가피하다. 고정자산을 일시에 상각하겠다는 발표는 앞서 생산시설을 확대한 게 잘못됐음을 시인하는 것이다. 이런 신호는 기업에 좋지 않은 것이다. 하지만 경영상 용납할 수 있는 실수도 있을 수 있고, 상각하는 게 더 합당한 경우도 있는데, 이럴 때는 고정자산 상각 뉴스를 예상하고서 주식을 매수하는 게 현명할 수도 있다. 다만 여기서 회복하느라 추가적으로 잘못된 지출을 할 때까지 주식을 계속 들고 있어서는 안 된다.

내가 찾아내고자 하는 기업은 이런 기업이다. 사업보고서상의 이익이 얼마가 됐든 앞서 언급한 요인들, 즉 부채 상환과 운전자본의 증가, 공장 증설이나 효율성 증대를 위한 추가 비용, 배당금 지급 등에 필요한 지출을 전부 충당할 수 있는 현금을 벌어들이는 기업이다. 몇 년치 대차대조표를 잘 연구해보면 적지 않은 숫자의 이런 기업들을 발견할 수 있다.(요즘 미국이나 한국의 상장기업들은 의무적으로 현금흐름표를 발표하므로, 이를 보면 더 쉽게 알 수 있다-옮긴이) 나는 또한 실제 영업활동이나 제조활동에서 이익을 얻는지 여부를 주목한다. 단지 운이 좋아 보유하고 있던 재고자산의 가격이 오르는 바람에 이익을 낸 경우도 있기 때문이다.

내가 보기에 미국에서는 신규 사업에 과도하게 투자하는 경향이 있어왔는데, 그것도 대개는 좋지 않은 시기에 그렇게 했다. 경기침체기에 아주 낮은 가격으로 고정자산에 추가로 투자한다면 그건 사업상 괜찮은 리스크라고 할 수 있다. 그러나 경기호황기의 설비 확장은 자칫 치명적일 수도 있다. 다만 세후 기대 순이익이 기존의 설비를 사용했을 보다 훨씬 더 짧은 기간 내에 추가 설비투자 비용을 상쇄시켜줄 수 있다면 그렇지 않다. 예를 들어보자. 어느 기업이 한 해 100만 개의 제품을 생산하는 공장이 있는데, 이 공장의 가치는 100만 달러고, 한 해 10만 달러의 평균적인 이익을 내고 있다. 이제 50만 개를 더 생산할 수 있게 공장을 확장하려고 한다. 마침 경기호황기라 추가 비용으로 평균적인 공장 가치의 두 배인 100만 달러가 들어간다. 이렇게 비싼 돈을 주고 설비를 확장했다고 해서 기존 공장의 가치를 높여 잡는 것은 잘못된 것이다. 경기호황기에 증설했다면 첫 해의 정상적인 세후 순이익으로 호황에 따른 추가 비용 50만 달러를 즉시 상각할 수 있어야 하고, 나머지 증설 비용 역시 몇 년 안에 상각해야 한다.

고정자산의 노후화로 인한 비용이 많아졌음에도 불구하고 세법상 감가상각 비율을 제한함으로써 순이익이 과대 평가될 수 있고, 이로 인해 수치상으로만 잘 나가는 기업처럼 보일 수도 있다. 그래서 장기적인 시각을 갖고 보수적으로 회계처리 하는 일부 기업들은 세법상의 감가상각충당금과는 별도의 준비금을 쌓아놓는다. 일반적인 원칙이라기 보다는 예외적인 사항이지만 투자자들이 분석할 때 반드시 고려해야 할 내용이다.

제 11 장
좋은 정보와 나쁜 정보

개인투자자들이 주식을 매수하는 이유는 대개 장밋빛 시황 분석에 이끌려서, 혹은 주가 움직임에서 확실한 매수신호를 포착했거나 어떤 "정보"를 얻었기 때문일 것이다.

그러나 그 정보가 정말로 가치 있는 출처에서 나온 것인지, 아니면 거짓 정보를 흘린 것인지 제대로 구별할 줄 아는 투자자는 드물다. 잘못된 정보를 흘린 사람은 바보가 아니라면 뭔가 음흉한 속셈이 있을 것이다. 만약 그 정보가 맞는 것이라 하더라도 과연 시장에 얼마나 큰 영향을 미칠 것인지 역시 쉽게 가늠하기 어렵다. 이런 상황은 전 세계 어느 주식시장이나 마찬가지다. 증권거래위원회(SEC)와 뉴욕증권거래소(NYSE)가 더 많은 정보를 더 광범위하게 공개하도록 하고 있지만, 이런 노력은 "내부거래자들"이 이익을 취하는 것을 규제하고, 매수자와 매도자가 보다 동등한 입장에서 거래할 수 있도록 하는 수준이다. 사실 내 경험에 비춰볼 때 대부분의 내부거래자들은 남들보다 "앞선" 뉴스를 얻는다 해도, 그것이 아주 대단한 것이 아닌 이상 별로 이익을 거두지 못한다. 마찬가지로 개인투자자들도 정확하고 중요한 정보를 손에 쥐는 경우가 있지만 막상 이 정보를 시장에서 어떻게 활용할지 거의 알지 못한다. 정보를 투자수익으로 연결하는 것은 정보를 이해하고 이를 실행에 옮길 수 있는 능력이다. 지금까지 그래왔고 앞으로도 그럴 것이다.

그릇된 정보를 규제하기 위한 여러 조치가 취해졌다. 특히 SEC가 1964년에 내놓은 증권시장에 관한 특별연구를 읽어보면 일반투자자들도 이런 잘못된 정보에 주의를 기울일 수 있을 것이다. 하지만 이 책은 워낙 방대한 분량인 데다 내용도 무척 어려운 게 단점이다. 어쨌든 이 같은 노력에도 불구하고 무책임한 주장이나 정확하지 않은 루머의 확산을 막기는 앞으로도 매우 어려울 것이다.

안타까운 사실은 혼자서 생각하기를 싫어하는 게으른 투자자들로 인해 시장의 정상적인 기능마저 훼손될 수 있다는 점이다. 이들은 손쉽게 이익을 챙기겠다는 생각으로 다른 사람들의 말에 귀를 쫑긋거린다. 다른 일도 마찬가지지만 이렇게 하면 자신이 가진 것을 전부 다른 사람에게 내놓는 격이다. 결국 적자생존의 법칙에 따라 이 같은 "무임승차족(free riders)"은 퇴출을 면치 못한다. 그러나 진지한 자세로 투자에 필요한 도움을 구하는 사람은 이런 무임승차족과 구별된다. 이들은 분명한 목적과 기대를 갖고서 자신이 얻은 조언에 기꺼이 대가를 지불하고자 한다. 단순히 금전적인 대가로서가 아니라 자문을 해준 사람의 진실성을 믿고, 그의 판단을 따르겠다는 용기를 보여주며, 불가피한 실수가 있더라도 신뢰를 저버리지 않는다.

　이처럼 진정성을 갖고 자문을 구하는 투자자와 전문적인 지식을 갖고 자기 의견이나 정보분석을 제공해주는 전문가가 만난다 해도 먼저 알아두어야 할 사항이 있다. 주식시장에서 투자수익을 얻을 수 있는 방법을 자문해줄 만한 훌륭한 전문가를 구하는 것은 충분히 가능한 일이기는 하지만, 자신이 미리 정해둔 개별 종목들 하나하나에 대해서까지 그렇게 완벽한 의견을 얻을 수는 없다는 점이다. 누구한테 답을 구하는 것보다 스스로 답을 찾는 게 훨씬 더 좋다는 사실을 알아두는 게 매우 중요하다. 한번 생각해보라. 개별 투자자의 입장에 서서 투자수익을 올릴 수 있도록 최적의 타이밍과 최적의 투자대상을 알려주는 것과, 누가 자문을 구할 때마다 언제든 이야기할 수 있도록 모든 투자대상에 대해 가치 있는 투자의견이나 정보를 제공하는 것은 전혀 다르다. 따라서 무엇이든 즉시 모든 정보를 제공하겠다는 정보 소식통은 일단 의심의 눈초리로 바라봐야 한다.

　내 경험에 비춰보면 훌륭한 정보를 제공하는 믿을 만한 소식통은 절대로 두 번째, 세 번째 정보까지 계속해서 내놓지 않는다. 손절매를 해야 할지, 물타기를 해야 할지, 아니면 이익을 실현할지, 평균단가를 높여가며 물량을 더 확보해야 할지는 스스로 판단해야 한다는 말이다.

제 12 장
확실한 기회가 올 때까지 참고 기다리라

잠재적인 투자수익 가능성이 정말로 대단해 보이는 주식만 매수하겠다는 원칙을 고수하는 투자자라면 과연 언제, 그리고 어떤 상황에서 투자를 실행해야 할까? 앞서도 설명했듯이 여기서 필요한 자세는 상당히 오랜 기간 동안 전혀 투자하지 않고 인내할 수 있어야 한다는 점이다.

실제로 투자를 하다 보면 어느 정도 현실과의 타협이 불가피하다. 이상적인 투자가 가능한 조건들은 절대로 언제나 똑같지 않다. 설사 그런 기회가 존재한다 하더라도 아무나 그것을 인식할 수는 없다. 그럼에도 불구하고 내가 여기서 그런 조건들을 설명하는 것은 독자들에게 도움을 주기 위함이다. 그런 조건들이 현실화할 때가 분명히 있기 때문이다.

우선 전반적인 시장상황이 우호적이어야 한다. 즉, 대중들의 정서가 약세 분위기고, 주식시장에서는 매도 물량이 압도적이라야 한다. 경기여건도 좋지 않고, 앞으로 더 나빠질 것이라는 전망이 지배적일 것이다.

보통주가 됐든, 우선주나 채권이 됐든 대중들이 투자하고 있는 유가증권들은 주가가 낮거나 신용등급이 낮은 상태에서 거래되고 있어야 한다. 투자 대상으로 선정한 기업은 적자를 기록하고 있거나, 흑자를 기록하고 있더라도 순이익 규모가 비정상적으로 작을 것이다. 혹은 당장의 순이익은 그런대로 괜찮지만, 곧 순이익이 감소할 것이라는 예상이 지배적인 상황이다. 배당금을 전혀 지급하지 못하고 있거나, 배당금이 예년에 비해 형편없이 적고, 앞으로 합리적인 수준의 배당금을 지급할 것이라는 믿음을 찾아볼 수 없을 것이다.

주가는 대다수의 이 같은 시각, 즉 기업 실적에 영향을 미치는 여건이 나쁘다거나, 곧 악화될 것이며, 앞으로 계속해서 나빠질 것이라는 예상을 반영해야 한다. 이와 동시에 주식 매수자는 이런 표면적인 지표들과 반대되는 시각을 견지해야 하며, 그의 이 같은 시각은 반드시 건전한 판단과 믿을 수 있는 소식통으로부터 얻은 정보에 의해 뒷받침돼야 한다.

대중들의 정서와 기대, 의견, 그리고 이 같은 요인들이 주가에 미치는 영향은 하나도 빼놓지 말고 전부 고려해야 한다. 이 점은 대단히 중요하다. 경기불황이 심각하지 않은 상황에서도 결정적인 매수 기회는 올 수 있다. 불황에 대한 공포가 자리잡았을 때가 이런 경우다. 어떤 기업의 순이익이나 배당금은 정상적인데, 주가는 아주 매력적일 때가 있다. 향후 전망에 대한 두려움으로 인해 적자를 기록했을 때나 가능한 주가 수준으로 떨어진 경우다. 이와는 반대로 향후 전망이 좋아질 것이라는 기대가 넘쳐나 실제 기업 실적은 여전히 정상 수준을 밑도는 데도 주가가 투기적일 정도로 높이 치솟는 경우가 있다.

그런 점에서 매수 타이밍을 결정짓는 요소는 매수 시점의 실제 순이익이 아니라 주가에 반영된 순이익이다. 따라서 강력한 성장 추세를 보여주고 있는 기업이라 하더라도 현재 주가가 향후 몇 년치의 성장을 이미 반영한 수준이라면 매수하지 않는 게 현명하다.

과거 강세장 시절에 거래가 활발히 이뤄졌고, 앞으로 다시 거래량이 크게 늘어날 종목으로 매수 대상을 한정하는 게 중요하다. 그러나 매수 시점에는 인기가 없고, 주가도 하락했으며, 향후 전망 역시 실망스러워야 한다.

장기적으로 보면 최고의 우량주도 주가가 바닥으로 추락할 때가 있는데, 바로 이런 시점이야말로 엄청난 기회다. 이런 기회는 기업의 역사를 통틀어 한두 번 올 뿐이다. 우리의 목표는 어느 기업의 주식을 대다수가 투기등급이라고 생각할 때 매수하고, 대다수가 이제는 최고의 투자등급으로 올라섰다고 생각할 때 매도하는 것이다. 이렇게 함으로써 투자수익과 안전을 확보할 수 있다. 주가가 무엇보다 중요한 고려 사항이며, 그 기업이 어떤 업종인지 따위는 부차적인 문제다

지금까지 설명한 내용과 정반대로 투자하는 사람들이 있는데, 여유 자금이 생길 때마다 투자하는 경우다. 즉, 매달 혹은 매분기별로 투자하려는 사람들이다. 나는 이런 입장에 절대 동의할 수 없지만, 굳이 이렇게 하고자 한다면 반드시 가장 안정적이고 가장 뛰어난 기업에 투자해야 한다. 업종을 따지자면 소비재 관련기업이 괜찮을 것이다. 또 생

산하는 제품이나 서비스가 정치적 규제대상이 될 수 있는 공공재 성격을 가져서는 안 된다. 임금은 낮아야 하고, 외부자금 조달능력도 갖추고 있어야 한다. 특히 재무제표상의 순이익보다 실제 현금 유입액이 더 커야 한다.

여러 가지 고려사항들을 이야기했지만 이 장에서 내가 제시한 원칙에 따라 매수하고자 한다면 이것만으로는 불충분하다. 사실 내가 말한 이상적인 투자대상을 만족스러울 정도의 할인된 가격으로 매수할 수 있는 기회는 자주 오지 않는다. 매수 대상 기업이 여전히 상당한 부채를 안고 있고, 최고 경영진의 보유지분이 적을 때 좋은 투자 기회를 만나기도 한다. 어느 기업의 추세를 정확히 추적하다 보면, 매수 이유가 확실히 드러나는 경우가 있다. 부채가 줄어들거나 궁극적으로 "차입금 제로"가 예상되고, 실적 호전을 내다본 최고 경영진이 보유지분을 눈에 띄게 늘릴 것으로 판단될 때가 바로 그런 매수 타이밍이다.

주식시장이 패닉에 빠져있거나 주가가 패닉에 가까운 수준일 때를 제외하고는, 투자신탁회사가 많이 보유하고 있는 종목은 매수하기에 좋은 주식이 아니다. 이런 주식은 일반적으로 투자등급이 높기 때문에 싸게 매수하기가 어렵다. 우리의 목표가 인기 없는 주식을 매수하는 것이라 하더라도 우리가 원하는 것이 무엇인지 분명히 알아야 한다. 현재는 투자회사들이 거의 보유하고 있지 않지만, 나중에 지금보다 더 높은 가격으로 오르면 새로이 관심을 갖고 그들의 포트폴리오에 추가로 편입하는 종목이다. 기관투자가들이 발표하는 보유주식 목록에 가장 자주 오르는 종목은 주가가 이미 상당히 올랐을 뿐만 아니라 다수의 잠재적인 매도자들로 인해 상황이 언제든 악화될 수 있다는 점을 명심해야 한다.

확실한 기회를 기다리면서 자금을 투자하지 않고 놔둘 수 있는 능력과 자신감은 투자의 세계에서 살아남기 위한 전투에서 승리를 거둘 수 있는 열쇠다. 주식시장에서는 불과 몇 달 동안의 주가 변동폭이 몇 년치 배당금이나 채권이자보다 더 크다. 따라서 지속적인 배당금이나 이자수입을 얻는 것보다는 이 같은 시장에서의 가치 변화에 주목하는 게 훨씬 더 중요하다.

이 장의 처음에도 말했듯이 이론적으로 이상적인 투자 조건을 실제 투자 현장에서 만나기란 거의 불가능하고, 그런 완벽한 조건을 인식하기도 어렵다.

간단한 등식을 만들어 투자수익 가능성 대비 투자손실 리스크를 계산해보는 것이야말로 이상적인 투자조건을 인식하는 가장 훌륭한 방법이 아닐까 싶다.

제 13 장

정확한 타이밍에 매도하기

일단 주식을 매수했다면 매수자는 그 즉시 한 가지 결정을 하지 않을 수 있는 선택의 자유를 상실하게 된다. 이제 매수한 주식을 보유하거나 매도하는 두 가지 선택만 할 수 있다. 올바른 결정을 할 수 있는 확률은 그만큼 떨어질 수밖에 없다. 투자의 세계는 그만큼 냉정하다. 따라서 현명한 투자자는 매수할 때보다는 차라리 매도할 때 훨씬 더 많은 시행착오를 했으면 하고 바란다.

오로지 현금만 보유하고 있을 때는 완벽할 정도로 만족스러운 조건이 드러나기 전에는 아무런 결정도 할 필요가 없다. 확실한 기회가 나타나면 아주 유리하게 매수할 수도 있고, 유리한 조건과 불리한 조건이 엇비슷하다면 가만히 있으면 된다.

그냥 손을 놓고 있는 사이 최악의 상황이 벌어진다고 해봐야 제대로 주의를 기울이지 않는 바람에 기회를 놓치는 일뿐이다. 그러나 때가 되면 기회는 항상 다시 찾아온다. 이 책에서 설명한 대로 투기와 투자를 접근하는 투자자라면 궁극적으로 투자수익을 놓칠 일도 없고 마음의 평화를 잃지도 않을 것이다.

정확한 타이밍에 매도하기란 정확한 타이밍에 매수하는 것보다 훨씬 더 어렵다. 최적의 매수 타이밍은 오로지 주가가 정말로 싸게 거래될 때만 찾으면 된다. 반면 최적의 매도 타이밍은 인간 심리상 당초의 믿음을 잃고 조급해지다 보면 놓치기 십상이다. 주가가 과대평가되고 대중들의 확신이 과도해지면, 반드시 그 다음에는 침체기가 뒤따르게 마련이다. 마찬가지로 더할 나위 없이 좋은 호경기는 최악의 불황으로 이어지는 게 보통이다. 주식시장이 활황기로 접어들면 주가는 과도할 정도로 높은 가격으로 거래되는데, 낙관적인 기대를 갖고 훨씬 앞서 주가가 낮았던 시기에 매수했던 투자자들의 예상치를 훌쩍 뛰어넘는다. 그러면 초기에 매수했던 투자자들은 과도한 평가 조짐이 처음 나타날 때부터 불안해지기 시작한다.

현명한 매도를 위한 조건이 진정한 매수 기회를 만들어주는 조건을 거꾸로 뒤집은 것이 될 수 없는 이유가 바로 이 때문이다. 현명한 매도를 위한 조건은 어쩌면 적절한 공매도 타이밍을 설명하는 데 더 적합할지도 모르겠다. 하지만 지금 우리의 관심은 투자 포지션을 새로 설정하는 게 아니라 이미 설정한 투자 포지션을 정리하는 것이다. 물론 공매도가 없다면 매수할 필요도 없는 종목들이 많이 있기는 하지만 말이다.

맨 처음 주식을 매수했을 때 기대했던 우호적인 여건 변화가 당초 예상에 못 미쳤을 때는 반드시 매도를 고려해야 한다. 이 경우 매도로 인해 투자손실을 볼 수도 있다.

이럴 때는 기계적인 원칙을 세워놓고 이를 따르는 것도 가능하다. 물론 어떤 공식이나 시스템을 고집하는 것보다는 정확한 정보를 충분히 이해한 뒤 확실한 논리에 따라 행동하는 게 성공 투자의 밑거름이 될 것이다. 하지만 주가의 하락으로 인해 자신의 판단이 잘못된 것으로 판명 났다면 매수 포지션을 정리하는 게 더 합리적이다. 이 원칙은 주식투자를 하면서 자동적으로 실행되는 것이며, 어떤 판단도 필요 없는 단 한 가지 실천방법이다.

투자손실은 반드시 "잘라버려야" 한다. 투자손실은 그 금액이 눈덩이처럼 불어나기 훨씬 전에 재빨리 없애버려야 한다. 손실을 본 주식을 이렇게 제거한 다음에는 일단 그 거래를 잊어야 한다. 앞으로의 투자 판단에 절대 영향을 미쳐서는 안 된다는 말이다. 즉, 곧바로 혹은 한참 뒤에 이 종목을 다시 매수하는 게 설득력 있게 받아들여진다면 앞서의 매도가격보다 주가가 더 높아졌다 하더라도 매수 포지션을 재설정할 수 있어야 한다. 지나간 감정은 완전히 지워버려야 한다.

손절매 원칙이야말로 내가 항상 옳은 것이라고 가르치는 주식시장의 유일한 원칙이다. 수학적으로 보면 손절매 원칙은 초등학교 학생도 충분히 배울 수 있다. 그러나 실제로 투자를 하다 보면 우리 인간의 약점과 완벽하게 결별해야 하는데, 이게 무척이나 어렵다. 누구나 이익은 얻고 싶어하지만 손실은 취하기 싫어한다. 또한 자신이 매도한 가격보다 더 높은 가격으로는 다시 매수하려 들지 않는다. 인간이기에 어쩔 수 없는 이 같은 호불호(好不好)가 개입하게 되면 어떤 투자 프로그램도 망쳐버린다. 실패하지 않으려면 오로지 논리와 합리성, 정보, 경험에 귀 기울여야 한다.

"그렇다면 언제 투자수익을 거둬들일 것인가" 라는 문제에 대해서는 정확한 답을 내놓기가 어렵다. 적어도 일부 투자 종목에서는 100%의 투자수익을 실현하는 게 괜찮은 실전 투자방식일 것이다. 이 정도 투자수익은 6%의 배당수익률을 16년 연속해서 올린 것과 맞먹는다.(물론 세금과 복리이자는 감안하지 않은 것이다.) 일단 6~12개월 사이에 투자원금을 두 배로 늘리는 데 성공했다면 다음 기회가 눈앞에 저절로 나타날 때까지 현금을 들고 상당 기간 편안한 마음으로 있을 수 있다.

내가 늘 강조하는 점은 전혀 예상하지 못했던 기회가 나타나면 언제든 투자할 수 있도록 예비자금을 갖고 있어야 한다는 것이다. 이렇게 항상 매수 여력을 비축해두어야 하는 것도 현재 보유하고 있는 주식의 매도 이유가 될 수 있다.

아마도 언제 매도할 것인지를 가장 잘 파악할 수 있는 방법은 처음 매수했을 때부터의 과정을 자세히 돌아보는 것이다. 가령 어떤 주식이 매수 목표 가격대에 들어오면 적은 수량을 매수할 수 있다. 그런데 주가가 떨어지면 즉시 팔아서 재빨리 적은 손실로 막아야 한다. 만약 주가가 올라 첫 번째 매수가 옳은 것이었다는 점이 확인되면, 매수자가 판단하기에 여전히 낮은 주가 수준으로 추가 물량을 더 확보할 수 있다. 그러나 주가가 당초 예상했던 정상적인 수준까지 상승하거나 그 이상으로 과대평가 되면, 그 다음부터는 주가가 오를 때마다 꾸준히 보유물량을 줄여나가야 한다.

제 14 장

통계적 분석보다 시장의 추세와 대중 심리가 더 중요하다

특정 주식의 가치를 평가하기 위한 통계적 분석 기법은 앞으로 더 나아질 여지가 충분히 있다. 지금까지의 통계적 분석은 전혀 유용하지도 않았거니와 결정적이지도 않았다. 일반적인 통계적 분석 기법은 이론적이고 학문적인 접근으로만 일관해 개별 주식의 통계적 수치보다 훨씬 더 중요한 기본적인 추세를 무시했다는 게 내 생각이다.

그런 점에서 투자수익을 올리기 위해 가장 중시해야 할 요소는 시장의 기본적인 추세를 이해하는 것이다. 우선 현 시점이 디플레이션 시기인지 인플레이션 시기인지 알아야 한다. 디플레이션 시기라 하더라도 나는 주저하지 않고 주식분석에 나설 것이다. 많은 사람들이 비싼 돈을 주고서 특정 기업에 대한 심층 분석보고서를 입수한다. 이런 보고서에는 전체 시장에 대한 분석이 하나도 들어있지 않지만 보고서만 믿고서 매수한다. 나중에 어느 주식이든 투자해서는 안 된다는 시장 분석보고서가 나올 때쯤이면 이미 돈을 날린 다음이다. 그런가 하면 개별 주식에 대해서는 별로 연구하지도 않고 주도주를 집중 매수하는 투자자도 있다. 화폐가치는 떨어지고 주가는 상승할 때 이렇게 하는 것이다. 따라서 가장 먼저 추세가 어느 방향인지 판단하는 데 노력을 집중하고, 그 다음에 이런 상황에서 가장 합당한 종목을 선정하도록 해야 한다.

적정한 주가 수준을 정확히 맞춰 투자수익을 올리는 것보다는 대세 상승이나 대세하락 흐름을 따라 투자수익을 얻는 게 확률적으로 더 우수하다. 시장이 정말로 바닥을 헤맬 때 주가가 싸다고 인식하고, 시장이 천정을 쳤을 때 주가가 너무 높다고 이해할 정도로 그렇게 특정 주식이 "싸다"거나 "비싸다"는 판단을 내릴 수 있는 사람은 거의 없다. 가령 주가가 상승 초기 단계로 진입하면 종종 너무 비싸 보이다가, 나중에 신고가를 경신하며 한참 오른 다음에 갑작스레 조정을 받으면 싸게 보이기도 한다. 주가 수준만 갖고 싸다거나 비싸다는 판단을 내릴 만한 기준은 없다.

나는 투자자들이 자신이 알고 있는 것조차 믿지 못할 정도로 주가가 쌀 때 비로소 바닥을 치는 경우를 봤고, 대다수 투자자들이 특정 종목을 공매도할 시점이라고 생각할 때 바닥을 치는 경우도 목격했다. 강세장에서 천정을 치는 경우도 이와 마찬가지다. 우리는 주가에 영향을 미치는 요인들에만 관심을 가지면 되고, 이런 요인들은 얼마든지 이해할 수 있다. 물론 바닥에 사서 천정에서 팔면 가장 만족스럽겠지만, 바닥과 천정을 어떻게 판단할지 알 길도 없고, 바닥과 천정을 찾으려고 너무 애쓰다 보면 기회를 놓칠 수도 있다. 따라서 우리가 실제로 활용해 투자수익을 올릴 수 있는 방법을 배우는 데 관심을 집중하는 게 합리적일 것이다.

주식시장을 결정짓는 가장 중요한 단 한 가지 요인을 꼽는다면 대중들의 심리다. 바로 이런 요인이 있기 때문에 내가 이 종목 저 종목의 적정 가치를 정확히 계산해내는 학문적인 방법을 신뢰하지 않는 것이다.(요즘은 컴퓨터까지 동원해 복잡하게 계산해낸다.) 앞으로 6~18개월 후에 어떤 일이 벌어질 것인가에 대한 개인적인 지식의 총합, 그리고 시장이 이를 어떻게 반영할 것인가는 아무리 복잡한 계산으로도 감히 헤아릴 수 없다. 가령 어떤 상황에서는 특정 종목에 대해 40배의 주가수익비율(PER)로도 매수하고자 했던 대중들이 어떤 상황에서는 똑같은 종목에 대해 10배의 주가수익비율로도 매수하기를 주저하는 것은 바로 심리적 요인 때문이다. 이런 대중 심리는 아주 강력하고도 결정적인 주가 변동 요인으로, 기업 실적이 주가에 미치는 영향보다 더 클 수 있다. 가령 순이익이 늘어났는데도 단기적으로 그 주식에 대한 대중들의 선호가 떨어져 오히려 주가가 하락하는 경우가 있다. 다시 말하면 시장은 한동안 예상 순이익의 20배로 주가를 평가해왔는데, 뒤늦게 이보다 더 낮은 주가수익비율을 주가에 반영하는 것이다. 물론 이와 반대되는 경우도 있다.

이런 현상이 동시에 여러 종목들에게서 나타나기도 한다. 자동판매기 회사나 카메라 기업이 각광을 받게 되면 이들 기업의 주가는 자산 가치나 순이익, 배당금, 미래 전망 등을 감안할 때 다른 어느 기업들보다 높은 수준으로 치솟는다. 그러다 인기가 식어버리면 비로소 자산

가치나 순이익 같은 기준에 비해 매력적인 주가 수준으로 돌아오는데, 막상 그때는 대중들의 시선이 다른 곳으로 가버린 다음이다. 때로는 인기주가 몇 년 동안이나 과대평가되기도 하는데, 이론적인 가치를 감안할 때 도저히 합리화할 수 없는 주가가 계속 이어진다. 이와 마찬가지로 이론적인 가치보다 크게 저평가된 주가가 몇 년씩 지속되기도 한다. 이론적으로는 고평가됐지만 지금 상승세를 타고 있는 주식을 공매도한다거나, 이론적으로는 저평가됐지만 현재 주가가 떨어지고 있는 주식을 매수한다고 해서 안심할 수 있는 것은 절대 아니다.

옳든 그르든 대중들이 어디로 향하고 있는지를 파악하는 데 모든 노력을 기울이고, 여기서 투자수익을 얻도록 해야 한다. 심지어 해당 주식의 이론적인 가치와는 전혀 상관없이 단지 기업의 이름 때문에 대중들의 시선을 사로잡거나 반대로 대중들로부터 외면당하기도 한다. 내 경험을 돌아보면 1929년 당시 엄청난 투기붐을 탔던 종목들 가운데는 단지 기업 이름 때문에 그렇게 된 경우가 허다했다. 마찬가지로 실제 가치는 아주 좋은데도 불구하고 대중들이 선호하지 않는 기업 이름 때문에 주가가 한참 저평가될 수도 있다.

그런 점에서 개별 종목에 대한 분석은 매우 현실적인 방식으로 행해져야 하고 반드시 시장과 연관지어 이뤄져야 한다. 주식을 분석하면서 내가 가장 기본적으로 따져보는 것은 시장에 영향을 미치는 모든 요소의 총합을 고려할 때 투자자들의 기대는 과연 주가가 오를 것인지 아니면 내릴 것인지의 여부다. 이 같은 현실적이면서도 기본적인 이유가 실제로 얼마나 중요한지 나는 매일매일의 분석작업에서 확인했고, 그래서 이렇게 분명하게 이야기하는 것이다.

개별 종목에 대한 분석을 하다 보면 자연히 순이익이나 배당금의 추세를 예상하게 된다. 하지만 과거의 순이익이나 배당수익률이 시장에서 어떻게 평가됐는지를 함께 고려하지 않는다면 이런 추세를 예상해봐야 실익이 크지 않을 것이다. 가령 어느 기업의 순이익이 주당 1달러로 예상된다 해도, 과거 여러 시장 상황에 따라 주가수익비율이 어떻게 변해왔는지 알지 못한다면, 주식시장이 과연 이 같은 예상 순이익을 어떻게 반영할지 현실적으로 가늠하기 어렵다. 배당수익률 역시 마찬가지다. 앞서 해당 종목의 시가총액이 얼마였으며, 이를 고려할 때 시장이 순이익이나 배당수익률을 어떻게 반영할 것인지 계산해보는 게 필요하다.

간단히 요약하자면 특정 주식의 어떤 측면을 분석하더라도 반드시 과거에 시장이 그것을 어떻게 평가했는지 따져봐야 하며, 여기에 기초해 향후 시장이 어떻게 움직일지 결정해야 한다는 것이다.

제 15 장
시장의 흐름을 먼저 살펴보라

전반적인 시장의 추세, 특히 투자할 개별종목에 대해 균형 잡힌 투자 의견을 내놓을 때 무엇보다 중시해야 할 요소는 실제의 주가 흐름이 다.

그 이유는 현재의 주가가 "고평가" 됐든 "저평가" 됐든 당신의 주식 가치를 결정하는 건 다름아닌 주가의 움직임이기 때문이다. 예를 들 어보자. 1963~64년 사이 신텍스 코퍼레이션(Syntex Corporation)의 주 가는 20달러 수준에서 190달러 이상으로 상승했다. 그 뒤 몇 달만에 50달러 밑으로 떨어졌다. 시장의 평가가 이처럼 크게 출렁거릴 수 있 다는 사실을 무시한 채 상승할 때 공매도했거나 하락할 때 매수 포지 션을 취한 투자자들은 주가가 급변할 때마다 상당한 손실을 입었을 것 이다.

그런 점에서 투자자들은 해당 종목의 이론적인 가치가 얼마인가는 물론 지금 시장이 매겨놓은 가치가 얼마인가를 예의주시해야 한다.

어떤 이들은 "시세표를 통해" 주가의 움직임을 살피고, 어떤 이들은 주가 차트를 "추적"한다. 그런가 하면 시세표도 안 보고 주가 차트도 추적하지 않는 투자자들도 있다. 하지만 최소한 매일같이 신문에 실리는 시세표를 보면서 주가와 거래량의 변화를 살펴봐야 한다. 그것이 중요하건 그렇지 않건 모든 관련 요인들이 시장에 반영되며, 대부분의 경우 시장 그 자체의 움직임이 매수와 매도를 불러온다. 그리고 시장의 이 같은 움직임은 실제로 뉴스가 나오기 전에 미리 뉴스를 정확히 예측해준다. 주가와 거래량의 변화는 기업분석과 미발표 정보를 미리 반영한 시장의 예상을 가장 정확하게 확인해줄 뿐만 아니라, 잘 몰랐던 종목의 가치를 새로운 시각으로 주목할 수 있도록 귀중한 단서를 제공해준다.

시장의 움직임에 큰 영향을 받는 주식 매수자와 매도자는 세 부류로 구분할 수 있다. 첫 번째는 "대중"이다. 이들은 주가와 거래량이 급변할 때마다 대규모로 매수하거나 대규모 매도 물량을 쏟아낸다. 1934년 증권거래법(Securities and Exchange Act of 1934)이 제정되기 전까지는 소위 프로 투자자들이 이런 행위를 합법적으로 조장하고 이끌어나가기도 했다. 물론 불법적으로 이뤄질 때도 있었다. 대개의 경우 대중은 주변 사람들이 하나 둘씩 시장의 이 같은 움직임에 동참하면, 앞선 매수자나 매도자에 의해 만들어진 시세를 보고 덩달아 뛰어들게 된다. 이렇게 해서 처음에 투자수익을 거뒀다 하더라도 장기적으로는 손실을 면치 못할 것이라는 게 내 생각이다.

두 번째 부류는 자기만의 방식으로 차트를 보고 종목별 시세를 읽는 사람들이다. 이들은 오로지 차트나 종목별 시세에 따라 투자한다. 하지만 내 생각으로는 이들 역시 시장의 움직임을 오로지 자신의 추론에 맞게 활용한다면 장기적으로 손실을 볼 수밖에 없다. 아무리 전문가라 해도 이런 신호만 갖고는 투자수익을 얻기 힘들기 때문이다.

성공적인 투자자들인 마지막 세 번째 부류는 시장의 움직임을 해석하는 데 아주 탁월한 능력을 가진 진짜 전문가다. 이들은 시장 흐름에 영향을 미치는 모든 요인들의 상대적인 가중치를 이해하고, 특히 주가가 모든 것을 반영하고 있다는 점에서 정확한 매수와 매도가 무엇인지, 경솔하거나 성급한 투자를 하지 않으려면 어떻게 해야 하는지 잘 알고 있다. 이들은 현재의 시장이 "강세"인지 "약세"인지 판단하는 데 그치지 않고, 그 이면에 숨어있는 원인과 동력이 무엇인지, 그리고 자신의 분석이 정확한 것인지 여부를 확인하는 게 중요하다는 점 역시 이해하고 있다. 가능한 투자방안은 헤아릴 수 없이 많고, 따라서 하나하나씩 신중하게 따져봐야 한다. 고지식하게 한 가지 잣대만 갖고 시장의 움직임을 해석하려 들거나 무엇이 중요하고 무엇이 중요하지 않은지조차 구분하지 못한다면 시장의 움직임을 잘못 읽을 수 있다.

시장의 움직임이야말로 보유하고 있는 주식의 최종적인 평가에 영향을 미치는 가장 중요한 요소라는 점은 부인할 수 없는 사실이다. 하지만 전문지식의 부족으로 인해 시장의 움직임을 잘못 해석하거나, 아직 일반에 알려지지 않은 경제적 사건과 기술적 발견, 기업 내부의 변화, 기관투자가의 매수 같은 요인들을 무시할 경우 잘못된 결론을 내릴 가능성이 크다는 점을 염두에 둬야 한다.

시장의 움직임을 고려할 때 가장 중요한 요소는 바로 시간이다. 아주 두드러진 강세나 약세 움직임도 시장 사이클의 다른 시점에 보면 전혀 반대의 의미를 가질 수 있다. 가령 어떤 주식이 오랜 하락세를 보인 뒤 꾸준히 거래량이 늘며 강세를 이어간다면 아주 뚜렷한 강세 신호라고 볼 수 있다. 더구나 이 주식이 주도주로 떠오르면서 다른 주요 종목들도 함께 오름세를 탄다면, 시장 전반의 흐름이 반전하는 신호로 읽을 수 있다. 반면, 시장 전반의 강세 분위기를 전혀 타지 못하던 종목이 뒤늦게 거래량 증가와 함께 오름세를 보인다면 이런 강세는 오래가지 못한다. 오히려 앞서 시장의 강세를 이끌었던 주도주가 더 이상 상승세를 타지 못할 경우 시장 전반의 강세가 이제 끝났다는 신호로 받아들여야 한다. 시장의 움직임에 대한 판단을 내릴 때는 반드시 이미 알려진 뉴스는 물론 알려지지 않은 뉴스와 연관지어 내려야 한다. 약세로 보이는 시장 움직임이라 하더라도 특별한 뉴스가 나온 상황에서는 거꾸로 강세 신호가 될 수 있고, 그 역도 성립할 수 있다. 예를 들어 평상시 같으면 주가가 곤두박질칠 정도의 충격적인 뉴스가 나왔는데도 엄청난 거래량과 함께 소폭의 하락세를 이어갈 경우 아주 강력한 강세 신호가 될 수 있다. 마찬가지로 정말로 획기적인 뉴스가 나왔는데도 주가가 횡보하는 데 그친다면 결정적인 약세 신호가 될 수 있다.

개별 종목의 주가 움직임은 반드시 주식시장 전체의 흐름과 연관지어 판단해야 한다. 예를 들면 시장이 기술적 조정 국면에 있을 때 하락폭이 가장 작은 종목이나 기술적 반등 국면에서 상승폭이 가장 큰 종목을 주목해야 한다. 물론 앞서 설명한 시간이라는 요소를 감안한 것이라야 한다. 단순히 시장평균 수준의 강세나 약세를 보이는 것은 결코 중요한 시장 움직임이 될 수 없다.

주식시장에 참여하는 개인투자자들의 비중이 크면 클수록 보다 정확한 판단을 내리기가 용이하다. 노련한 시장 분석가라면 특정한 상황에서 대중들이 어떻게 행동하는지 비교적 쉽게, 또 정확하게 파악할 수 있다. 그러나 극소수의 개인이나 세력들이 지배하는 소위 프로들의 시장에서는 전통적인 시장 흐름 분석만으로는 투자수익을 올리기가 무척 어렵다. 다만 이런 경우에도 주가의 움직임과 관련된 모든 요소를 고려하는 용의주도한 개인투자자는 시장의 성격을 미리 감지할 수 있다. 또한 일부 세력이 좌우하는 시장에서는 종래의 판단이 틀릴 수 있다는 점을 염두에 두고, 강세 신호가 나왔을 때 매도하는 식의 역발상 투자로 이익을 얻을 수 있다.

현재의 시장 흐름을 이런저런 이론에 근거해 단정짓다 보면 자칫 오류에 빠지기 쉽다. 단기적으로는 특히 이 점을 주의해야 한다. 가령 저항선을 뚫었다며 모두가 흥분할 때가 그렇다. 프로 투자자는 대개 이런 일이 벌어져도 문자그대로 이론적인 관심만 기울인다. 왜냐하면 저항선을 뚫기 한참 전에, 훨씬 더 유리한 주가 수준에서 이미 이런 신호를 파악했을 것이기 때문이다. 따라서 프로 투자자는 이 같은 주가 움직임이 성공할지 여부에 대해서도 더욱 정확한 판단을 내릴 수 있다. 일단 이런 신호를 따라가고자 한다면, 비록 약간의 비용의 더 든다 해도 한 번 더 신호를 확인한 뒤 뛰어드는 게 훨씬 더 안전하다.

모든 요소를 전부 고려한다면, 기술적 시장 분석은 결국 똑같은 이론에 바탕을 두고서 단지 실제 시장 상황을 정확히 그려내기 위해 서로 다른 수단만 사용하고 있을 뿐이다. 그러나 희미하게 드러난 매수나 매도 조짐이 얼마나 커질 것인지 파악하기 위해서는 아주 정확한 판단이 필요하다. 예를 들어 하락세가 오랫동안 이어진 뒤 처음으로 개인투자자들이 매수하기 시작했다면 강세 신호일 가능성이 높지만, 이를 확인하기 위해서는 좀더 기다려봐야 한다. 현재 주식시장이 어떤 상황이며, 앞으로의 전망은 어떤지, 또 개인투자자들의 자금 여력은 얼마나 되는지를 비롯해 수많은 다른 요인들을 살펴봐야 잘못된 결론을 내리지 않을 수 있다. 1920년대 초 캘빈 쿨리지 대통령의 당선과 함께 시작된 "쿨리지" 장세 초기의 사례를 들어보자. 당시 증권회사의 신용이 사상 최고치를 기록하자 많은 투자자들은 과거의 경험에 비춰볼 때 위험하다고 느끼고 서둘러 주식을 매도했지만 나중에 드러난 것처럼 주식시장이 정점을 지난 것은 한참 뒤의 일이었다.(미국의 제30대 대통령인 캘빈 쿨리지는 전임 대통령인 워렌 하딩의 유고로 1923년 대통령직을 승계한 뒤 1924년 선거에서 승리해 1929년 3월까지 재직했다-옮긴이) 이 사례는 1920년대 초에 벌어졌지만 똑같은 일이 요즘에도 그대로 반복된다.

한창 매수에 열을 올리던 "대중"이 일단 발을 빼기 시작하면 순식간에 상황이 반전된다. 매도의 경우도 마찬가지다. 주식시장에서 대중들은 결국 손해를 보기 마련이라는 사실을 안다 해도 추세를 거스를 경우 손실을 피할 수 없으며, 이런 상황을 정확히 파악하지 않으면 투자수익을 얻을 수 없다.

이론적인 분석가들은 어느 시점의 특별한 상황에서 투자자들이 얼마를 지불할 것이라는, 저마다 다른 개인적인 생각에 근거해 주가가 "너무 높다"거나 "너무 낮다"고 주장한다. 하지만 실제 주가는 현재 시점에서 내려진 대다수 투자자들의 평가에 따라 결정된다. 만약 개인투자자들이 가진 돈이 엄청나게 많다면 이들의 평가는 얼마든지 오래 지속될 수 있다. 만약 이론적인 분석가들이 자신의 이론에 따른 예상 주가보다 낮은 수준으로 모든 주식을 살 수 있을 만큼, 또 그보다 높은 수준으로 모든 주식을 팔 수 있을 만큼 충분한 자금을 갖고 있다면, 이들의 판단에 따라 주가가 결정될 수 있다. 하지만 대개의 경우 이들은 다른 사람들에게 영향을 미칠 수는 있지만 실제 주가를 좌우하는 결정적인 요인은 되지 못한다. 1929년의 주가가 너무 높았다거나 1932년의 주가가 너무 낮았다고 말하는 것은 옳지 않다는 말이다. 당시 주가는 그만한 가치가 있었다. 1929년에도 그랬고 1932년에도 그랬다. 그 이상도 그 이하도 아니다. 냉정하게 바라보면 성공적인 투자의 핵심은 이런 생각을 완전히 지워버리고, 실제로 매매주문을 내는 사람들의 입장에 서서 이들의 바람과 능력을 적절하게 시장의 평가에 반영하는 것이다.

많은 독자들은 지금까지의 설명이 투자수익을 거둘 수 있는 확실한 법칙이라기 보다는 시장을 잘못 해석하지 말라는 경고라고 생각할 것이다. 내 의견을 분명히 밝혀두겠다. 주식을 매매하면서 아무런 노력도 없이 쉽게 이익을 얻으려고 생각하지 말라. 투자란 부정확한 과학이라는 사실을 깨달아야 한다. 주가를 결정하는 데 인간의 심리가 가장 중요한 요소로 작용한다는 점에서 특히 그렇다. 주식시장에서 투자수익을 거두기 위해서는 주식투자가 얼마나 어려운지 충분히 인식해야 한다. 나의 원칙은 이 점을 전제로 한다. 얄팍한 근거를 갖고 서둘러 시장에 뛰어들 수도 있고, 혹은 뭔가 중요한 근거를 갖고서 잘 짜여진 계획에 따라 신중하게 하나씩 확인해가면서 확실해 보이는 결론에 도달할 수도 있다. 어떤 경우든 내가 해줄 수 있는 조언은 가능한 한 모든 시각에서 자신의 결론을 검증함으로써 다시 한번 그 타당성에 물음표를 던져보고 정반대의 의견도 가져보라는 것이다.

제 16 장
기술적 시각

주식시장이 상승하는 시기에 매수할 만한 종목을 정확히 선정할 수 있는 원칙을 간단히 설명하기란 참 어려운 일이 아닐 수 없다.(하락하는 시기에 매도하는 것 역시 마찬가지다.)

주식투자를 하면서 이런 원칙들을 실제로 적용할 때 무엇보다 중요한 점은 시장이 보여주는 여러 신호들을 언제 믿을 것이며, 언제 믿지 말아야 할 것인가를 본능적으로 알 수 있어야 한다는 것이다: 똑같은 상황을 정반대의 시각에서 바라볼 수 있는 직관이 있어야 올바른 이해를 할 수 있다는 말이다. 물론 이처럼 역설적인 결정을 정확히 내리기 위해서는 경험이 필수적이다.

쉽게 설명해보자: 강세장에서 조정을 보일 때 거래가 활발하게 이뤄지면서도 하락폭이 가장 작은 종목은 십중팔구 다음 상승 국면에서는 가장 크게 올라 신고가를 경신할 것이다. 이와는 반대로 시장이 일단

대세하락 국면으로 접어들었는데, 다른 종목들에 비해 주가 움직임이 좀 강해 보인다면 이런 종목은 불가피한 하락을 단지 일정기간 연기시키고 있을 뿐인 경우가 많다. "시장의 흐름과 동행하지 않는" 종목들이라는 점은 같지만, 때로는 뒤늦게 랠리에 동참해 시장을 이끌어갈 수도 있고, 때로는 랠리에 늦었다는 사실 자체가 강세장에서 주도주가 될 만한 모멘텀이 없다는 사실을 알려주는 것이기도 하다. 과연 어떤 판단을 내려야 한다는 말인가?

이것은 원칙을 적용하기에 앞서 판단을 내려야 할 문제다. 또 그렇기 때문에 성공적인 투자에는 만고불변의 공식이 존재할 수 없는 것이다.

그러나 기본지식으로, 또 시험적으로 활용한다면 도움이 될 몇 가지 일반적인 사항은 알려줄 수 있다.

나는 주식시세표나 주가 움직임을 바탕으로 시장의 큰 방향을 예측하기를 좋아한다. 내가 보기에 이건 성공의 출발점이자 꼭 필요한 요소다. 그렇게 해서 시장이 오를 것이라는 확신이 들면 나는 거래량이 많은 종목 가운데서도 가장 강력한 주도주를 잡으려고 한다. 이런 종목은 약세장에서 조정폭이 가장 작거나 강세장에서 상승폭이 가장 크다. 또한 중요하지 않은 신호를 잘못 판단하는 위험을 최소화할 수 있도록 거래가 활발히 이뤄져야 한다. 조정국면에 있을 때보다 상승국면에 있을 때 거래량이 더 많다면 더욱 좋다. 바닥권에 있을 때는 예외인데, 미미한 하락세를 이어가다 갑자기 "급락"할 경우 아주 강력한 상승세를 예고하는 것일 수도 있다. 다시 한번 강조하지만 이것은 원칙이 아닌 판단의 문제다.

예를 들어 어떤 종목이 상승세를 이어가다 거래량이 급증할 경우 "정점"에 다다른 것일 수 있다. 앞서의 "급락"과 반대되는 현상이다. 그러나 장외시장에서 거래되는 주식이나 정식 상장종목이라 하더라도 거래량이 극히 적은 종목은 이렇게 판단할 수 없다. 이런 종목들은 주목할 필요도 없고, 판단할 가치도 없으며, 아무런 신호도 읽을 수 없다.

정말로 공을 들여 꼭 매수해야 할 주식은 사기는 어렵고 팔기는 쉬운 종목이다. 즉, 매수할 때 다른 종목들에 비해 조금 더 강세를 보여야 한다는 말이다. 그러나 이건 어디까지나 주식시장이 상승국면의 초기 단계에 있거나, 일시적인 조정국면 혹은 시장이 하락세에서 막 빠져나올 때의 얘기다.

또한 내가 말하는 강세는 노련한 트레이더만 겨우 느낄 수 있는 수준이라야 한다. 누구나 알 수 있을 정도의 강세 분위기는 때로 경고신호가 되기도 한다. 내가 분명히 말해줄 수 있는 가장 확실한 설명은 어떤 주식이 아무것도 모르는 대중들까지 "좋아할" 정도로 강하게 움직인다면 이런 강세는 위험신호라는 것이다; 반대로 일반 대중들이 이익을 실현하려고 하거나 공매도에 나서고 조정을 기다리고 있다면 이런 주식은 매수를 고려해볼 만하다. 하지만 이것 역시 확인할 필요가 있다. 아무것도 모르는 대중들이 매수에 가담했다고 해서 반드시 정점에 도달한 것은 아닐 수 있다. 거꾸로 더욱 가파른 상승세가 뒤따를 수 있다. 그런 점에서 타이밍이라는 요소가 무엇보다 중요하다.

진짜 약세 신호는 일반 대중들의 매수 에너지가 스스로 소진될 때 나타난다. 이 말은 듣기는 쉬워도 투자의 세계에서 정확히 판단하기가 정말로 어렵다. 우선 일반 대중들의 매수가 얼마나 효과를 발휘하는지 살펴볼 필요가 있다. 매수가 늘어나면서 주가도 함께 상승한다면 그건 정상적이다. 일반의 매수가 늘어나는데도 불구하고 주가가 기진기진 올라간다면 주의해서 지켜봐야 한다. 일반의 매수가 계속되고 있는데도 주가는 하락한다면 결정적인 문제가 머지않아 터질 가능성이 높다.

어떤 사건이 발생했다는 사실 그 자체보다 그 사건이 언제 발생했느냐가 더 중요하다; 어느 종목 하나의 주가 움직임을 살펴보기보다는 다른 종목들과 비교해서 살펴보는 게 더 중요하다; 뉴스 그 자체만 주목하기보다는 뉴스가 주가에 미치는 영향을 주목하는 게 더 중요하다; 어느 시점이든 수요와 공급 가운데 한 가지만 시장에 영향을 미치는 요인으로 부각되지만 두 가지 모두를 주시하는 게 더 중요하다.

월 스트리트에서 일반적으로 쓰이는 표현이나 구절들을 그냥 있는 그대로 받아들이는 경우가 많은데, 대표적인 게 "잘 샀다"거나 "잘못 샀다"는 말이다. 가령 어느날 주식시장에서 하는 말을 들어보면 온통 매수주문만 있었다거나 매도주문만 쏟아졌다는 식이다. 1932년에는 "아무도" 주식을 갖고 있지 않았고, 1929년에는 "모두가" 주식을 갖고 있었다. 이건 분명히 잘못된 말이다. 가까운 예를 들자면 1961년에 다우존스 평균주가가 760을 넘어섰을 때 매수가 절정을 이뤘다거나, 다우 평균주가가 530 밑으로 떨어졌을 때 매도가 절정을 이뤘다는 말 역시 잘못된 것이다. 언제든 모든 주식은 누군가가 소유하고 있다. 문제는 누가 갖고 있느냐다. 매도주문이 아무리 많아도 그것이 처리됐다면 그에 상응하는 매수주문이 있었다는 말이 된다. 그 역도 마찬가지다. 다만 어느 쪽이 사고 팔았느냐가 문제다. 이 경우 시장가 주문 (market orders)과 지정가 주문(limited orders)을 구분하는 게 필요한데, 시장가 주문이 훨씬 더 중요하다.

앞서 내가 매수하기는 어렵고 매도하기는 쉬운 주식이 더 낫다고 말했는데, 이 말은 해당 종목을 매수할 때 거래량이 많은 다른 종목들에 비해 상대적으로 약간 더 높은 가격을 지불해야 한다는 것이다. 따라서 아예 매수할 수 없는 종목을 이야기한 것은 아니다. 예를 들어보자: 주식시장의 평균적인 종목인 A주식이 50달러에서 45달러로 주가가 떨어졌다고 하자. A주식만큼 거래가 활발히 이뤄지는 B주식은 50달러에서 47달러로 떨어졌다. B주식의 현재 매수호가는 47달러지만, 이보다 약간 더 높은 매도호가로 상당한 물량이 나와있다. B주식이 50달러 위로 다시 올라가려면 상당한 규모의 거래가 이뤄져야 할 것이다. 내가 말하는 "매수하기는 어렵고 매도하기는 쉬운" 주식이 바로 B주식이다. C주식은 50달러에서 43달러로 떨어졌다. 이런 주식은 아주 약한 종목이라 내 관심대상이 아니다. D주식은 50달러에서 47달러로 떨어졌고, 47달러의 매수호가에 1000주를 사겠다는 매수주문이 대기하고 있다. 또 49.50달러의 매도호가에 팔겠다는 매도주문이 100주 있다. D주식 역시 매수호가 근처에서 확보할 수 있는 주식이 거의 없으므로 나의 관심대상에서 빠질 것이다.

뉴욕증권거래소(NYSE)의 플로어에서 매매주문을 처리하는 스페셜리스트들이 쓰는 표현인 "업북(up-book)"과 "다운북(down-book)"이라는 말을 들어본 독자들이 있을 것이다. "업북"이란 어떤 종목의 주가가 올라갈 경우 주문을 실행하도록 스페셜리스트의 목록에 미리 올려놓은 매수와 매도의 지정가 주문을 말한다. "다운북"은 주가가 떨어질 경우를 상정한 매수와 매도의 지정가 주문이다. 보통사람들은 스페셜리스트의 목록에서 어떤 주식의 매수 지정가 주문이 많고 매도 지정가 주문이 적으면 그 주식이 오를 가능성이 높다고 생각한다.

그런데 실제로는 정확히 그 반대다. 시장은 가장 큰 지정가 주문과 반대방향으로 움직이기 때문이다. 매도주문이 없는 주식은 사려고 해도 살 수가 없고, 매수주문이 없는 주식은 팔려고 해도 팔 수가 없다. 물론 예외는 있지만 거의가 그렇다. 기업이나 대주주의 입장에서 무턱대고 주가를 올리려고 시도할 경우 실은 매도해야 할 시점에서 "매수" 주문을 낼 때가 많다. 매도호가와 매수호가의 차이는 아주 작아야 한다. 당신이 만약 갖고 있는 주식을 많은 사람들에게 팔려고 한다고 하자. 그러면 사람들이 매수하고 싶어해야 하고, 이들이 주변사람들에게 매수하라고 이야기해야 비로소 당신이 매도물량을 소화시킬 수 있는 넉넉한 시장이 만들어질 수 있다.

당신이 어떤 주식을 매수했다면 그 주식을 더 높은 가격에 매도하고자 할 것이다; 따라서 쉽게 다시 팔 수 있고, 그런 시장도 언제나 존재하는 주식을 골라야 한다. 당신은 일부 세력이 수요를 인위적으로 조장하고, 이에 따라 주가가 좌우되는 주식은 사지 않을 것이다; 또한 매도를 하려면 사람들을 고용해 월 스트리트에 부풀린 정보를 퍼뜨려야만 하는 주식도 원하지 않을 것이다.

항상 거래가 활발하게 이뤄지는 종목들은 사실 이런 책략이 필요 없고 통하지도 않는다. 이런 얕은 수는 거래량이 적거나 일시적으로 거래량이 늘어난 종목에서 발견할 수 있는데, 특히 일시적으로 거래량이 늘어난 종목은 피해야 한다. 다시 강조하지만 강세장에서는 거래가 활발한 "매수하기 어려워 보이는" 주도주를 약간 더 높은 가격에 매수하는 게 좋다.

시세표나 차트를 보고 주가의 움직임을 읽을 때 가장 중요한 요소는 시간이다. 시간이라는 요소를 배제한 채 무조건 어떤 주식이 신고가를 경신했다고 해서, 혹은 저항선을 넘어섰다고 해서 매수하라고 이야기하는 것은 공염불이나 다름없다. 한마디로 주식시장의 사이클에서 신호를 빨리 발견할수록 그 신호의 중요성은 커진다. 너무 늦게 발견했다면 그 신호는 아무 의미도 없다. 가령 제너럴 모터스(General Motors)의 주가가 오랜 하락세를 지난 뒤 강세 신호를 보였다면, 더구나 평균주가가 상승 신호를 보이기 몇 주 전에 이런 신호를 발견했다면 아마도 아주 강력한 강세 조짐이라고 할 수 있을 것이다. 그러나 강세장이 몇 달 지속된 다음 뒤늦게, 그것도 거의 마지막으로 이전 고점을 경신했다면 그건 전혀 의미 없는 매수신호일 뿐만 아니라 오히려 약세 반전을 알리는 중요한 신호가 될 수 있다.

따라서 어느 종목의 주가 움직임을 다른 종목들과 비교하는 게 무엇보다 중요하다. 주가가 상대적으로 강한지 약한지, 거래가 상대적으로 활발한지 미미한지, 상승속도가 상대적으로 빠른지 느린지를 비교해봐야 한다. 개별종목의 기본적인 주가 움직임은 다른 종목들의 주가 움직임과 비교했을 때만 중요한 신호가 될 수 있다.

주가 시세표 외에 주도주에 대한 일반적인 전망과 평가도 "정확한 종목"을 선정할 때 고려할 필요가 있다. 다수 종목의 시세 변화도 참고하는 게 좋다.

이 주제와 관련해 가장 위험한 신호를 지적해두어야겠다. 어떤 종목이 급등세를 보인 뒤 대량 거래와 함께 상승폭을 전부 반납했을 경우다. 시장이 오랫동안 상승세를 이어온 다음 이런 일이 벌어졌다면 반드시 경계심을 갖고 대해야 한다. 통상적인 등락폭만큼 올랐다가 내렸다면 아무 문제도 없다. 그러나 갑자기 수직 상승했다면 하락폭이 50%를 넘어서는 안 된다. 갑자기 오른 상승폭을 전부 반납한 주식은 다시 오름세로 돌아서기가 어렵다. 만약 다시 오름세를 보이더라도 이런 종목은 그냥 외면해버리는 게 좋다. 이런 주식은 더 이상 "매수하기 어려운 주식"이 아니기 때문이다.

역설적인 사실은 이제 막 본격적인 하락국면으로 접어든 초기 단계일수록 매도하기가 용이하다는 점이다. 일반 대중들은 주가가 내리막길을 걷기 시작하면 엄청나게 매수하기 때문이다.

영리한 트레이더는 신고가를 경신할 때마다 피라미딩 기법으로 매수 평균단가를 높여간다; 무지한 투자자는 "물타기"로 매수 평균단가를 떨어뜨린다. 어느 종목이 신고가를 경신하면 아마추어 투자자들은 왠지 낯설어하고 위험하다고 느낀다. 가령 주가가 20달러에서 이전 고점을 깨뜨리고 25달러, 30달러, 35달러, 40달러, 45달러, 50달러, 55달러 식으로 계속 올라가면 아주 위험하게 보이는 것이다. 그런데 55달러에서 49달러로 떨어지면 갑자기 안전하다고 느낀다. 따라서 프로들의 "매물 출회"는 "주가가 떨어질 때" 이루어진다.

매일매일의 거래량을 체크하고 매수자 또는 매도자가 누구인가에 주목하는 투자자들도 있다. 이것 역시 프로들이 하는 일이다. 어느 종목이 50달러에 1만 주가 매매됐다는 사실의 이면에는 상당히 다른 의미가 담겨 있을 수 있다. 가령 아주 영리한 트레이더나 거대 자금을 운용하는 기관투자가가 이 주식을 매수했을 수 있다. 플로어 트레이더가 매수에 동참했을 수도 있다. 그런가 하면 단기 차익을 노리는 트레이더가 며칠 안에 팔 생각으로 매수한 것일 수도 있다.

그러나 이것 역시 앞서 말한 것처럼 시장의 한쪽 면만 바라봐서는 안 된다. 50달러에 1만 주를 매도한 사람들이 전국적으로 흩어져 있는 소액투자자들이라고 해보자. 아무리 소액투자자들이라 해도 아주 유리한 가격에 주식을 매도했을 수 있다. 드물기는 하지만 이런 특별한 경우에는 주식을 매수한 프로 투자자들이 나중에 곤란한 입장에 처하게 될 것이다. 이처럼 시장에서는 항상 두 가지 시각을 모두 가질 필요가 있다.

제 17 장

시장의 또 다른 기술적 측면, 그 해석과 중요성

주식시장이 현재 기술적으로 어떤 위치에 있는가는 주식을 매수할 것
인지, 매도할 것인지, 아니면 기다릴 것인지를 결정하는 데 가장 중요
한 고려사항 가운데 하나다. 기술적 위치는 단순히 단기적인 트레이
딩 신호에 그치는 게 아니라, 아주 장기적인 매수 포지션을 취할 때 특
히 중요하다.

정말로 가치 있는 기술적 정보들은 아무 때나 쉽게 얻을 수 있는 게
아니다. 하지만 노련한 증권브로커를 통해 이런 정보를 얻을 수 있는
데, 주가나 거래량 같은 숫자보다는 그의 판단을 반영한 것이어야 한
다.

우리는 시장이 기술적으로 "약한" 자리에 있다거나 "과매수" 상태
에 있다고 말하고, 또 이와 반대로 기술적으로 "강한" 자리에 있다거
나 "과매도" 상태에 있다고도 말한다. 주식시장에서 거래되는 모든 주

식은 언제든 누군가가 보유하고 있으므로, 이런 말은 주식 보유자의 질(quality)을 이야기하는 것이다. 상황에 대한 정확한 평가는 투자자의 수익과 직결되며, 정확한 평가를 위해서는 다양한 신호를 통찰력을 갖고 정밀하게 해석해야 한다.

예를 들면 단주거래를 전문으로 하는 증권회사가 현재 어떤 포지션을 취하고 있는가는 주식시장의 기술적 위치를 판단하는 데 아주 귀중한 정보가 된다.(월 스트리트에서는 100주 미만 주식은 단주거래로 취급하는데, 이를 전문으로 하는 증권회사는 자연히 소액투자자의 투자성향을 반영하게 된다-옮긴이) 이들이 처리하는 단주 매수물량과 단주 매도물량의 합계는 장기적으로 거의 같아진다. 그런데 단주를 매도하려는 소액투자자들이 갑자기 몰려들면 일시적으로 이들 증권회사는 매수 포지션을 취하게 된다. 이런 경우 일반적으로 아주 강력한 단기 상승 신호로 받아들여진다. 물론 이 같은 판단은 소액투자자들이 매도에 열을 올리면 적어도 일시적으로는 매도가 정점에 달한 것이라는 믿음에 바탕을 둔 것이다. 마찬가지로 단주거래를 하는 소액투자자들이 매수에 열을 올리면 매수가 절정에 이른 것이라고 할 수 있다.

요즘은 월 스트리트의 많은 신문들이 이 같은 단주거래 주문상황을 기사화하고 있어 누구나 쉽게 표나 차트를 만들어볼 수 있다. 단주거래 전문 증권회사들은 소액투자자들의 주문과 반대되는 포지션을 취한다는 생각이 예전부터 있어왔다. 하지만 다른 많은 요인들을 감안할 경우 이런 생각이 아직까지도 유효하지는 않은 것 같다. 한 예로 소액투자자들이 단주로 거래하던 기업이 주식분할을 하면 소액투자자들도 100주 단위로 거래할 수 있다. 물론 개인적으로 소액투자자들이 예전보다 더 똑똑해졌다고 느껴지지는 않지만, 소액투자자들이 최후의 종말을 어느 정도 늦춘 것만은 분명하다.

사실 비즈니스를 하는 입장에서 보자면 단주거래 전문 증권회사도 때로는 고객과 같은 포지션을, 때로는 반대되는 포지션을, 때로는 중립적인 포지션을 취할 것이다. 이들이 하는 본업은 고객들의 주문을 가장 경제적으로 처리하는 것이기 때문이다. 이들이 현재 어떤 투자 포지션을 취하고 있는가는 이 같은 본업을 하는 데 필요한 부수적인 일일 뿐이다.

우리가 관심을 두어야 할 대상은 단주거래 상황이다. 이를 잘 활용하면 매수와 매도의 질을 판단하는 데 도움을 얻을 수 있고, 시장 전반의 기술적인 위치를 추론하는 데도 유용하다. 물론 이렇게 하려면 단주거래를 제대로 분석할 수 있는 지식과 경험이 필요하고, 시장의 리스크와 추세에 대한 감각도 갖고 있어야 한다.

내 개인적인 생각으로는, 단주거래 상황을 통해 파악할 수 있는 기술적 단서들은 정말로 가치 있는 정보며, 우리가 활용할 수 있는 유용한 기술적 요소일 것이다. 시장 그 자체의 움직임만 갖고 시장의 기술적 흐름을 예측할 경우 시장이 상당 기간 예상한 대로 움직여준 다음에야 비로소 신뢰성을 확보할 수 있다. 결국 시장의 움직임만 갖고 강세 예측을 했다면 바닥권에서 상당히 올라온 다음에야, 반대로 약세 예측을 했다면 정점에서 상당히 떨어진 다음에야 믿을 수 있는 정보를 손에 쥐게 되는 셈이다.

단주거래 상황에 기초한 질 높은 매매 관련 정보를 갖고 있는 투자자들은 시장이 실제로 움직이기 전에 앞으로의 추세를 훨씬 더 정확하게 예측할 수 있다. 가령 시장의 움직임만 지켜본다면 다우존스 평균 주가의 방향을 모르는 상태에서 박스권의 상단을 깰지, 하단을 깰지 무작정 기다려야 하고, 심지어 박스권을 깬다 해도 시장의 방향과 어긋나는 경우마저 있다. 그러나 단주거래 상황을 통해 신뢰할 만한 매매 관련 정보를 확보하고 있다면 시장의 방향이 정해지기 전에, 즉 박스권이 "물량 확보"를 위한 것인지 아니면 "매물 출회"를 위한 것인지 밝혀지기 전에 비교적 정확한 예측을 할 수 있다. 내가 여기서 "비교적 정확한 예측"이라고 표현한 것은 확실한 예측은 있을 수 없기 때문이다. 가령 주가가 6주 동안 박스권을 형성하고 있는 가운데 단주거래를 하는 소액투자자들의 매수 거래량이 계속해서 늘어나고 있다면 주가는 박스권 아래로 떨어질 가능성보다는 박스권 위로 뚫고 올라갈 가능성이 더 크다.

그러나 이 같은 단주거래 상황을 활용해 투자수익을 거두려면 고도의 지식과 엄청난 자료축적이 필요한데, 극소수의 투자자만이 이렇게 할 수 있다.

주식시장의 추세를 어느 정도 예상할 수 있다 해도 현재 주가가 "싸다"거나 "비싸다"고 단정짓는 것은 거의 불가능하다는 점은 앞서 지적했다. 이와 마찬가지로 거래량 하나만 갖고 시장의 방향 변화를 예측하는 것도 매우 어렵다. 다양한 위험 요인들이 산재해 있기 때문이다: 이런 점을 모두 고려해야겠지만, 그 중에서도 주식 소유자의 유형이 갑자기 바뀌었을 때 시장 그 자체가 얼마나 민감하게 반응하는가를 따져보는 게 무척 중요하다.

일반 대중이 주식을 팔고 주가도 떨어진다면, 혹은 증권회사의 신용융자 잔고가 감소하고 주가도 하락한다면, 이런 추세는 충분히 자연스러운 흐름이라고 할 것이다. 그러나 일반 대중이 주식을 팔고 신용융자 잔고가 감소하는데도 시장은 하락하지 않고 그냥 주춤거리기만 한다면 강력한 반전 신호가 나타난 것이라고 할 수 있다. 다시 말해 일반 대중이 대규모로 주식을 매수하거나 대규모로 주식을 매도하는 것이야말로 정말로 위험한 신호다. "대중들"의 매수 에너지와 매도 에너지는 일단 풀려나면 가히 폭발적이기 때문이다. 따라서 대중들이 결국에는 값비싼 대가를 치를 것이라 하더라도 시장의 추세를 역행하면 불가피하게 손실을 입게 되는 것이다.

시장의 기술적인 위치를 알려주는 또 하나의 유용하면서도 흥미로운 지표는 매수주문이나 매도주문 가운데 지정가 주문이 대략 얼마나 차지하는가를 살펴보는 것이다. 재미있는 사실은 낮은 매수호가로 엄청난 지정가 매수주문이 걸려있는 반면, 높은 매도호가로는 이보다 훨씬 적은 지정가 매도주문이 있을 경우 주가가 떨어질 가능성이 높다는 것이다. 언뜻 보면 그 반대일 것 같은데, 이렇게 되는 이유는 우선 집중적인 매수를 위해서는 그만한 물량이 매물로 나와야 하고, 나중에 대규모로 처분하기 위해서는 매수호가 단위마다 매수하려는 수요가 있어야 하기 때문이다.

예를 들어 어떤 주식을 매수하려고 할 때 고려사항 중 하나는 자신이 사려는 물량을 주가에 큰 영향을 미치지 않고 재빨리 매수할 수 있는가 하는 점이다. 만약 현재 주가보다 매수호가 단위를 높여도 시장에 나와있는 물량이 얼마 되지 않는다면 다른 종목으로 눈을 돌리기 쉬울 것이다. 바로 이런 이유 때문에 대규모 물량이 처분되는 동안 오히려 주가가 올라가거나, 대규모 대기 매수세력이 존재하고 있는데도 주가는 떨어지는 일이 자주 벌어지는 것이다. 주식시장을 잘 모르는 기업 경영진이 자사 주가를 지지하겠다고 나섰다가 괜히 엄청난 매도 물량만 출회되는 빌미를 제공하기도 한다. 또 내부거래자들 가운데는 자신이 보유하고 있는 종목의 인지도를 높이고 주가도 띄우려고 시도하지만, 막상 주가 부양을 위해서는 보유 주식을 매도해야 한다는 사실을 이해하지 못하는 경우가 많다. 이들은 지정가로 매수주문을 내면 주가가 높아질 것이라고 생각하지만 이런 경우 오히려 역효과만 낼 뿐이다.

마지막으로 고려해야 할 기술적 측면은 장기적인 투자의 관점에서 지분 소유 구도를 살펴보는 것이다. 이를 위해서는 주주명부상의 변화를 조사해볼 필요가 있다. 물론 일정한 법칙이 있는 것은 아니지만, 장기 보유할 주식을 처음 매수할 때 내가 선호하는 기업의 지분 소유 구도는 "오너가 직접 회사를 경영하면서 몇 명의 주주가 대규모 지분을 보유하고 있는" 것이다.

물론 보유 주식을 처분할 수 없어 어쩔 수 없이 대규모 지분을 몇 명의 주주가 보유하고 있는 경우라면 생각할 필요도 없을 것이다. 어쨌든 이런 지분 소유 구도 아래서 주가가 올라가게 되면, 가장 먼저 대규모 지분 보유자 가운데 일부가 조금씩 물량을 내놓고 이를 증권회사가 가져갈 것이다. 그러다 마지막 물량 출회는 다수의 소액투자자들이 가져가는데, 결국 이들의 현금을 대규모 지분 보유자가 챙기게 되는 것이다. 이와 관련해 〈포춘Fortune〉이 재미있는 기사를 쓴 적이 있는데, 아메리칸 울런(American Woolen Co.)을 가리켜 "미국 역사상 최악의 투자 기업" 가운데 하나이자 "과부와 고아들이 보유하는 전형적인 주식"이라고 표현했다. 이런 사례는 헤아릴 수 없이 많다. 어떤 종목의 주주 숫자가 폭발적으로 늘어날 때면 높은 신용등급과 함께 기관투자가들의 매수까지 가세해 "가장 인기 있는" 주식으로 부상하게 된다.

이 단계에 이르게 되면 오너 경영진은 사라지고 고용된 경영진이 회사를 운영하며 기업 실적은 내리막길을 걷는다. 즉, 회사 최고경영진이 대규모 지분을 보유하면서 리스크를 부담하고 이익도 나누어 갖는 게 아니라 아주 적은 지분만 보유한 채 월급으로 보상을 받는 것이다. 이렇게 쇠락의 길을 걷더라도 금방 두드러지는 것은 아니다. 그동안 쌓아둔 회사의 명성이 있는 데다, 주주들도 널리 퍼져있고, 지분 구조도 아주 튼튼하기 때문에 처음에는 주가 하락이 아주 더디게 이루어진다. 그렇다 하더라도 쇠락을 피할 수는 없다. 물론 여기에도 예외는 있다. 그러나 최고의 투자대상을 고를 때 이 점만큼은 잊지 말아야 한다.

제 18 장
종목 교체가 유리한 이유

한 평론가가 나에게 이런 말을 한 적이 있다. 보유 주식을 자주 교체하면 한 종목을 장기 보유하는 것보다 신경이 더 쓰인다고 말이다. 하지만 그게 더 어렵다는 말은 하지 않았다. 이 사람은 언제 주식을 사고 팔아야 할지 걱정하기 보다는 그저 한 종목을 보유하면서 주가가 오를 때까지 기다리는 게 편하다고 본 것이다.

물론 누구나 주식시장이 어떤 국면에 있든 월등한 수익률을 안겨주는 한 종목을 보유했으면 하고 바란다. 그러나 실제로 그런 종목을 정확한 시기에 족집게처럼 발굴해 보유하는 사람은 찾아보기 힘들다. 더구나 앞선 사이클에서는 최고의 주식이었던 종목이 다음 사이클에서는 부진한 수익률을 기록하는 경우가 주식시장에서는 흔하다. 보통의 투자자들 대부분은 대세상승장에서도 한물간 인기주나 소외주를 붙들고서 다른 종목들이 빠르게 올라가는 광경을 그저 한숨만 쉬며 바라볼 뿐이다. 이러고서야 속이 편할 리가 없다. 하물며 장기 보유한다 며 주식을 붙들고 있다가 대세하락 기간 중에 속을 끓인 경험은 많은 투자자들이 한 번쯤 겪어봤을 것이다.

나는 보유기간을 짧게 가져가는 게 마음이 편하다. 이익이 됐든 손실이 됐든 그것을 실현해버리면 노심초사하지 않아도 되기 때문이다. 가령 어떤 종목을 매수했는데, 천천히 지속적으로 내리막길을 걸으면 애간장이 다 녹아버릴 것이다. 그럴 때 일단 매도하고서 손실을 실현해보라. 물은 이미 엎질러졌고 울어봐야 아무 소용도 없다.

주식 보유기간을 짧게 가져가려면 주가의 움직임과 현재 주가에 기초해 정확한 종목을 매수해야 한다. 틀리기 십상인 향후 전망에 따른 판단이 아니라 아주 실제적인 판단을 내려야 한다. 보유기간을 짧게 가져가는 투자방식은 적절히 운용하기만 한다면 현실적으로 가장 안전하다.

피라미딩 방식은 이렇게 보유기간을 짧게 가져갈 수 있는 좋은 투자방법이다. 예를 들어 내가 지금 스튜드베이커(Studebaker) 주식 1000주를 매수할 만한 자금을 갖고 있다고 하자. 이 종목이 오를 것이라고 생각한 나는 우선 100주를 산다. 그런데 오를 것이라고 생각한 주가가 오르지는 않고 오히려 떨어진다. 나는 팔아버린다. 내가 입은 손실은 보험료나 수업료 혹은 더 나은 출발을 위한 필요경비라고 생각하면 된다. 다음으로 나는 크라이슬러(Chrysler) 주식 100주를 산다. 내 예상대로 주가가 오르기 시작한다. 나는 200주를 더 산다. 주가는 상승세를 지속한다. 나는 좀더 많은 물량을 추가로 매수한다. 이렇게 계속 해나간다. 여기서 가장 먼저 알아두어야 할 사실은 상황이 좋으면 정확한 종목을 매수해 보유하되 처음에는 적은 물량으로 리스크를 줄인다는 점이다. 나는 손해를 본 스튜드베이커 주식을 100주만 샀다; 크라이슬러 주식도 처음에는 100주에 해당하는 리스크만 떠안았다. 일단 주가가 어느 정도 올라가면 내가 감수해야 할 리스크는 미실현 투자수익 범위에 그친다; 이건 처음에 매수할 때 감수해야 하는 원금 손실의 리스크와는 전혀 다른 것이다. 물론 돌발적인 위험도 있다. 전혀 예상하지 못한 끔찍한 뉴스가 간밤에 발생하는 바람에 갑자기 주가가 폭락하는 경우다. 하지만 이런 일은 정말로 극히 드물게 벌어진다. 따라서 피라미딩 원칙만 확실히 지킨다면, 시장의 움직임을 통해 어떤 종목을 얼마나 매수해야 할지 확실히 판단할 수 있으므로 정확한 종목을 적절한 물량만큼 보유할 수 있다.

지금까지 매수하는 방법에 대해 설명했는데, 이제 매도하는 방법에 대해 이야기하겠다.(주식시장에서는 먼저 매도를 한 뒤 매수하는 경우도 있지만, 이때도 원칙은 똑같다.) 주식은 적절하게 매도하는 게 매수하는 것보다 훨씬 더 어렵다. 당신이 매수를 하는 것은 자발적인 행동이다. 그런데 매도를 해야 할 때는 보유할 것인지 팔 것인지 선택을 강요 받는다. 쉽게 결정을 내릴 수 없는 상황이라도 반드시 선택해야 한다. 주식시장 바깥에서 가만히 지켜볼 수도 있지만, 일단 주식을 매수했다면 이제 계속 들어가 있을지 아니면 빠져 나올지를 확실히 해야 한다.

주식을 매도하는 가장 바람직한 시점은 상승세를 멈췄을 때다. 그다음은 막 떨어지기 시작했을 때다. 물론 말처럼 간단한 일은 절대 아니다. 이와 관련해 책을 쓸 수도 있겠지만, 실전을 통해 배워나가는 게 책을 보는 것보다 더 낫다. 누구나 주식을 팔고 나니 주가가 더 오르는 경험을 해봤을 것이다. 이런 주식을 다시 매수하지 말라는 법은 없다. 사실 어떤 종목의 주가가 40달러에서 100달러까지 상승하는 사이 10번쯤 사고 팔고 하는 게 이 주식을 40달러에 매수해 그냥 들고 있는 것보다 훨씬 더 안전할 수도 있다. 당신이 만약 40달러에 매수해 계속해서 보유하고 있다고 치자. 그러면 주가가 100달러 수준에서 떨어지기 시작한다 해도 별로 걱정하지 않을 것이다. 그러나 당신이 만약 매수와 매도를 반복하다가 마지막으로 100달러에 이 종목을 샀다면, 즉시 손절매를 할 것이다. 또 피라미딩 방식으로 매수 평균단가를 계속 높여왔다면 주가가 하락세로 돌아섰을 때 시장에서 빠져 나오든가, 적어도 추가로 물타기 매수는 하지 않을 것이다. 그런데 40달러에 주식을 매수한 뒤 가만히 있었던 투자자는 주가가 100달러까지 올랐다가 60달러로 주저앉으면 물타기를 할 가능성이 높다.

처음에는 흔히 있는 작은 조정처럼 보이던 것이 결과적으로 천정을 치고 내려오는 본격적인 대세하락의 출발점이 되는 경우가 자주 있다. 오래 전 일인데, 내가 어떤 주식을 8~9달러에 처음 매수한 적이 있다. 나는 이 주식을 12달러에, 그리고 17달러에 추가로 매수했다. 그런데 어느 날 주가가 25달러를 기록한 순간 왠지 정점을 지났다는 생각이 들었다. 그날 오후 2시15분부터 장 종료 시점까지 주식시장은 아주 뜨거웠다. 그런데 이 주식은 엄청나게 거래되기는 했지만 장 종료 시점까지 주가가 그대로 있었다. 나는 다음날 아침 전부 매도했다. 그러면서도 혹시 며칠 후에는 다시 매수할 수 있지 않을까 생각했다. 이 주식은 그 뒤로 다시는 상승세를 타지 못했고, 세월이 한참 흐른 후의 일이지만 결국 은행관리로 넘어갔다.

주식시장의 인기주를 끝까지 붙들고 늘어져 아주 큰 돈을 버는 투자자들도 있다. 그러나 이건 여기서 논의할 대상이 아니다. 사실 이들 가운데 자신의 판단으로 그렇게 한 사람과 순전히 운이 좋아서 그렇게 된 경우를 구분해보라. 내가 생각하기에 자기 판단으로 그렇게 한 사람은 거의 없고, 대부분은 운이 좋아서 그렇게 됐을 것이다. 사실 주식시장에서 큰돈을 번 사람을 만나기란 쉽지 않다. 더구나 자신이 매수한 주식이 정점에 달했을 때 정확히 다른 종목으로 교체 매매할 수 있는 사람은 더욱 드물다. 내가 보기에 보통사람들이 매일같이 직면하는 현실적인 문제란 보유기간을 짧게 가져가면서 종목을 교체하는 방법과 무조건 장기 보유하는 방법 가운데 어느 쪽이 더 높은 투자수익을 올려줄 것인가 하는 점이다. 답은 보유기간을 짧게 가져가면서 종목을 교체하는 쪽이 분명히 더 유리하다는 것이다. 사실 내가 제시한 방식대로 주도주를 골라 투자한다면 아주 멋진 기회를 잡을 수 있을 것이다.

한 가지 덧붙이자면, 누군가 당신에게 어떤 주식에 투자해 투자원금을 두 배로 혹은 네 배로 불렸다고 자랑한다면 그렇게 하는 데 얼마나 걸렸느냐고 물어보라. 6개월만에 두 배가 됐다면 대단하다고 할 수 있다. 두 배로 늘리는 데 12년이 걸렸다면 결국 매년 6%정도의 수익률을 올린 것밖에 되지 않는다.

제 19 장

"빠른 주식"과 "느린 주식"

주식투자에서는 현금이 보장되는 "안전성"이 제일이라며 "안전한" 주식만 거래하는 게 좋다는 말을 들어봤을 것이다. 이런 생각이야말로 실제 투자에서 아주 잘못될 수 있다는 게 개인적인 내 견해다.

통상 "안전한" 주식이라고 하면 주가 움직임이 상당히 느리고 비교적 주가가 낮으며 변동폭도 아주 적은 주식을 말한다. 이런 "안전한" 주식을 보유할 경우 강세장에서 다른 종목들이 빠르게 상승하는 동안 혼자서만 분통을 터트리기 십상이다; 약세장에서도 "안전한" 주식은 워낙 움직임이 느려 투자자로 하여금 잘못된 주식에 투자하고 있다는 느낌을 주지 못한다. 주가가 낮기 때문에 안전하다고 말하는 주식은 대개 거의 오르지 못하는 종목이다. 이런 주식은 주식시장이 대세상승 국면으로 접어들어 다른 모든 종목들이 눈부시게 올라갈 때도 소외된 채 게걸음을 하거나 뒷걸음질치기 일쑤다.

높은 투자수익률을 얻고자 한다면 반드시 그런 주가 움직임을 보여주는 투자수단을 찾아 여기에 집중해야 한다. 주가 움직임이 느리고 주가가 낮은 종목을 매수하거나 이런 주식들로 포트폴리오를 구성한다고 해서 절대로 안전성이 확보되는 것이 아니다. 올바른 방향으로 주가가 빠르게 움직이고 눈에 띌 정도로 강한 주도주에 집중해야 안전성을 얻을 수 있다. 바로 이 같은 주도주를 정확한 타이밍에 매수했다면, 이틀 후 매수거래가 결제됐을 때 이미 자신이 산 가격보다 주가가 더 올라 있을 것이다. 이것이야말로 더 안전하고 더 높은 투자수익률을 확보하는 길이다. 매수한 다음 1달러도 후퇴하지 않고 놀라운 상승률을 기록한 종목들을 나는 수없이 봐왔다.

이렇게 주가 움직임이 빠른 종목에 투자할 때는 잘못 판단해서는 안 된다. 주가 움직임이 느린 종목에 투자할 때보다 훨씬 더 확실한 결정을 내린 다음 투자를 실행에 옮겨야 한다. 따라서 이런 종목에 투자했는데 자신의 예상처럼 움직이지 않거나 오히려 반대로 움직인다면 재빨리 빠져나올 수 있는 신중한 자세가 더욱 필요하다. 내 견해로는 이게 진짜 안전성이다. 이런 식으로 투자수익을 확보해 안전한 자금을 모아두어야 언제든 불가피하게 발생할 수 있는 실수에 대비할 수 있는 것이다.

마찬가지로 한 종목에 집중 투자하는 게, 심지어 개인적으로 확실한 판단이 섰을 경우 신용을 썼다 해도, 주가 움직임이 둔한 종목에 돈을 묻어놓고 안전하다고 자위하는 것보다 상대적으로 더 안전하다고 말할 수 있다. 누구나 신용을 쓰게 되면 더 신중해지고, 보다 냉정하게 바라본다. 한마디로 당신이 옳은 게 확실하다면 끝까지 밀고 나가라.

의심이 든다면 일단 빠져나와라.

이 문제를 설명하다 보면 자연히 "고가주"와 "저가주"라는 문제에 부딪친다. 사실 주식시장에서 주가가 가장 높은 종목의 시가총액을 그 기업의 수익창출 능력을 비롯한 각종 지표들과 비교해보면 밸류에이션이 가장 낮은 편에 속하는 경우가 자주 있다. 나는 이렇게 단순 주가가 높은 주식 주식을 선호한다. 이런 주식은 대세상승 국면에서 폭발적인 에너지를 분출할 가능성이 높고, 투자등급도 더 높아질 수 있다. 많은 사람들은 "몇 백 주를 샀다"거나 "몇 달러가 올랐다"는 것만 생각하고, 고가주 1000주와 저가주 1000주를 매수하는 것 역시 똑같이 여긴다.

실제 투자에서는 몇 달러가 올랐는가가 아니라 몇 퍼센트가 올랐는가로 자신의 투자수익을 따져봐야 한다. 앞으로의 상승 여력을 예측할 때도 이 같은 방식으로 해야 한다. 그런 점에서 차트를 그릴 때 주가를 로그화해서 활용하는 게 유용하다. 5달러 하던 주가가 10달러로 상승하면 5달러 오른 것이다. 125달러 하던 주가가 130달러로 상승해도 똑같이 5달러 오른 것이지만 누구도 5달러 하던 주식이 10달러로 오른 것과 똑같이 생각하지 않을 것이다. 그런데도 많은 트레이더들이 5달러 하던 저가주가 10달러로 두 배나 뛰어오른 것은 그렇게 위험하게 여기지 않고, 125달러 하던 고가주가 175달러로 50달러 오르면 두려움에 휩싸여 공매도에 나서기도 한다. 125달러 하던 고가주가 두 배로 상승하려면 250달러가 되어야 한다. 로그화한 차트를 활용하면 이런 주가 움직임을 정확히 파악할 수 있고, 보다 신중한 판단을 내릴 수 있다.

몇 년에 한 번씩은 고가주를 싼값에 살 수 있는 기회가 찾아온다. 예를 들자면 1932년과 1938년, 1946년, 1957년, 1962년이었다. 이런 기회가 왔을 때 현금과 나름대로의 안목을 갖고 있다면 두말할 나위 없이 아주 확실한 투자수익을 올릴 수 있겠지만, 그렇다고 해서 항상 이런 기회만 노릴 필요는 없다.

그런가 하면 시가총액이 작은 저가주 종목을 매수했다가 대단한 투자수익을 거둔 투자자도 간혹 본다. 하지만 이렇게 멋진 기업을 골라내 정확한 타이밍에 투자할 가능성은 극히 희박하다는 사실을 알아야 한다.

덧붙이자면 시가총액이 매우 크면서도 저가주에 속하는 종목은 아예 손대지 않는 게 좋다고 말하고 싶다.

제 20 장

"좋은" 매수와 "좋은" 매도는 무엇인가

월 스트리트에서 꼭 마스터해야 할 정말로 중요한 게 있다면 바로 주가다. 주가만 보면 다른 것은 몰라도 큰돈을 벌 수 있다. 주가를 어떻게 읽는지 정확히 이해하고 있다면 당신이 하고 있는 모든 것을 자동적으로 체크할 수 있고 안전밸브도 확보한 셈이 된다.

내 주장은 확고하다. 이 점은 처음부터 거래량이 많은 상장기업 주식만 고집하라고 했던 또 하나의 이유이기도 하다. 다른 주식들은 최선의 판단 근거를 손에 쥘 수 없기 때문이다. 많은 거래량을 수반하는 경매시장에서의 가격을 모른 채 장외주식을 거래하는 것은 마치 안전밸브도 없는 증기선을 운항하는 격이고, 신호 시스템이 고장난 기차를 몰고 가는 것과 마찬가지다. 이런 사람들을 보면 그 용기가 대단해 보이지만, 잘 지켜보면 이들조차 그 위험을 모르고 있다는 사실을 알게 된다. 이건 경험에서 우러나온 말이다. 나는 지금까지 주식투자로 큰 돈을 벌었거나 원금마저 날려버린 투자자를 수없이 봐왔다.

주가를 어떻게 읽는지 배우는 방법은 직접 해보는 것이다. 직접 해보라. 다만 한 번에 한 종목씩 적은 금액으로 시작하라. 운이 좋다면 주변에서 주가를 읽어낼 줄 아는 사람을 찾을 수도 있다. 책이나 강의는 예외적인 경우도 있지만 대부분 이론에 너무 치우쳐 있다. 나도 예전에 펜실베이니아 대학교 와튼 스쿨에서 학생들에게 이 주제로 강의한 적이 있는데, 이 책의 72장에서 그 자세한 내용을 읽을 수 있을 것이다.

한 가지 명심해야 할 점은 요즘에는 주가와 차트를 읽는 방법이라든가, 현재의 시장 움직임을 활용한 기술적 시스템들이 아주 널리 쓰이고 있다는 사실이다. 모두가 이와 관련된 지식을 어설프게나마 갖고 있다는 말이다. 물론 누구나 다 알고 있다면 그건 알 필요도 없을 것이다.

주식시세표를 지켜보면 시시각각 새로운 거래가 이뤄지고, 각각의 거래는 주가를 결정하는 데 조금이라도 영향을 미치게 된다. 그런데 어떤 사람은 이 거래를 바라보며 뭔가 이유가 있을 것이라고 생각하면서도 이 거래가 의미하는 바를 무시해버린다. 또 다른 사람은 이 거래의 특징을 파악해본 뒤 매수 에너지가 강하므로 현재의 주가 흐름을 따라가는 게 좋을 것이라고 생각한다. 세 번째 사람은 아예 이런 거래가 있었는지도 모른 채 누군가 살 것이며 누군가 팔 것이라고만 생각한다. 하지만 이 사람 역시 어떤 식으로든 주가와 관련된 의사결정을 한다. 투자의 세계에서는 모든 사실이 공개되지 않는다. 주가의 이면에 숨겨진 사실을 대하는 이들 세 사람의 투자 결과는 얼마나 차이가 나겠는가?

어떤 경우든 주가를 읽는 법에서 가장 먼저 배워야 할 것은 많은 거래량을 수반한 주가 흐름과 거래량이 빈약했을 때의 주가 흐름이 어떻게 다른지 이해하는 것이다. 이건 결코 쉬운 일이 아니지만 반드시 배워두어야 한다. 시세표상에 나타난 것이라면 반드시 그것을 읽어낼 수 있는 사람이 있게 마련이다. 소위 "시세조종" 행위는 1934년에야 비로소 불법화됐는데, 그 이전까지 시세조종 세력들은 늘상 쓰는 수법으로 매수자와 매도자를 끌어들였다. 그러나 노련한 시세조종 세력은 자신들이 매수자를 끌어들이려고 시세를 억지로 만들다 보면 주가에 나타난 이상 흐름을 정확히 이해한 매도자들이 물량을 내놓는다는 점도 알고 있었다.

가령 매수가 부진한 경우를 보게 될 것이다. 하지만 상승 초기라면 대중들이 에너지를 회복해 매수주문을 늘릴 때까지 몇 달 동안 지켜볼 수도 있다. 이와는 반대로 엘리베이터 보이까지 주식투자에 뛰어든 시점에 매수가 부진해졌다면 시장에 뛰어들어서는 안 된다는 신호다.

내가 강조하고자 하는 것은 진실한 자세를 가지라는 것이다; 월 스트리트에서 주식을 거래하는 사람의 99.99퍼센트는 자신이 옳고 주가는 틀렸다고 생각한다. 하지만 그에게 돈을 빌려준 증권회사에서 지켜보는 것은 다름아닌 현재의 주가다. 지금 주가가 높고 앞으로 더 높이 올라갈 주식은 훌륭한 매수 종목이다. 지금 주가는 "싸지만" 앞으로 더 싸질 주식은 나 같은 경우 매수 후보로 올리지도 않는다.

앞서도 설명했지만 통계적 분석이 도움이 될 때도 있다. 통계적 분석은 분명히 유용하다. 주가가 박스권에 갇혀 지지부진한 흐름을 보일 경우 통계적 분석을 활용하면 박스권을 아래로 뚫고 내려갈지, 아니면 위로 뚫고 올라갈지 판단하는 데 도움이 된다. 하지만 이런 경우에도 내가 가장 먼저, 또 반드시 고려하는 것은 주가다. 두 번째로는 증권회사나 은행으로부터 얻은 정확한 정보와 신용이나 매수자, 매도자 등의 현황을 살펴본다. 통계적 분석을 비롯한 나머지 사항들은 마지막 세 번째로 고려하는 것들이다.

1929년 당시 나는 상장기업에 관한 아주 자세한 분석보고서를 살펴볼 수 있는 "특권"을 누렸다. 이 자료들은 그 시절 무척 비쌌는데 내 생각으로는 1만 달러는 했던 것 같다. 가죽장정까지 돼 있었으니 말이다. 이 자료를 구입한 사람들은 여기서 분석한 주식들을 집중 매수했고 결국 큰 돈을 날렸다. 왜 그랬을까? 이들은 주가가 아니라 개별 종목들의 통계적 분석을 더 중시했고, 정확한 "타이밍"이 얼마나 중요한지 망각하는 결정적인 우(愚)를 범했기 때문이다.

1929년 같은 상황에서도 제대로 주가를 읽은 투자자는 이런 오류에 빠지지 않았다. 나도 당시 RCA(Radio Corporation of America) 주식 1만 주를 110달러에 고객에게 매수하도록 했었다. 내 생각으로는 곧장 올라갈 것으로 보였다. 그러나 주가는 그렇게 움직이지 않았고, 결국 나와 고객은 109달러에 매도했다.

나는 1929년에 주식시장이 정점을 지났다는 점을 알았고 제때 주식을 전부 팔 수 있었다. 뒤돌아보면 이와 비슷한 일들이 많이 벌어진다. 물론 모든 주식이 동시에 최고가를 기록하고서 떨어지는 것은 아니다. 하지만 우리가 거래하는 종목은 시간이 지나면 바뀌어야 할 뿐만 아니라 그 숫자도 줄여야 한다. 따라서 어느 종목의 "움직임"이 안 좋아지기 시작하면 나는 여전히 괜찮은 움직임을 보이는 종목으로 교체한다. 이렇게 하면 궁극적으로는 그 자체로 시장에서 빠져나오게 되는 것이다. 여기에는 다른 신호들도 있다. 1929년의 예를 보자. 그해 U.S. 스틸(U.S. Steel) 보통주는 주당 25달러의 순이익을 올렸고, 따라서 250달러가 넘는 주가도 싸다고 할 수 있었다. 그런데 당시 주식시장에서는 투자신탁이 한창 인기를 끌었고, 그 중에서도 한 투자신탁회사가 대중들의 이목을 끌었다. 아마도 이 투자신탁회사가 세 번째로 발행한 신주였다고 생각되는데, 다른 주식은 다 실패해도 이 주식만큼은 성공할 것이라고 여겨졌다. 그런데 신주가 발행되자마자 "주가 떠받치기"가 벌어졌다. 시장에서 이런 신호가 나타났다면 그건 과매수 상태를 말해주는 것이다. 일반 투자자들이 살 수도 없고 사려고 하지도 않는다면 도대체 누가 매수한다는 말인가? 물론 이게 전부는 아니다. 증권회사들도 고객이 주식을 추가로 매수할 수 없게 했다. 더 이상 신용으로 빌려줄 자금이 없었기 때문이다. 이런 식의 상황이 벌어지면 주식시장이 천정을 쳤다는 것을 말해주는 것이다. 시장이 정점을 지나자 선지자인 주가가 예언한 것처럼, 다시 모든 게 정상을 되찾기 위해 한없이 흘러내려야만 했던 1930년과 1931년이 닥쳐왔던 것이다.

이런 경우는 1929년이 유일한 예는 아닐 것이다.

제 21 장

훌륭한 투자자문가의 조건

정말로 완벽한, 영원히 지속할 수 있는 투자 수단은 존재하지 않는다는 점은 앞서 간단하게 설명했다. 내가 말하고자 하는 요점은 현재 갖고 있는 여유자금의 구매력을 안전하게 보전해 미래에 쓸 수 있도록 하고, 또 그동안 적정한 수익을 올리고자 하는 사람들 가운데 진정으로 성공하는 경우는 극히 드물다는 것이다. 가치 있는 재화를 지혜롭게 쌓아놓는다거나 주도 면밀한 방식으로 투기하는 게 그나마 괜찮은 대안이라고 사람들은 말한다.

사실 재화를 비축한다는 건 별로 잘 알려져 있지도 않거니와 언제든 통용될 수 있는 해결책도 아니다. 이 방법이 진정한 대안이 되려면 일정기간이 지난 뒤 비축해둔 "재산"의 가치가, 인플레이션 시기에는 구매력을 감안한 채권과 이자의 가치 이상이 돼야 하고, 디플레이션 시기에는 물가 하락에 따른 투자손실을 벌충하고도 남아야 한다.

또 다른 대안인 "주도 면밀한 방식의 투기" 역시 실행하기 어렵다. 사실 안전한 투자를 하겠다는 경우를 보면 일반적으로 전문직업을 갖고 있거나 사업가, 혹은 은퇴자나 투자 경험이 전무한 사람들이다. 그런데 이들은 한결같이 밤을 새워서라도 주도 면밀하게 투기하겠다는 의지가 없다.

지금까지 어떤 대안도 이 문제를 완벽하게 풀어주지 못했고, 앞으로도 그런 대안을 찾지 못할 것이라는 게 내 생각이다. 다만 앞에서 지적한 것처럼 극소수의 투자자는 나름대로 대안을 발견할 수 있을 것이라는 바람을 갖고 있다. 이들은 스스로 그런 능력을 기르든가, 아니면 솔직한 품성의 능력 있는 전문가의 조언을 얻어야 할 것이다. 이 전문가는 친구가 될 수도 있고, 투자의 세계에서 활동하는 진정한 프로 가운데 한 명일 수도 있다.

그러면 조언을 구하고자 하는 투자자문가는 어떤 자질을 갖추고 있어야 하는지 설명하겠다. 우선 100% 양심적이고 정직해야 하며 참다운 윤리의식을 지니고 있어야 한다는 점이 제1의 덕목이다. 천재적인 능력을 갖고 있어야 한다. 유연한 마음가짐의 소유자라야 한다. 즉, 시류가 맞을 때든 상황이 완전히 변했을 때든 무조건 대책 없이 앞만 보고 달리는 사람은 안 된다는 말이다. 리스크가 무엇인지 정확히 알고 있어야 한다. 과도한 확신은 치명적인 결과로 이어지기 십상이다. 여건이 좋을 때 "대박"을 한 번 터뜨려 100배의 투자수익을 올린 사람은 펀드매니저로서는 물론 투자자문가로서도 형편없는 경우가 대부분이다. 이런 사람은 현명하다면 절대 들어서지 않을 곳으로 돌진하고, 행운을 좇는 외골수 기질로 오로지 한 쪽 방향으로만 움직인다. 어쩌면 머리가 좀 영리한 경우일 수도 있다. 하지만 어떤 경우든 이런 식의 대박 터뜨리기는 거의 반복되지 않는다. 투자조언을 주는 사람은 어느 한쪽으로 치우치지 않은 자유로운 사고의 소유자라야 한다. 만약 그에게 다른 목적이 있다면 그릇된 판단으로 이어질 것이다. 투자수익은 기회가 주어졌을 때에만 안전하게 얻어질 수 있는 것이지, 바란다고 해서 혹은 필요하다고 해서 얻어지는 것은 아니다. 더구나 그에게 사심이 있을 경우 절대로 성공적인 결실을 맺을 수 없다. 언제나 "빈틈을 찾아볼 수 없는" 사람에게서 투자조언을 구해야 한다. 시장은 그에게 늘 첫사랑 같아야 하고, 그런 자세를 항상 유지해야 한다.

너무 조건이 까다로워 도저히 찾을 수 없을 것처럼 느껴질지도 모르겠다. 왜 이렇게 어려운 조건을 제시하느냐고 묻는 독자들도 있을 것이다. 답을 하자면, 완벽한 길에 가장 빨리 도달할 수 있는 길은 사실상 찾을 수 없기 때문이다. 사려 깊은 투자자라면 스스로 단련해 현명한 투기자가 되든가, 훌륭한 전문가로부터 투자조언을 구해 평균적인 투자자보다 훨씬 더 높은 투자 성과를 올릴 수 있을 것이다. 그렇게 하면 적어도 손실을 적게 볼 수는 있다. 하지만 그것만으로도 한번 도전해볼 만한 가치가 있는 것이다.

제 22 장

손절매의 중요성

손실을 받아들이는 것이야말로 투자한 자금의 안전성을 담보하는 제일 확실한 단 한 가지의 투자 장치다. 손절매는 대부분의 투자자들이 잘 모르고, 또 실행하기 싫어하는 행동이기도 하다. 나는 1921년 이후지금까지 줄곧 투자에 관한 공부와 자문을 해왔고, 직접 투자도 병행해왔다. 나는 아직 성공 투자의 진정한 열쇠를 발견하지 못했다. 앞으로 발견할 것이라고 생각하지도 않는다. 나 이전에 누구도 그것을 발견하지 못했다. 하지만 나는 그동안 정말로 많은 것을 배웠다. 내가 배운 것 가운데 가장 중요한 것 한 가지만을 꼽으라면 주저없이 손절매야말로 성공 투자의 첫 번째 열쇠라고 대답할 것이다.

　내가 지금까지 지켜본 투자계좌와 포트폴리오는 수천, 수만 개에 이른다. 물론 가장 흔한 경우는 여러 종목에 분산 투자한 포트폴리오였다. 이들이 보유한 종목 가운데 일부는 투자수익을 내고 있었고, 일부는 현재 주가와 비슷했고, 일부는 손실을 보고 있었다. 아주 큰 손실을 내고 있는 문제의 종목을 갖고 있는 경우도 있었다. 그런데 이런 종목을 보유한 투자자들은 대개 자신의 손실이 단지 장부상의 손실(미실현 손실)일 뿐이라고 이야기한다. 이들은 배당금과 시세차익만 생각할 뿐 불가피하게 발생하는, 따라서 반드시 예상하고 있어야 하는 투자손실에 대해서는 잊고 있다. 현재 자신의 투자계좌가 거둔 투자수익은, 반드시 지금까지 얻은 배당금 수입과 시세차익에서 투자손실을 차감한 것이라야 한다는 사실을 망각하고 있는 것이다.

주가가 떨어지면 반드시 다시 오를 것이라고 생각하는 것은 대단히 큰 착각이다. 해가 지나도 지지부진한 주가 움직임에서 헤어나오지 못할 뿐만 아니라 상황이 더욱 악화되기만 하는 종목을 나는 수없이 열거할 수 있다. 물론 이런 종목을 보유하고 있는 사이 수익성 좋은 종목을 고를 기회는 지나가버리고 만다. 전형적인 예를 들자면, 1929년 이전에 뉴욕 센트럴(New York Central)이나 웨스턴 유니언(Western Union) 같은 철도회사의 주식을 매수한 경우가 될 것이다. 그나마 이 두 회사는 아직까지 명맥을 유지하고 있고, 주가도 회복하고 있는 중이고, 배당금 지급도 다시 시작했으니 그나마 다행이다. 이보다 훨씬 더 참담한 예도 많다. 예전에 사람들 입에 자주 오르내렸던 인터보로 래피드 트랜짓(Interborough Rapid Transit)의 회사채와 뉴헤이븐(New Haven) 주식, 그보다 조금 지난 다음에 인기를 끌었던 크루거 앤 톨(Kreuger & Toll)을 들 수 있다. 모두가 다 알듯이 이들이 발행한 유가증권은 휴지조각이 돼버렸다. 이 정도로 큰 뉴스거리는 아니었지만 작은 파문을 일으킨 채 사라져버린 유가증권들이 수없이 많았고, 여기에 투자한 포트폴리오는 고스란히 그 손실을 떠안았다.

손실을 보는 수많은 투자계좌에서 발견할 수 있는 또 하나의 전형적인 예를 소개하겠다. 작은 투자수익이라도 생기면 즉시 주식을 팔아 이익을 실현한다. 그런데 장부상의 손실이 발생하면 주가가 다시 오를 것이라는 희망으로 이를 꼭 껴안은 채 결국 투자계좌를 얼어붙게 만들어버린다.

손실을 보는 세 번째의 전형적인 사례는 진정한 의미에서 손실이 아닐 수도 있다. 주가가 오른 뒤 다시 떨어지기 시작하면 아직 매수단가까지 하락하지는 않았더라도 시장가를 기준으로 손절매 수준을 조정해야 한다. 엄격히 이야기하자면 손실이라기 보다는 지금까지의 투자수익을 전부 날려버릴 수 있는 것이다. 하지만 여기서도 문제는 똑같다: "이 주식을 어떻게 해야 하지?"

내가 금기시하는 게 있다면 그것은 기계적인 공식에 따르는 것이다. 인간이라면 머리를 써서 논리와 이성에 따라 행동해야지 천편일률적인 단순한 법칙에 의지해서는 안 된다. 내가 여기서 제시하는 방법은 공식이 아니라 투자자들로 하여금 정신을 차리고 "그러면 이제 어떻게 해야 하지?"라고 스스로 물어보도록 해주는 일종의 가이드라인이며 비상벨이다. 그런 점에서 차라리 공식처럼 이렇게 말하라고 권하고 싶다; "어쨌든 무언가는 팔아야 한다."

보유하고 있는 종목에서 손실이 났을 경우 지켜야 할 첫 번째 원칙이다. 새로 투자한 종목의 주가가 10% 떨어졌다면 그때가 바로 투자를 중단하고 신중하게 판단해야 할 순간이다. 이런 종목은 거의 반드시 매도한 뒤 손실을 실현시켜야 한다. 만약 당신이 어느 종목을 1만 달러어치 매수했는데, 시장가치가 9000달러로 떨어졌다면 나는 서슴 없이 단언할 것이다. 일단 팔고 난 다음 다시 해보라고 말이다.

물론 이 종목을 나중에 다시 매수할 수도 있다. 그러나 그때는 전혀 다른 생각을 하고 있을 것이며, 앞서 손절매했을 때에 비해 훨씬 더 객 관적으로 바라볼 것이다. 어쩌면 다시는 이 종목을 매수하지 않을지 도 모른다. 그리고 다른 종목에서 기회를 찾을 것이다. 정말로 냉정하 게 투자를 하려면 어떤 식으로든 자기 감정을 개입시키지 말아야 한 다. 주가가 떨어진 종목을 매도하는 게 더 좋은 이유는 일단 팔고 나면 십중팔구 자신의 투자 포지션에 대해 편향된 시각을 버리고 바라볼 수 있기 때문이다.

아마도 독자들 가운데 상당수는 보유종목의 주가가 10%가 아니라 그보다 훨씬 더 큰 폭으로 떨어진 경험을 해봤을 것이다. 이런 경우에 는 어떻게 해야 하는가? 가령 당신이 매수한 종목의 주가가 반토막이 났거나 3분의 1토막, 4분의 1토막이 났다고 해보자. 다시 강조하지만 내 원칙은 원래 일정한 공식을 따르지 않는 것이지만 여기서는 예외로 하겠다. 이런 경우 내 생각은 일단 일부를 매도하는 것이다. 투자원금 의 반이 날라갔는지, 3분의 1 혹은 4분의 1이 사라졌는지는 알 수 없지 만, 우선 일부라도 매도한 뒤 시장이 다시 매수해도 괜찮은 시점이라 고 생각되면 재매수 여부를 고려할 수 있다. 아마도 당신은 재매수하 고 싶지 않을 것이다.

만약 일부를 매도한 뒤 시장이 더 나빠질 것이라는 생각이 든다면 나머지 보유주식을 팔 수도 있다. 처음에 보유주식의 절반을 매도했 다면 이번에 또 절반을 파는 것이다. 그렇게 하면 새로운 투자자금을 확보할 수 있고, 이 자금을 더 좋은 주식에 투자할 수 있을 것이다.

그렇다면 매수한 뒤 주가가 계속 상승해 장부상으로 상당한 미실현 투자수익을 올리고 있는 종목은 어떻게 해야 할까? 여기서는 주가가 천정을 쳤는지 여부를 설명하려는 게 아니다. 다만 투자수익을 다 날리지 않도록 적절하게 "손실"을 감수하라는 게 여기서 이야기하려는 내용이다. 나는 투자수익을 올린 경우에도 손절매와 똑같은 시스템을 적용하라고 권한다. 어느 종목이 최고치를 기록한 뒤 10% 하락했다면 일부라도 매도를 고려해야 한다. 그렇게 하고 난 다음 또 매도해야겠다는 생각이 들면 다시 일부를 판다. 당신이 보기에 시장이 랠리를 시도하다가 실패한 것처럼 보일 때가 있을 것이다. 그런가 하면 당신이 보유한 종목이 시장 전체의 평균주가(종합주가지수)보다도 부진한 흐름을 보일 때가 있을 것이다. 혹은 강세를 보일 것이라고 생각했던 시장 전반이 약세로 빠져들 때도 있을 것이다. 이런 경우는 그 자체로 보유하고 있는 주식의 일부를 매도하라는 신호다.

물론 이렇게 분할 매도를 하기에는 투자 규모가 너무 작다고 생각하는 사람들이 있을 것이다. 일반적으로 말해 500주 이상 보유하고 있다면 분할 매도를 할 수 있다. 100주 정도 투자하고 있다면 한 번에 전부 매도하는 게 더 낫다. 하지만 100주 이하의 주식을 보유한 투자자라도 여러 종목으로 구성한 포트폴리오를 운용하고 있다면 종목을 단위로 매도할 수 있을 것이다. 이런 식으로 할 때는 반드시 주가 움직임이 가장 부진한 종목을 먼저 매도해야지 가장 좋은 종목을 매도해서는 안 된다는 점을 명심해야 한다.

이제 또 하나의 원칙을 제시하고자 한다. 나는 투자 규모와 관계없이 매년 전체 주식의 10%는 팔아야 한다고 생각한다. 내 말은 적어도 10%라는 것이므로 20% 이상도 될 수 있다. 이 말의 의미는 항상 자신의 투자계좌를 새롭게 또 늘 성장하도록 만들라는 것이다. 그날그날 살아 움직이는 주식을 투자계좌에 담아둬야지 죽어버린 주식으로 채워서는 안 된다. 이렇게 하려면 매년 투자계좌의 일정 부분을 거의 자동적으로 매도하는 게 최선의 방법이다. 만약 이렇게까지 할 이유가 없다 해도 오로지 매도 원칙을 지키기 위해 매도한다고 생각하라.

손실이 나면 더 커지기 전에 손절매하고, 투자수익이 나다가 줄어들 조짐이 보이면 이익을 실현하기 시작함으로써 장기적으로 최고의 투자성과를 올린 투자자들을 나는 많이 알고 있다. 이들이 보여준 투자 원칙이야말로 다른 무엇보다도 중요한 것이다.

손절매보다 실행하기 어려운 것도 없다. 특히 어떤 종목을 팔았는데 곧 바로 주가 움직임이 상승세로 역전돼 버릴 경우 더욱 그렇다.

이럴 때는 한 가지 생각만 하면 된다. 매도 타이밍을 잘못 잡아 "날린" 금액은 보험료나 마찬가지다.

제 23 장
시장을 예측하지 못해도 큰돈을 벌 수 있다

매년 투자수익을 올리는 투자자와 대개 손실을 보면서 한 해를 마무리
하는 투자자의 차이를 살펴보면 월등한 종목 선택이나 탁월한 타이밍
선정이 그 이유의 전부가 아니다. 오히려 투자에 성공했을 때 이를 어
떻게 제대로 활용하고 손실이 발생했을 때 이를 어떻게 빨리 끊는지를
아는가의 여부에 달려있다.

내가 주식투자를 처음 해본 것은 1920년 이전이었다. 그 이후 투자
수익을 올리는 열쇠를 찾기 위해 내 시간의 거의 대부분을 바쳐왔다.
한번은 경제학자들이 모인 자리에서 이들이 하는 이야기를 들은 적이
있다. 자기들의 예측이 3분의 1만 맞아도 그 분야에서는 상당히 정확
한 것이라는 말이었다.

물론 최고의 주식을 최적의 타이밍에 가장 좋은 가격으로 매수해야
하는 상황에서 정확한 판단을 내릴 확률이 이 정도에 불과하다면 주식

투자에서 성공할 수 없을 것이다. 사실 경제학자를 가리켜 "여자와 한 번도 자본 적 없는 해부학 교수"라고 말하는 사람도 있다. 나는 두 가지 말 모두 증권분석에 똑같이 적용할 수 있다고 생각한다.

나의 견해는 나 자신의 경험에서 우러나온 것이다. 내가 무엇보다 먼저 발견한 사실은 실제로 해봄으로써 배워야 한다는 것이다. 내가 투자의 세계에 그렇게 빨리 뛰어든 것도 바로 이 때문이다. 또 내가 수 년간 많은 리서치 직원들을 고용해 관리해본 다음, 내 동생을 가르치면서 보다 실제적인 방법을 쓰게 된 것 역시 이 때문이다. 물론 나는 동생에게 이 분야의 읽어볼 만한 책은 전부 읽어보도록 했고(책을 빨리 본다면 며칠이면 가능하다), 투자관련 언론사나 투자자문회사, 은행과 기업체 임직원들이 모이는 자리, 증권회사의 리서치 부서로 데리고 다녔으며, 주요 경제지들도 읽도록 했다.

그러나 내가 동생에게 준 가장 중요한 가르침은 1만 달러의 자금을 마련해 준 다음, 그가 생각하기에 매수할 만한 가치가 있는 종목을 사서, 자신이 무엇을 할 수 있는지 지켜보라고 한 것이었다. 나는 단 한 가지 단서를 달았다; 한 번에 한 가지 종목만 매수할 수 있고, 매수한 종목에서 이익이 났든 손실이 났든 다른 종목으로 옮겨가기 전에 반드시 이 종목을 정리하도록 했다. 물론 동생은 자신의 투자계좌를 계속 운용하고자 했으므로 종목을 교체해나갈 것이었다. 나는 투자에 관한 진정한 지식을 배우는 데 이보다 더 좋은 방법은 없다고 생각한다. 내 생각은 정확히 들어맞았다! 경험이야말로 우리가 알고 있는 게 얼마나 적은지 가르쳐준다. 심지어 상황이 가장 좋을 때조차 그렇다.

무슨 말인지 예를 들어보겠다. 1949년도 주식시장 예측자료가 도착했을 때 나는 1948년도 예측자료를 꺼내보았다. 이 자료의 맨 앞 장에 서는 그해에 가장 안 좋을 것으로 보이는 주식으로 라디오 관련주를 올려놓았다. 사실 1948년 1월 무렵에는 정도의 차이는 있었지만 그런 시각이 널리 퍼져 있었다. 하지만 나중에 드러났듯이 "가장 안 좋을 것으로 보였던" 라디오 주식이 그해 12월에는 가장 인기 있는 텔레비전 주식으로 변했고, 주가는 현기증이 날 정도로 상승했다.

이 자료를 만든 몸값 비싼 리서치 담당자들의 "현장분석"이 왜 이렇게 틀려버린 것일까? 이들은 터무니없는 실수를 저질렀고, 그래서 내가 여기서 이렇게 예를 든 것이다. 경제학자들이 말하는 3분의 1만 맞춰도 합격점이라는 말이 주식시장 예측에도 적용돼야 하는 것일까? 아니면 이들 리서치 담당자들이 자신의 직분은 투자하는 게 아니라 그저 리서치일 뿐이라고 생각한 것일까?

그런데 사실은 이들의 분석은 전적으로 옳았다는 것이다. 그러나 이들은 물론 우리 모두가 깨닫지 못하고 있는 것은 이들이 불가능한 일을 하고 있다는 점이다. 뛰어난 기업가였던 드와이트 W.모로(Dwight W. Morrow)는 1930년대의 대공황이 언제쯤 끝날지 아느냐는 질문을 받고 이렇게 답했다: "그런 일이 벌어진다면 6개월 후에 당신에게 말해주겠소." 이게 진짜 정답이다. 나는 오랜 실전 투자 경험을 쌓았지만 내 예측 역시 과학적인 측면에서 보자면 정확성이 많이 떨어진다. 먼 장래를 예측할수록 정확성은 더욱 떨어진다. 그런데도 나는 반복해서 예측하려고 한다. 왜 그런가?

여러 이유가 있겠지만 실은 아주 간단하다. 나의 감각은 어쩌면 다른 사람보다 더 뛰어난 종목을 골라내지 못할 수도 있고, 정확한 매수 타이밍을 놓칠 수도 있지만, 내가 보유한 좋지 않은 종목과 좋은 종목을 정확히 구별할 수는 있다.

앞장에서 손실을 빨리 끊어야 한다는 점을 자세히 설명했으므로 더이상 부연하지 않겠다. 이건 성공 투자의 초석이다. 그리고 성공 투자의 또 다른 초석이 있는데, 바로 이익을 키워가는 것이다. 당신이 가장 잘 고른 주식은 보유물량을 최대한 늘리고, 이 주식에게 계속 상승할 수 있는 시간을 주라. 매수와 매도 타이밍도 마찬가지다. 당신이 틀렸을 때가 아니라 당신이 맞았을 때 보유주식을 늘려가야 한다.

물론 어떤 주식을 처음 매수할 때는 앞으로 무슨 일이 벌어질지 알지 못한다. 다만 당신이 바라는 쪽으로 움직일 확률을 조금이라도 높이려면, 최적의 매수 타이밍과 매수 가격에 최고의 주식을 매수해야 한다. 당신이 옳았는지 틀렸는지는 금방 밝혀진다. 당신이 틀렸다면 물론 그 대가를 최소화할 수 있도록 빨리 빠져나와야 한다. 당신이 옳은 것으로 보인다면 매수 포지션을 늘려나가야 한다. 이렇게 함으로써 당신이 매수한 주식이 항상 원하는 방향으로만 움직이지 않는다는 사실을 깨닫게 될 것이다. 좋아 보이지 않는 종목과 상대적으로 매력도가 떨어지는 종목을 보유주식 목록에서 하나씩 지워버리면 결국 가장 좋은 종목에 집중할 수 있게 된다. 당신이 이 방식을 정확히 따른다면 최후에는 한 종목만 남을 것이다.

성공 투자의 길은 남들보다 더 나은 종목과 더 좋은 매수 타이밍을 잡는 것보다 오히려 자신의 강점은 최대한 활용하고 자신의 약점은 최소화하는 방법을 아는 데 있다.

제 24 장

성공 투자의 6가지 원칙

사려 깊으면서도 치밀한 계획에 따른 투기야말로 투자원금의 구매력을 유지할 뿐만 아니라 손실 없이 현금화할 수 있는 가능성도 높여주는 가장 안전하고 가장 좋은 방법이다. 오로지 이자소득이나 배당소득에만 관심을 갖는 사람들은 부지불식간에 현실과 멀어지게 된다. 이런 사람들은 미래 일정 시점에 투자원금의 가치가 그동안 얻은 소득의 합계액보다 더 큰 폭으로 떨어질 수 있는 리스크를 감수하고 있는 것이다.

투자원금을 안전하게 보전할 수 있는 방법은 딱 한 가지뿐이다. 자금을 활용해 투자수익을 창출하는 것이다. "투자수익"이란 최초의 투자원금을 현재의 매수호가로 평가한 시장가치의 순증가액에 배당소득과 이자소득을 더한 것이다. 만약 시장가치의 평가액이 그동안 받은 소득보다 더 많이 떨어졌다면 순손실이 날 것이고, 따라서 투자수

(표)1964년의 주가 변동 범위와 배당금, 거래비용

(단위:달러)

기업	주가변동	변동폭	배당금	12월31일주가	거래비용***
텍사스 걸프 설퍼 (Texas Gulf Sulphur)	65~21	44	0.40	51.125	181.59
크라이슬러 (Chrysler)	68~38	30	1.00*	61	172.54
RCA	39~30	9	0.60*	33.875	99.56
AT&T	75~65	10	1.95	68.250	166.33
듀폰 (DuPont)	294~226	68	7.25**	240.250	224.76
제록스 (Xerox)	132~70	62	0.40	98.625	105.88
제너럴 모터스 (General Motors)	103~77	26	4.45	97.875	117.79
팬아메리칸 항공 (Pan Amer. World Air)	38~27	11	0.60	28.500	235.60
포드 (Ford)	62~49	13	2.00	54.375	178.94
웨스팅하우스 (Westinghouse Elec.)	47~29	18	1.20	42.500	211.64
U.S. 스틸 (U.S. Steel)	65~51	14	2.00	51	181.52
펜실베이니아 철도 (Pennsylvania R.R.)	43~25	18	1.25	38.625	220.19
브룬스윅 (Brunswick Corp.)	12~8	4	0	9	372.12

*주식배당 별도

**주당 제너럴 모터스 주식 0.36주 배당 별도

***12월31일 주가 기준으로 1만 달러 주식 거래시의 매매수수료 및 각종 세금

익은 전혀 없다.

대다수 사람들은 확실한 소득이야말로 가장 신성한 것이며, 투자한 자산의 시장가치가 출렁거리면 그건 "투기"라고 믿도록 배워왔다. 하지만 지난 수 년간 배당금이 지급됐다고 해서 앞으로도 배당금이 계속 지급될 것이라고 보장하는 것은 아니며, 투자원금의 시장가치가 떨어지지 않으리라고는 더더욱 장담할 수 없다. 그럼에도 불구하고 많은 사람들이 장외주식처럼 가격 변동이 매일같이 일어나지 않는 자산을 보유하고서는 안심해도 된다고 생각한다. 당연히 이런 생각은 크게 잘못된 것이다. 1929년부터 1939년 사이 부동산과 모기지 채권을 비롯해 공식적인 호가 시스템이 없는 투자자산들이 대폭락했다는 사실을 떠올려보면 쉽게 알 수 있다.

뉴욕증권거래소(NYSE)에 상장돼 거래가 활발히 이뤄지는, 우리에게도 잘 알려진 기업들의 주가 변동과 관련된 표를 만들어봤다. 1964년의 연중 최고가와 최저가, 배당금, 1만 달러어치의 주식을 거래하는 데 들어간 매매비용을 비교해보자. 주가 변동(자본이득 또는 손실)이 배당금이나 이자(소득)에 비해 상대적으로 훨씬 더 중요하다는 사실이 금방 눈에 들어올 것이다. 이 표에서도 알 수 있듯이 상장주식을 거래하는 데 들어가는 비용은 어떤 투자자산을 매매하는 비용보다도 낮다. 게다가 매매시점에 따른 거래비용의 차이는 사실상 고려하지 않아도 될 정도다.

성공 투자를 위한 전략은 무엇보다 먼저 정기적으로 솔직하게 시장가치를 평가하는 능력에 달려있다. 손실이 났을 경우 손실이 났음을 분명히 깨닫는 것이야말로 앞으로의 투자 결정에 아주 중요하다.

이 장은 일반 직장인들처럼 주식투자를 전업으로 하지 않는 보통의 투자자금 운용자를 대상으로 쓴 것이다. 제대로 된 훈련을 받지 못한 주식투자자가 성공하기 위해 처음부터 꼭 지켜야 할 6가지 원칙을 제시하고자 한다.

첫째, 주식거래 주문을 정확히 처리해주고, 정보수집과 투자결정을 도와줄 증권회사를 선정하라.
둘째, 공식 증권거래소에 상장된, 거래량이 많은 주도주만 거래하라.
셋째, 배당수익률보다 주가의 변동폭에 주목하라.
넷째, 과도한 분산투자는 하지 말라.
다섯째, 늘 100% 자금을 투자해서는 안 된다.
여섯째, 손절매를 하라.

증권회사는 증권거래소의 회원사로서 규제를 받고, 증권거래위원회(SEC)의 감독을 받는다. 대부분의 증권회사는 주식중개업자 역할과 위탁매매업자 역할을 겸한다. 사전적인 의미에서 보자면 주식중개업자는 자신의 고유자산으로 주식을 보유하지 않겠지만, 실은 그들에게 수수료를 지불하는 주식 매수자의 대리인으로서 주식을 보유한다. 증권회사가 제공하는 정보와 조언은 여러 종목들의 장단점을 평가할 때뿐만 아니라 언제 매수하고 매도해야 하는지, 혹은 투자를 해야 하는지 말아야 하는지를 결정할 때 절대 편향된 시각을 가져서는 안 된다. 또 매매수수료는 충분히 낮아서 종목교체나 이익실현, 손절매를 하는 데 영향을 주어서는 안 된다. 증권회사 직원들이 수수료를 챙기려고 잦은 주식거래를 부추긴다는 지적이 있는데, 안타깝게도 일부나마 그건 사실이다. 그러나 정말로 믿을 만한 증권회사를 신중하게 고른다면 당신의 편에서 충실하게 일해줄 것이다. 당신 역시 증권회사 직원에게 주식중개업자이자 당신의 대리인 겸 신탁자로서만 일해달라고 분명히 요구할 수 있다.

주식투자를 전업으로 하지 않는 아마추어 투자자의 경우 거래량이 많고 잘 알려진 상장기업 주식으로 투자대상을 한정하는 게 여러모로 유리하다. 경매시장에서는 매도호가와 매수호가 사이에 차이가 있게 마련인데, 유가증권시장은 이 차이가 매우 작다. 주식시장에서 거래되는 가격은 실시간으로 증권거래소의 시세표에 반영되며, 그날 종가가 다음날 신문에 실린다. 은행에서는 거래량이 많은 상장기업 주식을 담보로 돈을 빌려줄 때 기꺼이 낮은 금리를 적용한다.

어느 종목의 주가 흐름을 시장 전체 및 해당 업종의 다른 종목들과 비교하고, 그때그때의 뉴스도 체크해보면 그 기업의 현재 상태가 어떤지 아주 귀중한 단서를 포착할 수 있고, 때로는 매우 위험한 징후를 감지할 수도 있다. 매일같이 변동하는 주가야말로 언제든 투자자금을 정확히 평가해주는 가늠자 역할을 한다. 이렇게 매일 주가가 등락하는 종목에서 많은 정보를 얻을 수 있다. 그런 점에서 잘 알려진 대기업 주식이 좀더 안전하다.

신뢰할 만한 증권회사를 선정하고, 증권거래소에 상장된 거래량이 많은 주도주로 투자대상을 한정해야 한다는 두 가지 원칙만 지킨다면 그 자체로 장기적인 투자수익 증가와 손실 감소라는 눈에 띄는 효과를 볼 수 있다.

여섯 가지 원칙 가운데 세 번째는 유연한 판단이 필요한 문제다.

두 번째 원칙에 따라 이제 우리가 어떤 주식에 투자해야 할지는 분명해졌다. 다음으로 보통의 투자자들이 주목해야 할 것은 타이밍이다. 제너럴 모터스(GM)가 훌륭한 회사라는 사실은 누구나 다 안다. 하지만 이 회사의 주식을 언제 사고 언제 팔아야 할지 아는 사람은 거의 없다. 좋은 회사라 해도 순이익이나 배당금, 주가가 늘 한결 같은 것은 아니다. 더할 나위 없이 훌륭한 기업의 주식을 정확한 타이밍에 매매하고자 노력한다면 앞으로 유명해질 새로운 벤처기업을 발굴하려고 애쓰는 것보다 리스크를 훨씬 더 줄일 수 있다는 게 내 생각이다. 따라서 시장의 매매 타이밍을 찾는 데 집중하는 게 최선이다.

타이밍이 정확하다면 한 종목(주도주가 될 것이다)만 매수해도 충분할 것이다. 물론 리스크가 약간씩 다른 두세 종목을 매수할 수도 있을 것이다. 분산투자를 한답시고 수십 개 종목을 매수하는 건 어리석은 짓이다. 투자 규모가 꽤 크다 해도 마찬가지다. 분산 투자했을 경우의 수익률은 최고의 주도주가 올려주는 수익률을 절대 따라오지 못한다. 너무 많은 종목을 매수했다는 사실은 자신의 무지를 헤지한 것에 지나지 않는다. 그게 더 안전하다고 잘못 생각하는 사람들도 있다. 누구나 아주 적은 소수의 종목에 대해서는 아주 많은 사실을 알아낼 수 있다. 하지만 분산 투자 목록에 넣을 모든 종목을 속속들이 파악하기란 불가능하다. 분산 투자로 인해 잘못된 판단을 내릴 가능성은 더 높아지고, 매수한 다음 관리하는 일 역시 소수의 종목에 집중 투자한 것보다 훨씬 더 어렵다.

확실한 투자수익을 목표로 하라. 주가가 아주 크게 오를 게 확실해 보이는 주식이 아니라면 쳐다보지도 말라. 이런 주식을 찾을 수 없다면 현금을 그대로 보유하라. 물론 큰 투자수익을 얻으려고 매수한 주식을 처음 세워둔 목표주가에 못 미쳤을 때 팔 수도 있을 것이다. 하지만 그래도 현명하게 투자계좌를 유지했다면 은행이자보다는 더 나은 수익을 올렸을 것이다. 배당금에 비해 싸게 보이거나 한참 떨어져 더 이상 내려가지 않을 것 같은 주식이 막상 하락할 때는 아주 크게 오를 게 확실해 보이는 주식보다 하강속도가 훨씬 더 빠르다. 따라서 특별해 보이는 최적의 타이밍이 스스로 모습을 드러낼 때까지는 투자를 보류하라. 이런 투자전략이야말로 진정한 투기다. 사실 투기란 확률적으로 자신에게 유리할 때 실행하는 것이다. 주가가 두 배로 오를 것이라고 판단하고 매수했는데 오히려 주가가 떨어진다면, 이건 단순히 배당소득을 받으려고 투자했다가 배당금이 줄어들거나 없어지는 것보다 훨씬 더 큰 오류를 저지른 셈이고, 따라서 이런 잘못을 저지르기도 그만큼 더 어렵다.

그럼에도 불구하고 실수는 피할 수 없다. 실수를 저질렀다면 손실을 재빨리 받아들이는 것만큼 값싼 보험료도 없다. 이것은 전멸당하는 게 아니라 작전상의 후퇴일 뿐이다. 5%에서 10%정도 떨어졌을 때 손절매를 한다면 그때마다 자신의 잘못을 철저히 점검하게 되고 반복해서 그런 실수를 저지르지 않을 수 있을 것이다. 이와는 반대로 좋지 않은 뉴스가 나오든 주가 흐름이 좋지 않든 한번 매수한 주식은 무조건 보유한다면 몇 년씩 자신의 "투자"를 비자발적으로 동결시키는 셈이 되고, 이런 곤경에서 언제 헤어나올지 알 수 없게 된다. 유연한 자세로 상황을 판단하고, 잘못된 투자 포지션으로 인한 편향된 시각을 갖지 않는 게 중요하다. 투자를 실행에 옮길 때는 무엇보다 강한 신념이 필요하다. 손절매를 하지 않는다면 이런 자세와 행동 자체가 불가능해진다.

지금까지 설명한 여섯 가지 원칙은 채권이나 우선주 투자에도 적용할 수 있다. 다만 내가 매수하는 채권은 다음 세 가지 종류로 한정한다:

1. 상환가격이 명시돼 있는 국채
2. 투자등급이 매우 높고 만기가 아주 짧은 채권
3. 거래가 활발히 이뤄지는 채권으로, 현재 채권시장 상황 또는 기업 사정이 좋지 않아 투기적인 (낮은) 가격으로 팔리고 있지만 곧 호전될 게 확실한 채권

채권은 표면이자율이 중요할 뿐 채권가격의 등락은 중요하지 않다고 생각하는 독자들이 있다면 지난 수 년간 신용등급이 높은 기업이 발행한 저리채권의 가격이 어떻게 됐는지 체크해보기 바란다. 많은 채권들이 액면가에 비해 30%에서 50%까지 떨어졌다는 사실을 발견할 것이다. 채권가격이 이렇게 떨어진 것은 발행기업의 신용등급이 떨어졌기 때문일 수도 있지만, 금리가 오른 게 주된 이유였다. 이처럼 신용등급의 하락이나 금리 상승으로 인해 신용등급이 높은 기업의 채권이나 우선주 가격도 얼마든지 크게 떨어질 수 있는 것이다.

제 25 장

성공 투자의 시금 테스트 ELA 방식

이번 장에서는 간단히 "ELA(The Ever-Liquid Account)" 라고 부를 수 있는 투자방식을 소개하겠다.

이 방식으로 투자계좌를 운용하면 문자그대로 언제든 투자자금을 현금화할 수 있다. 한마디로 ELA 계좌는 자금을 전혀 투자하지 않는 게 보통이다: 현금이나 현금성 자산만 보유하는 것이다. 현금성 자산이란 상시 현금화가 가능한 단기채권이나 상업어음을 말한다. 따라서 ELA 계좌는 장부가치와 시장가치가 항상 동일하다. 계좌의 수입은 그대로 수입이다; '이자와 배당금, 실현했거나 실현 가능한 시세차익' 에서 '실현했거나 아직 실현하지 않은 손실' 을 차감하면 계좌의 시장가치와 맞아 떨어진다. 투자와 투기가 완전히 결합한 셈이다.

내 경험에 비춰보면 ELA 투자방식 덕분에 상당한 심리적 안정을 얻은 투자자들이 꽤 있었다. 특히 디플레이션 시기에 유리했던 것 같다.

따라서 이런 방식을 선호하는 투자자들도 틀림없이 있을 것이다. 당연한 일이지만 갈수록 모든 게 불확실해지고 위험도 커져간다. ELA는 바로 이 점을 중시해 투자자들이 그릇된 안전성 선호에 빠져드는 것을 막아준다. 당장 눈앞에 보이는 투자수익률은 확실히 줄어드는 게 사실이지만, 늘 보유자금을 전부 투자함으로써 장래에 큰 손실을 입을 위험으로부터 보호해주는 것이다.

ELA 계좌도 주식시장에 들어가 배당소득이나 시세차익을 올릴 수 있다. 시장 상황과 추세가 아주 확실해 매수하자마자 미실현 투자수익을 올릴 수 있을 때 주식을 매수하는 것이다. 물론 투자계좌의 유동성을 유지하기 위해서는 주식투자 상한선을 전체 자금 가운데 몇 퍼센트로 미리 제한해두어야 한다. 대개는 3%에서 최고 10%까지로 한다. 물론 추세가 위험을 최소화할 만큼 충분히 확실하지 않다고 느끼면 주식을 매수하지 않는다. 기다리다 보면 언젠가는 확실한 시점이 올 것이니 말이다.

언제 어느 종목을 매수할 것인가 하는 결정은 개인투자자들이 나름대로 가장 낫다고 생각하는 다양한 잣대를 기준으로 해서 내려질 것이다. 나 역시도 신뢰할 만한 모든 정보를 활용한다. 전반적인 경제 상황, 각종 통계적 분석, 기업체 임원들과의 만남이나 매매주문 현황에서 나타난 특징들을 종합적으로 고려하는 것이다. 그러나 최종 선정한 종목은 반드시 유동성이 매우 높은 시장 주도주 또는 곧 그렇게 될 가능성이 아주 확실한 주식이라야 한다; 이런 주식을 매수 후 계속 보유하거나 보유물량을 늘리고자 할 때는 반드시 주가가 상승하고 있어야 한다.

ELA 투자방식을 따르게 되면 분산 투자보다는 단 하나의 종목에 집중할 수 있다. 자신이 정확히 무엇을 알고 있어야 하며, 자신의 행동이 옳다는 것을 확신하는 게 무엇보다 중요하기 때문이다. 여러 가지 투자수단이나 여러 종목에 분산투자하는 것은 자신의 무지를 헤지하는 것에 불과하다. 다시 말해 분산 투자는 오류를 평균화하거나 판단력의 부재를 숨기는 방법에 다름 아니기 때문이다.

또한 ELA 방식에서는 결코 바닥에서 매수하려고 하지 않는다. 바닥이나 천정은 실제로 정확히 판단하기가 불가능하지만, 추세는 어느 정도 형성된 다음에는 투자수익을 올릴 수 있는 시점을 파악할 수 있다.

ELA 방식을 따르면 자연히 피라미딩 기법으로 이어진다; 이익은 계속 키워가고 손실은 커지기 전에 잘라내는 것이다. 이런 식으로 계좌를 적절히 운용하면 휘어질 수는 있지만 부러지는 일은 절대 없다. 물타기로 평균 매수단가를 낮추는 일은 절대로 하지 않을 것이다.

정상적인 시장 상황, 즉 다양한 투자주체들이 활발하게 거래하고 불확실한 뉴스가 하루하루 시장을 짓누르지 않는 국면이라면, 주도주를 매수할 정확한 시점이라는 확신을 가진 뛰어난 투자자는 주저 없이 자신이 선택한 주도주 한 종목의 보유물량을 크게 가져갈 수 있을 것이다. 이런 경우 앞서 말한 통상적인 ELA 계좌의 주식투자 비중을 넘어설 수도 있다. 따라서 전체 자금의 20~25%를 한 종목에 투자할 수도 있지만, 투자규모가 너무 크거나 너무 작은 경우라면 이렇게까지 비중을 높여서는 안 된다.

만약 시장이 예상대로 상승한다면 해당 종목을 추가로 더 매수할 수 있을 것이다. 거래가 위축되거나 불확실한 뉴스에 따라 시장이 등락을 거듭한다면 일단 관망세를 취할 수 있을 것이다. 특정 종목을 매수하기 시작할 때는 투자규모를 가능한 한 작게 가져가야 한다. 그래야 주가 하락 시 손실을 줄일 수 있다. 물론 주가가 오르면 추가로 매수할 수 있다. 비록 전체 계좌에서 주식에 투자한 비중이 낮다 하더라도 성공적으로 운용하기만 하면 현금성 자산이 많은 비중을 차지하고 있는 투자계좌의 평균 수익률을 만족스러운 수준으로 끌어올릴 수 있다. 더구나 손실이 났을 경우에는 언제든 다시 시도할 수 있는 넉넉한 준비자금을 남겨둘 수 있다.

ELA 방식은 알려져 있는 모든 사실에 기초해 가장 확실해 보이는 투자만 하지만 그래도 시장에서는 하락 위험이 늘 있게 마련이다. 조금이라도 하락하게 되면 ELA 방식에서는 다른 어떤 요인이 있더라도 즉시 현금화한다. 시장이 떨어졌다는 사실 그 자체가 지금 상황에서 가장 중요한 "팩트(fact)"이기 때문이다. 몇 달 후 주가가 한참 떨어진 다음에야 하락 원인이 분명히 밝혀지는 경우가 자주 있지만, 이때까지 기다렸다가는 꼼짝없이 갇혀버리고 만다.

물론 일시적인 이유로 하락했다가 다시 상승세로 복귀하는 경우도 있다. ELA 방식에서는 매도한 다음 해당 종목을 다시 매수할 수 있다. 재매수가격은 처음의 매도가격보다 낮을 수도 있고 높을 수도 있다. 내 경험에 비춰보면 재매수가격이 처음의 매도가격보다 더 높을 경우 이익을 거둘 확률이 더 높다. 그 이유를 살펴보면, 모두들 시장이 약해질 거라고 생각했는데 오히려 더 강해질 경우 이 종목을 계속 지켜본 투자자들은 주저하지 않고 매수에 뛰어들기 때문이다. 더구나 일단 손절매를 하고 시장을 빠져나온 ELA 방식의 투자자는 보다 유리한 입장에 설 수 있는데, 모든 상황이 충분히 유리하지 않으면 다시 똑같은 종목을 재매수하지 않을 것이기 때문이다. 이런 투자자는 어느 종목에 갇혀버리지도 않을 뿐만 아니라 그럴 생각조차 없다. 어느 정도 시간이 지나면 다시 시장 전반의 상승 추세와 함께 훨씬 더 매력적인 다른 종목이 떠오른다. 이 문장 속에 투자수익의 비밀이 숨겨져 있다.

이렇게 하면 자신의 능력 이상을 발휘할 수 있다. 물론 쉽지 않은 방법이다. 지식의 부재는 금방 드러난다. 여기에 행운이 끼어들 여지는 없다. 투자계좌는 있는 그대로의 실상을 반영한다. 주가가 너무 떨어져 도저히 팔 수 없는 주식 때문에 엄청난 미실현 손실을 떠안고 있으면서 앞으로 지급될 이자나 배당금을 기대하면서 자기 자신을 속일 수는 없다.

그런 점에서 ELA방식은 성공 투자의 시금(試金) 테스트라고 할 수 있다. 물론 주식시장에서 돈을 벌 수 있는 방법은 많다. 하지만 내가 알고 있는 한 운이라는 요인에 좌우될 여지가 이처럼 적고, 또 그 결과가 현재의 계좌 잔액에 그대로 반영되는 투자방식으로 ELA만한 것도 없다.

혹시 "인플레이션"을 우려하는 사람도 있을 것이다. 현금성 자산과 높은 유동성은 상황이 변할 때 안전성을 높여준다는 점을 상기하기 바란다. 현명한 투자자금이란 토끼처럼 여기저기 뛰어다닌다. 땅에 못박혀 있는 부동산처럼 고정된 투자는 유연성이 한참 떨어진다. 유연성이 떨어지는 투자는 세금폭탄이 떨어지건, 정치적 격변이나 유행의 변화가 닥치건 위험을 피할 수 없다.

그러므로 ELA를 명심하라.

제 26 장
채권의 현실적인 평가

신용등급이 의심할 나위 없이 아주 높은 단기 채권은 사실상 현금이나 마찬가지다. 주가가 떨어지기를 기다리며 상당히 많은 금액의 자금을 보유하고 있는 상황이라면 이런 우량채권을 일시적으로 보유하는 것도 좋다. 최고의 우량채권을 고르는 일은 전혀 어렵지 않다. 이런 채권은 틀림없이 상환된다. 만약 그렇지 않다면 신용등급이 그렇게 높지 않을 것이다; 따라서 평균 채권수익률보다 약간 더 높은 수익률을 얻으려고 신용등급이 낮은 채권을 매입하는 것은 피해야 한다. 고수익 채권을 매입하는 것은 단지 리스크를 높일 뿐이며, 인플레이션 시기에 과다한 현금성 자산을 보유하는 것과는 또 다른 위험에 빠질 수 있다.

이 책의 의도는 이자나 배당금 수입보다 자본이득(시세차익)을 얻는 게 훨씬 더 훌륭한 투자방법이라는 점을 설명하는 것이다. 그런 점에서 채권에 대한 논의는 당초의 주제에서 벗어나는 것이다. 사실 시중에 유통되는 채권 대부분은 개인투자자가 아니라 고정적인 운용자산을 갖고 있는 기관투자가들이 매입한다.

장기 우량채권을 매입하는 게 유리한 상황은, 우선 채권수익률이 양호해야 하고, 채권의 만기상환액 또는 매도한 가격과 그동안에 받은 이자를 합친 금액이 구매력을 기준으로 한 최초 투자원금보다 커야 한다. 즉, 실세 금리가 상승할 것으로 예상될 경우 채권의 모든 조건이 그대로 있다 해도 채권가격은 큰 폭으로 떨어지므로 이럴 때는 채권을 매입하지 말아야 한다. 가령 20년 만기 3% 표면금리의 액면가 100달러짜리 채권가격은 현재 실세금리가 3%일 경우 100달러가 되겠지만, 실세금리가 4%로 상승하면 86.375달러로 하락할 것이다. 1%의 금리 상승으로 인해 채권가격은 13%이상 떨어지는 것이다. 더구나 채권이자를 받는다 해도 세금을 공제해야 하고, 물가 상승으로 인해 이자수입과 만기상환액의 구매력 가치는 당초 채권을 매입했을 때보다 한참 떨어질 것이다.

중간등급 이하의 채권은 장기채권이든 단기채권이든 주식과 비슷한 판단이 필요하다. 시세차익을 올릴 수 있는 가능성을 냉정하게 살펴보는 게 좋다. 이런 채권은 주로 소규모로 거래되므로 개인투자자들에게 더 알맞다. 또 전문가가 제대로 선정하기만 한다면 우량채권보다 더 안전할 수도 있다. 그런 점에서 나는 신용등급이 떨어지는 추세인 AAA등급의 채권보다 오히려 신용등급이 올라가고 있는 B등급의 채권을 더 선호한다. 또 우량채권이라 해도 매수하기에 앞서 반드시 자세한 조사가 필요하다. 만약 신용등급이 최고라면, 실세금리의 추세를 정확히 판단하고 매입했을 경우에만 채권가격이 올라갈 수 있다. 반면 실세금리의 추세를 잘못 판단했거나 신용등급이 떨어지면 채권가격은 떨어질 것이다. 금리 변동에 따른 채권가격의 등락은 채권을 매입할 때 가장 중요한 요소다.

전환사채의 매수 타이밍

요즘 증권회사의 채권담당자에게 가서 개인투자자가 특별히 관심을 가져볼 만한 채권이 어떤 게 있느냐고 물어보면 제일 먼저 전환사채를 소개할 것이다. 더 소개할 게 없느냐고 물어보면 수익률이 아주 낮은 장기 국채를 매입해보라고 얘기할 것이다.

예전에는 그렇지 않았다. 내가 금융시장에 관한 칼럼을 쓰기 시작했던 1921년만 해도 많은 개인투자자들이 이자소득을 얻기 위해 채권을 매입했다. 그런데 요즘은 주로 기관투자가들이 채권을 매입한다. 일부 부유층 투자자들도 절세(節稅) 목적으로 채권을 매입한다. 또 주식시장이 약세로 빠져들면 개인투자자들이 일시적으로 우량채권에 눈을 돌리기도 하고, 환금성이 높은 단기채권에 투자하기도 한다. 물론 이 경우 미국 재무부채권이 가장 일반적인 투자대상이 된다.

전환사채는 채권이 가진 어느 정도의 안전성과 함께 시세차익도 거둘 수 있다는 점에서 요즘 인기를 끌고 있다. 전환사채는 주식보다 훨씬 더 유리한 조건으로 매수자금을 빌릴 수 있다. 은행들마다 다르기는 하지만 아직 프리미엄이 붙지 않은, 거래가 활발히 이뤄지는 전환사채의 경우 20%의 증거금만 있으면 나머지 매입자금은 신용으로 조달할 수 있다. 아마도 비슷한 조건의 주식을 매수하려면 70%의 증거금을 내야 할 것이다.

뉴욕증권거래소(NYSE)에 상장된 전환사채의 가격을 살펴보면 내셔널 에어라인(National Airlines)의 1976년 만기 전환사채(표면금리 6%)가 440달러, 메이시(Macy)의 1977년 만기 전환사채(표면금리 5%)가 300달러, 제너럴 텔레폰(General Telephone)의 1977년 만기 전환사채(표면금리 4.50%)가 225달러다. 이들 전환사채의 발행가격은 모두 100달러였다. 따라서 전환사채도 종목선정을 신중하게 하고 매수 타이밍을 잘 잡으면 시세차익을 올릴 수 있다. 반면 표면금리가 높은데도 불구하고 액면가보다 낮은 가격으로 거래되는 전환사채도 있다. 이처럼 전환사채 역시 기본적으로 투기적인 속성이 있는 것이다.

전환사채의 시장가격은 현재의 예상 투자가치와 전환권 가치에 대한 프리미엄을 합친 것이다. 전환사채의 프리미엄은 주식으로 전환했을 때의 예정 투자수익과 전환권 행사기간 등에 따라 달라진다.

전환사채를 매입할 때는 상당한 주의를 기울여야 한다. 신용으로 매수할 때는 특히 그렇다. 전환사채 매입 시 가장 저지르기 쉬운 실수는 프리미엄이 얼마나 되는지, 혹은 전환가격이 현재 주가와 얼마나 가까운지만 신경을 쓴다는 점이다. 전환사채를 매입할 때 가장 먼저 살펴봐야 할 것은 전환될 주식의 주가 흐름이다. 전환사채로 투자수익을 올리려면 이 주가가 올라가야 한다. 따라서 반드시 주가가 강세국면에 있을 때 전환사채를 매입해야 한다. 전환사채의 가격에 영향을 미치는 다른 요인들은 그 다음에 살펴봐도 늦지 않다.

최근에는 국채를 매입할 때 5%의 증거금만 내고 나머지 자금은 은행에서 대출을 받아 투자하기도 한다. 예를 들어 5000달러의 증거금만 갖고 시가 10만 달러의 국채를 매입하는 것이다. 이 경우 시장가격이 1%만 변동해도 수수료를 제외하고 1000달러의 손익이 발생할 수 있다. 특히 표면금리가 낮고 만기가 길수록 채권가격의 변동폭도 크다는 점을 명심해야 한다. 1990년 만기 국채의 경우 액면가 100달러짜리가 1958년에 106달러까지 올랐다가 1959년에는 81달러로 떨어져 변동률이 31.5%에 달했다. 요즘 들어서는 장기국채의 가격 변동폭이 줄어들어 1964년의 최고가와 최저가는 각각 90달러와 88달러 수준이었다. 하지만 앞으로 변동폭이 더 커질 것으로 내다보는 사람들도 있다.

채권시장에 전력 투자해 괜찮은 수익을 올릴 수 있다. 그러나 단지 낮은 증거금률 때문에 투자하는 것이라면 채권을 매입하는 게 주식을 매수하는 것보다 오히려 더 투기적일 수 있다는 점을 잊지 말아야 한다.

제 27 장

자원주의 매력

자원주는 특별한 주식이다. 거의 언제나 주가 대비 배당수익률이 평균 이상이다. 자원회사가 지급하는 배당금은 당기순이익의 일부이기도 하지만 자본회수비용이 포함돼 있다고 생각하기 때문이다. 사실 자원회사가 보유하고 있는 광산이나 유전은 갈수록 가채(可採) 물량이 줄어들 수밖에 없으니 어쩌면 논리적으로 일리가 있다고 할 것이다.

그런데 이런 논리는 광산이나 유전을 갖고 있는 기업이 아니라 일반 기업에 적용하는 게 더 맞을 것 같다. 혹시 수치로 확인하기 힘들다면 웬만한 기업들보다 훨씬 더 오래 유지되고 있는 광산이나 유전을 찾아보면 알 수 있을 것이다. 사양산업에서 새로운 수익원을 찾아내는 것보다는 기존의 광산이나 유전의 수명을 연장하는 게 훨씬 더 쉽다.

자원주에 대한 전망은 경쟁력 있고 정직한 전문 엔지니어에 의해 정밀하게 내려진 것이라야 정확하다. 물론 다른 산업에서도 마찬가지겠지만 이런 기술적 평가는 대규모 투자자만 자기 비용으로 수행할 수 있다. 따라서 소액투자자는 증권회사나 투자자문가, 혹은 통계적 분석업체가 제공하는 전문적인 서비스를 통해 정보를 얻어야 한다.

투자할 매력이 충분하고 최소한의 가채 기간이 알려져 있는 자원주라 해도 투기적인 요소가 상당히 많다는 점을 기억해야 한다. 따라서 소액투자자가 오로지 대박을 터뜨리겠다는 일념으로 자원주에 투자하는 것은 바람직하지 않다. 자원주로 큰돈을 버는 극소수 투자자들은 나름대로의 기술을 터득한 프로들이다. "우라늄"이나 "희귀 광물"이라는 용어는 잘 모르는 사람들에게 신비하게만 들리지만 여기에 빠져들었다가는 전 재산을 다 털리기 십상이다. 다른 분야와 마찬가지로 분명히 훌륭한 우라늄 광산은 존재한다. 하지만 이쪽 분야에서는 더욱 더 신중한 주의가 필요하다.

자원주 투자의 펀더멘털에는 광산이나 유전 이외의 요소들까지 포함되므로 이것들도 모두 점검해야 한다. 여기에는 기존 광산이나 유전의 생산비용은 물론 광물이나 원유가격, 세금, 정책적 문제처럼 자원과 관련된 일반적인 요소들까지 들어간다.

생산비용은 개별 광산이나 유전마다 다르다. 얼마나 깊이 매장돼 있는지, 또 노사관계는 얼마나 좋은지에 따라 달라진다. 정부의 조세 정책도 중요하다.

정치권에서 가격 결정에 개입하는 경우도 있다. 금과 은의 경우 현재까지 미국 정부가 가격통제를 실시하고 있고, 우라늄 가격은 고시가격으로 묶여 있다. 채굴장비의 수급에 따라서도 가격이 변할 수 있다. 전시통제가 결정적인 변수로 작용하는 경우도 가끔 있다. 알루미늄의 경우 그랬던 것처럼 정부가 생산 확대를 위해 보조금을 지급할 때도 있다.

이 같은 외부 요인들에도 불구하고 정상적인 상황에서 광물자원의 가격은 대부분 수요와 공급에 의해 결정된다.

자원주 투자는 이처럼 복잡한 변수들을 고려해야 하지만, 정확한 정보를 입수하고 이를 올바로 평가할 수만 있다면 아주 흥미롭고 잠재적인 가치도 크다.

광물자원에 투자하는 비교적 보수적인 방법 한 가지는 자원개발사업에 투자하는 것이다. 전 세계적으로 널리 알려져 있으며 뛰어난 경영진과 오랜 연륜을 쌓아온 자원개발기업들이 많다. 내가 생각하기에 자원개발사업에 투자하는 것은 투기성은 높지만 투자신탁에 돈을 맡겨놓는 것보다 오히려 더 낫다. 앞서 설명한 것처럼 광산이나 유전에 대한 평가는 철도와 같은 다른 산업을 평가하는 것보다 좀더 확실하기 때문이다. 더구나 자원개발기업들이 갖고 있는 전문성 역시 유리한 점이다. 자원개발사업에 투자하면서 별도의 옵션을 얻는 경우가 있는데, 이 옵션 덕분에 예기치 않았던 아주 큰 투자수익을 올리기도 한다. 물론 이 옵션은 행사하지 않아도 되므로 리스크는 전혀 없다.

마지막으로 금광주에 대해 이야기하겠다. 금광주는 스로그모턴 스트리트(Throgmorton Street, 영국의 런던증권거래소가 있는 거리-옮긴이)에서 최고의 대접을 받아왔다. 예전부터 이들 주식은 마치 귀금속을 보유하는 것이나 마찬가지로 미래에 대비한 완벽한 구매력 유지수단으로 여겨졌다.

금광기업은 일반기업들이 막대한 판매비용을 들이는 것과는 대조적으로 판로를 찾는 데 돈을 쓰지 않는다. 더구나 금값은 수 세기에 걸쳐 꾸준히 상승해왔다. 금광주는 화폐가치 하락의 헤지 수단이다. 동서고금을 막론하고 누구나 금을 갖고 싶어하고, 먼 옛날부터 금을 상업수단으로 활용해왔다.

우량 금광기업에게 가장 큰 위협은 과도한 세금부과다. 노사문제가 발목을 잡을 때도 있다. 금광의 가채 매장량이 감소하는 데 따르는 손실 위험은 경쟁력 있는 전문가의 조언을 받으면 피해갈 수 있다. 금값은 일시적으로 구매력이 떨어질 수도 있지만, 실질적인 가치 하락은 있을 수 없다는 게 내 생각이다.

다른 자원주와 마찬가지로 금광주의 배당수익률도 대개는 높고, 자본회수비용이 배당금에 포함돼 있다는 점은 간과하기 쉬운 금광주의 매력이다. 영원히 매력적인 투자는 없다. 금광의 매장량 감소에 따른 가치 하락분은 배당금이나 기업의 투자재원으로 쓰여진다. 이 자체만으로도 금광주는 상당히 중요한 안전판을 확보하고 있는 셈이다.

하지만 장기적으로 보면 정치적인 규제로 인해, 또한 금 역시도 다른 상품과 마찬가지로 사이클이 있기 때문에 투자손실을 입는 시기가 있게 마련이다. 어디에 투자하든 모두 해당되는 문제지만 금광주야말로 투자의 타이밍이 정말로 중요하다. 금값이 언젠가 다시 오르리라는 점은 틀림없는 사실이다. 특별한 상황에서는 하루 밤사이 금값이 두 배로 뛸 수도 있다. 그렇다고 해서 너무 서둘러 금광주를 매수한다면 몇 년 동안 고생하며 참고 견뎌야 할지도 모른다.

제 28 장

계란 전부를 한 바구니에 담고 최선을 다해 지키라

이 장은 경험이 많은 투자자와 프로 투자자를 대상으로 쓰는 것이다. 초보 투자자들은 어느 정도 요령을 배울 때까지는 분산 투자를 하는 게 필요하다.

그런데 충분한 경험을 쌓은 사람들마저 너무 과도하게 분산 투자를 하려다 보니 형편없는 종목까지 포트폴리오에 편입시키는가 하면 막상 탁월한 종목에는 제대로 투자하지 못하는 경우를 자주 본다. 굳이 석유주와 자동차주, 철도주, 그 밖의 업종 주식들까지 투자를 분산하는 이유를 모르겠다. 더구나 투자자금 가운데 상당 부분을 국채 매입에 쓰고, 심지어 아주 투기적이며 배당금도 지급하지 않는 끔찍한 기업의 주식까지 편입하는 데는 할 말이 없다. 해외주식에도 분산 투자를 하는데, 이건 대규모 펀드에게나 필요한 것이다.

이런 식의 분산 투자는 자금 규모가 도저히 감당하기 힘들 만큼 엄청나게 크거나, 현명한 투자관리가 도저히 불가능할 때가 아니라면 수긍하기 어렵다. 다시 말해 분산 투자란 스스로 무엇을 해야 할지 모르며, 평균 수준의 수익률이면 최선이라는 점을 자인하는 것이다.

투자자금을 현명하고 안전하게 운용하는 방법은 집중 투자다. 상황이 불확실하다면 아무것도 하지 말라. 무언가 떠오르면 전력을 다해 끝까지 좇으라. 전력을 다해 좇을 가치가 없는 것이라면 처음부터 시작할 가치도 없는 것이다. 앞서도 여러 차례 내 생각을 밝혔지만 반드시 처음에는 충분한 현금을 갖고 시작해야 한다; 그 다음 한 종목에 적은 금액을 투자해보는 것이다. 투자한 종목이 생각처럼 움직여주지 않는다면 일단 빠져나와 도로 현금화해야 한다. 만약 기대했던 대로 움직여준다면 이 한 종목의 보유물량을 순차적으로 늘려나가야 한다. 그렇게 해서 물량을 최대한 늘린 이 종목을 판 다음에, 다시 말하지만 그 이전이 아니라 그 다음에 비로소 두 번째 매수 종목을 탐색하는 것이다.

당신이 가진 계란 전부를 한 바구니에 담은 뒤 그 바구니를 최선을 다해 지키는 게 가장 안전한 방법이다. 이렇게 하면 주의가 산만해질 리도 없고 허튼 짓을 하지도 않을 것이다. 당신은 정말로 신중하게 행동할 것이다. 물론 바보가 아니라면 시장이 소화할 수 있는 물량 이상을 매수하지도 않을 것이다. 그런 점에서 다시 강조하지만 증권거래소에 상장된 주도주에 투자해야 하는 것이다. 영리한 투자자라면 은행에서 담보가치도 제대로 받지 못하는 주식에 자기 돈을 투자하지 않을 것이다.

예전에 증권회사의 은행 대출금이 천문학적으로 늘어난 적이 있었다. 당시 은행들이 증권회사에 돈을 빌려줄 때의 판단은 아주 간단한 것이었다. 대형 주도주들을 담보로 잡는 한 대출은 아무 문제도 없었다. 그런데 신규 상장주나 거래가 잘 이뤄지지 않는 종목들이 섞여 있으면 태도가 사뭇 달라졌다: "이제 올 데까지 온 모양이군." 증권회사마저 은행으로부터 싸늘한 반응을 받아야 하는 주식을 왜 매수하겠다는 것인가? 분산 투자는 이것저것 한 묶음으로 투자하다 보면 좋은 종목도 있고 나쁜 종목도 포함될 테니, 평균 정도면 만족이라고 생각하는 사람들의 도피처일 뿐이다.

오로지 주식시장의 주요 종목들만 매수하라; "이번 세일에는 포함되지 않는" 그런 종목들이라야 한다. 남성복 상점의 경우를 예로 들어보자. 올 세일 시즌에 거의 모든 정장과 셔츠, 넥타이가 아주 근사한 가격으로 팔렸다. 그런데 정말로 멋진 회색 정장과 하얀색 셔츠, 돋보이는 색상의 넥타이는 세일 품목에서 제외돼 있었다. 주식도 이와 다르지 않다. 언제든 일정한 수요가 있는 주식만 매매하는 게 중요하다. 분산 투자를 하다 보면 잠시 유행을 타는 종목도 포트폴리오에 편입하게 된다. 하지만 이런 종목은 곧 거래량이 급격히 줄어들어 매수자조차 찾지 못할 수 있다.

"어떤 사람에게는 약이 되지만 다른 사람에게는 독이 될 수도 있다"는 말을 늘 유념해야 한다. 유능한 투자자에게 가장 안전한 방법은, 앞서도 말한 것처럼 갖고 있는 계란을 전부 한 바구니에 담아 이 바구니를 최선을 다해 지키는 것이다. 물론 초보 투자자와 스스로 투자에 재주가 없다고 생각하는 사람들은 정통적인 방식의 분산 투자를 해야 한다.

거래량이 적은 종목이나 장외주식에 투자할 경우에는 잠재적인 투자수익이 아주 대단해 매수할 만한 가치가 있어야 한다. 뉴욕증권거래소(NYSE)에 상장된 거래량이 많은 주도주에 투자해 100%의 투자수익을 올릴 수 있다고 예상한다면 장외주식이나 해외주식에 투자할 때는 이보다 훨씬 더 높은 수익률을 기대해야 한다는 말이다. 이건 아주 기본적이고 논리적인 원칙이다.

내가 지금까지 설명한 것과는 성격이 다른 분산 투자가 있는데, 이것 역시 깊이 생각해볼 필요가 있다. 경기 사이클이나 주가 사이클이 상이한 여러 기업들에 나눠서 투자하는 방법이다. 사실 같은 업종에 속한 주식을 경기 사이클의 서너 국면마다 나눠서 매수한다면 오히려 더 위험할 뿐만 아니라 수익률도 저조할 수 있기 때문에 이 같은 분산 투자 방법은 좋은 대안이 될 수 있다. 하지만 최종적으로 투자의 성공과 실패를 가늠해주는 것은 주가다. 가령 어떤 업종이 마지막 활황 국면에 있을 때는 순이익과 배당금도 크게 늘어나고 주식분할을 하기도 한다. 이 업종에 속한 신규 상장기업의 주식이 높은 가격에 상장되고, 상장 후에 주가는 더 올라간다. 이런 상황에서도 단기 투자수익을 위해 이런 종목을 매수하는 투자자들이 있지만 매우 위험하다. 주식투자자라면 누구나 주식이 아주 헐값에 팔릴 때를 기다리려고 한다. 그러나 싸게 매수했다 해도 바닥권 탈출이 예상보다 훨씬 더 길어질 수 있다. 만약 이렇게 바닥권에 머물러 있는 주식만 보유하고 있다면 시장 전반이 상승세를 타고 있는데도 지지부진한 수익률에 허덕일 것이다.

제 29 장

여행은 투자교육의 장이다

뉴스에서 난민들이 탈출하는 장면을 본 적이 있다. 이들이 살던 집은 불타고 있었다. 이들이 일하던 직장과 이들이 쌓아둔 저축, 이들이 맺어온 이웃들과의 관계들까지 아마도 영원히 사라졌을 것이다.

나 역시 1906년의 샌프란시스코 대지진을 직접 겪어봐서 생생하게 기억한다. 당시 대지진으로 인해 많은 사람들이 가진 것을 전부 잃었다. 화재보험에 가입한 사람들도 자연재해에 대해서는 보상을 받지 못했다. 땅값도 완전히 바뀌어버렸다. 피해가 막심했던 도심지는 땅값이 급락했고, 과거 땅값이 쌌던 교외지역은 올랐다.

예전에 모스크바를 방문했을 때 나는 재산몰수와 인플레이션이 어떤 결과로 이어지는지 똑똑히 목격했다. 항구에 도착해 보니 국영상점이 있었다. 파는 물건이라고는 전부 옛날 귀족들이 갖고 있던 모피와 귀금속, 가구, 예술품들이었다. 레닌그라드 시내의 주택들은 하나

같이 회반죽을 칠하고 있었다. 모든 주택은 국가의 소유였고, 그러다 보니 모든 주택을 똑같이 만들어놓은 것이었다.

1932년 무렵에는 자동차를 몰고 한때 금광으로 유명했으나 어느새 유령도시로 변해버린 서부지역의 몇몇 도시들을 돌아봤다. 한동안 흥청거렸을 거리 곳곳은 을씨년스럽기만 했고, 당시 아주 비싸게 거래됐을 법한 상점들 또한 텅 비어있었다.

가끔 나에게 이렇게 물어보는 사람들이 있다. 전쟁이 터지면 주식이 헤지 수단으로 유용한지, 인플레이션에 대비한 가장 좋은 헤지 수단은 무엇인지, 이런 물음이다. 그런데 지진, 홍수 같은 자연재해나 경제적 변화로 인한 가치 변동에 대한 헤지 수단을 물어오는 사람은 없다. 사실 이것 역시 매우 중요한데도 말이다. 과거 제정 러시아나 독일, 스페인을 떠올려보면, 많은 사람들이 알고 있던 헤지 수단 어느 것도 효과가 없었던 게 사실이다.

대재난에 대비한 효과적인 헤지 수단이 있다면, 그것은 전 세계적으로 자산을 분산시키고, 자금을 항상 유동성 있게 유지하고, 늘 활기차게 돌아가는 사업을 하는 것뿐이다.

누구든 적극적으로 시대의 흐름을 타야 하고 세상 돌아가는 일에 항상 깨어있어야 한다. 사업가들이라 해도 은퇴한 뒤에는 세상을 돌아볼 기회가 별로 없다. 결국 자신이 사는 지역의 부동산 같은 데 투자하는 게 고작인데, 이렇게 유동성이 떨어지고 쉽게 매매하기도 어려운 자산에 돈이 묶여서는 안 된다. 은퇴 후에도 자기가 사는 곳에서 작은 사업을 하거나, 집과 함께 내 고장 기업의 주식에 투자하는 경우도 있지만 대개는 그 범위가 반경 10~15마일에 그친다.

우리가 가진 가장 큰 재산은 무언가 유용한 일을 해낼 수 있는 정신적 역량과 인적 네트워크라고 생각한다. 따라서 자기가 사는 지역 이외의 곳에도 항상 네트워크를 구축해두어야 한다. 재난 대비용 비축자금으로, 또 해외 투자자금용으로 일정한 자금을 따로 마련해둘 필요가 있다.

오래 전 아주 지혜로운 투자자 한 명이 나에게 이런 말을 해준 적이 있다. 그리니치 천문대에서 시작해 서쪽으로 돌아오는 것은 시간뿐만이 아니라고 말이다. 사실 모든 아이디어들이 다 그렇다. 과거 영국 경제와 주식시장에 영향을 미쳤던 사회적 요인들은 불과 몇 년 뒤 미국에서도 그대로 나타났다. 미리 경고를 해주면 미리 대비할 수 있다. 런던을 여행하면서 은행과 증권회사를 방문해보고 법조인들도 만나 지금 무슨 일이 벌어지고 있으며 여기에 어떻게 대처하고 있는지 알아봤다면 틀림없이 큰 도움을 받았을 것이다.

누구든 외국으로 여행할 수 있다. 해외시장을 살펴봄으로써 그 자체로 좋은 투자대상을 발견할 수 있을 뿐만 아니라 국내의 재난에 대비한 분산 투자 효과를 거둘 수도 있다.

여행은 아주 훌륭한 교육이며, 교육은 그것을 잘 활용기만 하면 아주 훌륭한 헤지 수단이 된다. 여행을 통해 얻을 수 있는 유익함은 너무나도 많다. 진정한 휴가를 만끽할 수 있고, 삶을 보다 여유롭게 즐기는 방법을 알 수 있고, 국내 경쟁자들보다 앞서 나갈 수 있는 기회를 얻을 수도 있다.

제 30 장

우리가 아는 것은 얼마나 적은가

이런 질문을 던지는 독자들이 있을 것이다: 초보자는 주식투자에 성공하려면 어떻게 해야 하는가? 시간은 얼마나 투자해야 하나? 종업원이 주식시장에 관심을 쏟는다면 사장님이 뭐라고 하지 않을까? 투자의 기술을 배울 수 없는 사람은 어떻게 하나?

스스로 시장을 완벽하게 이해할 수 없다고 생각한다면, 이미 대단한 성과를 거둔 것이다. 대다수 주식투자자가 실패하는 까닭은 바로 시장과 맞서기 때문이다. 따라서 이 사실을 안다는 것 자체가 수익과 직결된다.

앞서도 지적했듯이 훌륭한 투자 기회는 쉽게 발견할 수 있는 게 아니다. 이런 상황에서 무조건 투자를 하겠다고 나선다면 확률적으로 불리할 수밖에 없다. 투자를 하는 것은 자동차나 지하철을 타고 시내를 나가는 것과는 다르다. 맹장수술처럼 간단하지도 않다. 이런 일은 적어도 목적지가 분명하고, 결과를 정확히 예측할 수 있기 때문이다. 투자자금을 지키고 늘려가는 일은 그렇지 않다. 두 가지 방식으로 돈을 잃을 수 있다: 첫째는 해마다 조금씩 화폐가치가 떨어지는 것이다. 다시 말해 부지불식간에 물가가 올라가는 것이다. 둘째는 자기가 산 "유가증권"의 가격이 떨어지는 것이다. 따라서 투자자는 이 문제에 적절히 대응해야 한다. 성공하기 위해서는 이들 두 가지 방식에서 벗어나는 길밖에 없다.

기회가 있을 때마다 내가 개인적으로 조언하는 게 있다. 투자는 젊어서 시작해야 한다. 나이가 들면 새로운 기술을 배우기 어렵다. 투자를 하려면 돈이 있어야 한다. 누구든 자기 돈을 쓸 데는 많다. 여유자금으로 술을 마실 수도 있고 담배를 피울 수도 있다. 혹은 주식시장에 투자해 돈을 날릴 수도 있을 것이다. 그러나 주식시장에 "수업료"를 냈다면 평생 동안 유용하게 활용할 수 있다. 자신의 직장에서 열심히 일하고 주식시장에도 많은 시간을 투자하라. 어렵기는 하겠지만 충분히 가능하다. 어슬렁거리다 보면 한 시간 일거리를 두 시간에 하는 게 세상사다.

도전하지 않으면 아무것도 얻을 수 없다. "나는 단 한 푼도 빌리지 않았다"고 말하는 사람이 있다. 그런가 하면 성장을 가속화하기 위해 돈을 빌려 썼다고 이야기하는 사람도 있다. 대개 후자의 경우가 더 크게 성공한다. 단, 젊어서 돈을 빌려야 하고, 사업상의 목적으로 돈을 빌려야 한다. 또 잘 되는 사업을 확장하기 위한 것이라야지 잘못된 상황을 연장하기 위한 것이어서는 안 된다.

개인들 각자가 스스로 느끼는 경쟁력의 차이도 있을 것이다. 가령

이 책에서 제시한 내용을 충분히 실행에 옮기기는 힘들지만, 주가의 흐름이 상승세를 탈 때와 하락세를 탈 때 정도는 판단할 수 있는 독자들이 있을 것이다. 이런 독자는 주식시장 전체에 투자하는, 최고의 뮤추얼펀드에 투자하는 게 좋다. 정직한 펀드회사가 운용하는 최고의 뮤추얼펀드는 신뢰를 갖고 투자자들이 돈을 벌 수 있도록 최선을 다한다. 주식시장에 상장돼 있는 폐쇄형 펀드는 자산가치에 비해 할인돼 거래되기도 하고 프리미엄이 붙어 거래되기도 한다. 나는 개방형 펀드보다 이런 폐쇄형 펀드를 더 선호하는데, 신규로 투자자를 받아 펀드 규모를 늘리지도 않고 기존 투자자들의 환매로 인해 펀드 규모가 쪼그라들지도 않기 때문이다. 펀드 투자시 가장 중요한 점은 강세장이 진행 중이라고 느낄 때 투자해야 한다는 것이다; 마찬가지로 추세가 약세로 돌아섰다고 느낄 때 펀드를 현금화해야 한다. 펀드회사가 당신을 위해 이렇게까지 알아서 해줄 것이라고 기대해서는 안 된다.

투자자금은 많은데 이렇게 할 만한 능력도 되지 않는다고 느낀다면 은행의 자산운용부서를 찾아가는 게 좋다. 이름 있는 대형 투자자문회사를 구하는 것도 한 방법이다. 이런 회사에서는 좀더 자유롭고 현대적인 시각을 가진 균형 있는 투자자문가를 만날 수 있을 것이다. 그런가 하면 사실상 한 사람이 운영하는 작은 투자자문회사도 있다. 이런 회사를 운용하는 사람이 때로는 천재일 수도 있고, 이 사람이 운용하는 기간 중에는 아주 엄청난 수익률을 올릴 수도 있다. 그러나 이 사람이 죽은 다음에는 어떻게 될지 생각해봐야 한다. 이런 회사는 결코 바람직하지 않다.

따라서 이 책에서 수없이 강조하고 있듯이, 누구든 성공하기 위해서는 자신의 판단이 가장 중요하다. 주식을 판단하거나, 그렇지 않다면 사람을 판단해야 하는 것이다.

내가 여기에 쓰는 글은 지금까지의 경험과 관찰에서 우러나온 솔직한 결론이다. 나는 1921년 이래 프로 투자자로서 헤아릴 수 없이 많은 주식을 다뤄왔다. 마음에 안 드는 내용도 있겠지만, 어쨌든 실전 경험을 통해 얻은 것들이다. 나에게는 쉬워 보이고 자연스럽고 논리적이라고 생각돼도 다른 사람들에게는 불가능해 보이는 것들이 있다. 마찬가지로 나와는 전혀 다른 방식을 따랐는데, 내가 생각하는 것보다 훨씬 더 큰 성공을 거둔 탁월한 투자자들도 있다. 걸어서 가든, 말을 타고 가든, 마차나 자동차, 기차, 비행기 혹은 배를 타고 가든 도달하고자 하는 목적지는 같다. 그런 점에서는 나는 개방적인 자세로 이 책을 썼다.

내가 월 스트리트에서 40년 이상 활동하면서 배운 가장 중요한 것은 우리가 너무나도 무지하며, 나 자신 얼마나 아는 게 없는가 하는 깨달음이었다; 다행히도 나는 이 교훈을 1922~23년에 배웠다. 만약 1929~32년에 배웠더라면 엄청난 수업료를 지불해야 했을 것이다. 내가 아는 한 영리한 투자자가 이런 말을 한 적이 있다. 만약 전지전능한 인물이 있어서 그가 가진 전 재산의 4분의 1만 그가 죽을 때까지 현재의 구매력을 유지해줄 수 있다면, 자신이 가진 전 재산의 4분의 3을 즉시 그 비용으로 내겠다고 말이다. 하지만 그는 그렇게 할 수 없는 게 유감이라고 덧붙였다. 이게 바로 오늘의 현실이다. 냉정하게 생각해보면 "6% 이자로 투자 원금의 구매력을 유지하는 것"은 불가능하다. 그나마 나이든 사람은 상대적으로 유리한 편이다; 우리 자녀들은 더욱 불확실한 현실에 직면할 것이다.

이 글을 읽는 독자들이 배워야 할 정말로 중요한 사실은 투자든 투기든 무척 어렵다는 점이다. 절대로 쉽지 않다; 분명한 것은 없고 모든 게 불확실하다; 논리적이지 않고 늘 예상을 빗나간다. 주식시장은 이 세상 어디보다 환상으로 가득 찬 곳이다. 현실은 우리의 생각과 어긋난다. 둘 더하기 둘이 반드시 넷이 되는 건 아니다. "주식은 팔기 위해 만들어졌다." 사는 사람이 위험을 부담해야 한다. "매수자여 조심할지어다."

제 31 장
투자와 소비

투자를 하는 목적은 장래에 쓸 수 있는 자금을 확보하기 위함이다. 투자의 관점에서 소비는 두 가지 측면을 고려해볼 필요가 있다. 하나는 우리가 사려고 하는 것의 가격과 취득 가능성이 변동한다는 점이다. 또 하나는 현재의 소비와 미래의 소비에 필요한 자금을 적절히 배분해야 한다는 점이다. 즉, 투자자금과 소비자금을 배분해야 한다는 말이다.

우리 각자는 노후를 대비해, 또 평생 동안 소비할 수 있도록 저축을 한다. 자녀들에게 유산을 남겨주는 것도 필요하지만 유산의 상당 부분은 상속세나 증여세로 정부에게 돌아간다. 요즘처럼 불확실한 시대에는 누구도 미래를 자신할 수 없다. 세금과 각종 법령, 전쟁, 물자통제 등으로 인해 저축해둔 자산의 가치가 순식간에 날아가버릴 수 있다. 물론 자신이 가진 기업체나 부동산을 자손들에게 물려줄 수도 있지만, 당대에 걸쳐 축적한 투자자산은 죽기 전까지 소비하는 게 낫다고 생각한다.

지금은 고인이 된 꽤 영민한 친구가 있었다. 이 친구는 자기가 가진 25만 달러의 유동성 자산이면 평생 충분할 것이라고 말했다. 그는 버는 대로 소비했고, 평균 이상으로 아주 넉넉하게 생활했다. 수입이 안 좋을 때면 자신이 가진 유동성 자산에서 돈을 갖다가 썼다. 이 친구는 씀씀이가 아주 컸지만, 수입도 괜찮았고, 당시 소득세도 낮은 편이었다. 당대에 걸쳐 축적한 재산은 자신이 살아있을 때 소비하고자 한 좋은 사례다. 물론 이 이야기는 하나의 예로 소개하는 것이지 특별한 의미가 있는 것은 아니다.

화폐가치의 하락은 단지 구매력의 저하로 인한 것만은 아니다. 판매세(한국의 경우 부가가치세―옮긴이) 부과로 가격이 오를 수도 있고, 물자 통제로 물건을 구할 수 없는 상황이 벌어지기도 한다. 가령 영국에서는 1913년까지 자동차에 판매세가 부과되지 않았다. 그런데 그 후 판매세가 부과됐을 뿐만 아니라 자동차 구하기가 힘들어져 사려고 해도 몇 년을 기다려야 했다. 요즘(1960년대 초―옮긴이) 일본에서는 돈이 있어도 마음대로 전화를 살 수 없다. 암시장에 가서 비싼 값을 주고 다른 사람의 번호를 사와야 한다. 이처럼 판매세가 부과되거나 제품과 서비스를 구할 수 없는 상황이 되면 물가가 오르는 것과 똑같이 우리가 저축해놓은 자금의 구매력이 떨어지는 것이다.

돈 버는 데 재주가 있는 사람은 시간이 지날수록 더 많이 번다. 1달러가 영원히 1달러로 남는다면 노후를 쉽게 예측할 수 있고, 필요 이상의 소비나 저축을 하지 않아도 될 것이다. 그러나 우리는 노후가 닥치기 전에, 또 긴급한 자금이 필요할 때까지 물가가 더 빠르게 상승할지 모른다고 두려워한다. 많은 연금생활자가 익히 알고 있듯이 이 같은 우려는 다름아닌 현실이다.

예전에 캄보디아의 앙코르와트 사원을 여행한 적이 있다. 덥고 습한 그곳 호텔에서 일하는 프랑스인 매니저와 이야기를 나누었는데, 그는 은퇴 후에 고향인 프랑스로 돌아가 여유롭게 살기 위해 스스로 이 외딴 곳으로 와 오랫동안 악착같이 일해왔다고 했다. 그런데 그가 목표로 했던 돈을 모으자 프랑화의 가치가 떨어져 그동안의 노력이 전부 허사가 돼버렸다는 것이다. 그는 그곳에서 영원히 오지도 않을 배를 기다리며 땀을 흘리는 대신 차라리 고향에서 실컷 쓰면서 사는 게 더 나았을지도 모른다.

더구나 삶을 즐길 수 있는 능력도 나이가 들수록 빠르게 줄어든다. 추위에 떨다가 마시는 한 잔의 커피는 그 값어치를 따질 수 없다. 나이 들어 백만장자가 됐다 해도 기껏해야 두세 잔의 커피를 마실 수 있을 뿐이다. 세계일주를 하는 크루즈 선박에서 30세 청년과 65세 노인이 누리는 즐거움은 비교가 되지 않을 것이다. 그런데 대개는 65세 노인이 가진 돈도 더 많고 남는 시간도 더 많다. 65세가 되면 정원에서 꽃이나 다듬으며 인생을 즐겨야 할지도 모른다.

이 문제에 관한 내 철학을 말하자면, 젊어서는 절제하면서 경쟁력을 기르고, 그 이후에는 계속해서 생산적인 삶을 유지하되, 필요 이상의 자산은 예금통장 잔고만 불리지 말고 소비하라는 것이다. 쓰지 않고 쌓아놓아 봐야 결국에는 가치만 떨어지고 세금만 많아진다.

현재와 미래의 소비를 위한 가용 자금의 합리적인 배분은 곧 평생에 걸친 삶의 일정 기간마다 소비할 수 있는 금액을 정해놓는 것이며, 우리가 늘 인식하지 않는다 하더라도 그 자체가 투자 의사결정이다. 처음에 직장 생활을 시작하면 개인적인 필요에 따라 저축하는 금액과 소비하는 금액이 결정된다. 충분한 자본이 모이기 전까지는 무엇을 하고, 무엇을 하지 말아야 할지 따지고 말고 할 필요가 없다. 처음에는 투자자금에서 생기는 수익도 미미하고, 따라서 선택의 여지도 별로 없다. 물론 유산을 물려받았을 경우에는 다를 것이다.

선택이라는 문제에서 젊은 시절에는 보수적으로 소비하라고 나는 권한다. 소비는 자신의 삶을 멀리 내다 보고 결정해야 한다. 특히 성공적인 투자자에게 사치스러운 지출은 너무나 값비싼 것이다. 가령 30세 무렵에 1000달러짜리 사치품을 샀다고 하자. 이 돈을 수익성 높은 자산에 투자했다면, 사치품을 사는 데 들어간 돈은 해가 갈수록 더 커질 것이다. 더구나 이 사치품의 가치는 시간이 지나면 결국 사라질 것이다. 반면 1000달러를 성공적으로 투자했다면 2000달러도 되고 4000달러도 될 수 있다. 소비를 결정할 때는 그래서 삶을 멀리 내다봐야 한다.

투자자금을 처음 마련할 때 다른 사람의 돈을 사용하면 그 기간을 단축시킬 수 있다. 하지만 젊은 시절에 아직 투자자금을 마련하지도 않았고 경제적 목표도 달성하지 않았는데 집부터 사는 것은 말도 되지 않는다. 집주인에게 집세를 내고, 대신 집 살 돈을 활용해 수익을 올려야 한다. 물론 정부에서 장기 저리 융자를 해준다면, 집도 사고 투자자금도 활용할 수 있을 것이다.

지금까지의 내용은 전부 투자와 소비 계획을 세우는 데 도움을 주기 위한 것이다. 우리는 일과 여가 사이에서 늘 선택해야 하듯이 소비와 저축 사이에서도 늘 결정해야 한다. 초년에 과도하게 소비하게 되면 말년에 빈궁하게 살아야 한다. 젊은 시절에는 미래를 더 많이 생각할 수록 좋다. 나이가 들어서는, 또 성공한 다음에는 현재를 더 많이 생각 하는 게 좋다. 성공한 사람들 가운데 계속해서 돈 버는 일에만 열중하 는 경우를 가끔 본다. 이런 사람들은 나이가 들어갈수록 남아있는 시 간도 줄어들고, 삶을 즐길 수 있는 능력도 사라진다는 사실을 깨닫지 못하고 있는 것이다.

제 32 장
투자와 세금

1964년의 소득세법 개정은 수십 년 만에 처음으로 이뤄진 소득세 인하 조치였다. 하지만 여전히 소득세는 큰 부담이고, 투자 규모와는 관계없이 세금 문제를 고려하지 않을 수 없다. 즉, 세금이 미치는 영향을 정확히 예측하지 않고서는 투자수익의 가능성이나 투자손실의 위험을 추정할 수 없고, 따라서 실제로 손에 들어올 순수한 소득이 얼마가 될지 가늠할 수 없는 것이다.

특히 요즘 같은 상황에서는 세금과 인플레이션 문제가 매우 밀접하게 연관돼 있다. 주식투자자가 인플레이션 문제에 성공적으로 대처하기 위해서는 손익계산서와 대차대조표의 세후 실질가치를 정확히 따져봐야 한다. 예를 들어 기업이 쌓아둔 감가상각충당금은 현재 자산의 대체가치에 못 미친다. 이것은 감가상각률을 법으로 규정하고 있는 데다 기존의 자산이 오래 전에 취득한 것이어서, 현재의 재무제표에 나와있는 비용이 현실을 반영하지 못하기 때문이다. 이 결과 세전 순이익이 과대계상될 수밖에 없는 것이다. 이렇게 과대계상된 세전 순이익으로 인해 세금은 더 많아지고, 따라서 주주들은 인플레이션으로 인한 피해를 이중으로 보게 되는 것이다.

이처럼 세금이라는 요소가 투자에 어떤 영향을 미치는지 따져보는 것은 언제든 매우 중요하다. 특히 투자자 입장에서는 투자 대상을 고를 때 반드시 세금 문제를 고려해야 한다. 인플레이션 헤지 수단으로 투자한다 해도 세금에 취약하다면 그 이점은 반감될 것이다. 절세 상품이라 해도 그 이점을 신중하게 살펴봐야 하며, 그렇지 않으면 자칫 보잘것없는 곳에 투자하는 우를 범할 수 있다.

제 33 장

투자와 인플레이션

화폐 구매력의 변동은 유가증권의 가격과 투자수익률의 등락을 좌우하는 가장 기본적이고도 중요한 요인이다.

"인플레이션" 이란 화폐의 공급이나 신용이 증가해 상품가격이 올라가는 것이다. 상품가격과 생활비의 상승은 재화 및 용역의 수요가 늘어나거나 공급이 부족해서 야기되기도 한다.

"디플레이션" 이란 화폐의 공급이나 신용이 감소해 상품가격이 내려가는 것이다. 상품가격과 생활비의 하락은 재화 및 용역의 수요가 줄어들거나 공급이 늘어나서 야기되기도 한다.

인플레이션과 디플레이션을 일으키는 여러 요인들이 있지만, 심리적인 요소를 절대 무시해서는 안 된다. 가격이 올라가거나 내려갈 것이라고 사람들이 생각하게 되면 그런 움직임으로 쏠리게 되고, 결국 더욱 강한 추세가 계속 이어지는 경향이 있다.

인플레이션과 디플레이션의 영향으로는 우선 부의 이전을 가져온다는 점을 들 수 있다. 한 나라의 국부는 화폐단위가 아닌 생산단위와 소비단위로 계산해야 한다. 계량적으로 볼 때 인플레이션은 처음 단계에서 생산과 소비를 부양하는 효과가 있고, 사람들도 더 풍족해졌다는 느낌을 갖는다. 그러나 개인별로는 부의 재분배를 가져오는데, 채권자와 채무자, 부자와 가난한 사람, 기업가와 임금 근로자, 투기자와 투자자에게 미치는 영향이 상반된다. 일단 인플레이션이 자리잡으면 화폐의 실질가치는 평가절하되고, 대다수가 경제적으로 큰 피해를 입을 뿐만 아니라 극도의 심리적 불안감이 뒤따른다.

인플레이션 억제 정책의 경우 대개 그 근본까지 건드리지는 않고, 통상 그 악영향을 제거하는 데 그친다. 이로 인해 인플레이션 억제 정책은 실패하고 만다. 인플레이션을 끝까지 근절하겠다고 나선다면 치유가 가능하겠지만, 환자가 사망한 다음이 될 것이다.

반면 디플레이션이 개인들에게 미치는 파급은 상대적으로 덜 하다. 하지만 디플레이션은 모두에게 "힘든 시기"로 느껴진다. 디플레이션은 인플레이션보다 통제하기가 훨씬 더 쉽다. 억제 수단 자체가 대중적이라 정치적으로 인기가 있기 때문이다.

일반 국민들은 대개 인플레이션이든 디플레이션이든 실감하지 못하거나 아예 실감하려 들지 않는다. 그러나 국민들 개개인의 부와 소득에 영향을 미치고, 화폐가치상의 손실이나 이익을 가져온다. 보통 사람들은 실질 구매력은 늘어나되 수중의 화폐금액이 줄어드는 것보다 오히려 실질 구매력이 줄어들어도 수중의 화폐금액이 늘어나는 것을 더 좋아한다. 인간의 본성이 원래 이렇고 쉽게 변하지도 않는다는 점에서 장기적으로 화폐가치는 떨어지고 상품가치는 올라가는 경향이 있다. 저축하기 보다는 소비하려는 인간의 타고난 성질은 불에 기름을 붓는 격이다. 일반적으로 말해 아주 장기적인 추세로 보면 인플레이션을 야기하는 동력이 디플레이션 동력에 비해 더 강하다. 따라서 아주 장기적으로 보면 주식 보유자가 채권 보유자보다 좀더 유리하다. 물론 이건 극단적으로 단순화한 사실일 뿐이다. 실제로 우리가 매일매일 살아가는 현실에서는 정확하고도 합리적인 예측이 필요하다.

더구나 과거의 인플레이션과 디플레이션이 어떤 영향을 미쳤으며, 그래서 이렇게 해야 한다는 결정은 유효성이 상당히 떨어진다. 이전의 인플레이션이나 앞서의 디플레이션 국면에서 벌어졌던 상황이 다음 번에는 전혀 다른 양상으로 전개될 것이기 때문이다. 부연하자면 앞선 인플레이션 시기에는 진실이었다 해도 그 다음에는 진실이 되지 못한다는 말이다. 원인이 다르면 인플레이션의 양상도 달라진다. 인플레이션이 자라나는 토양은 수없이 다양하다. 발전하는 정도도 천차만별이다. 특별한 조건 아래에서 인플레이션을 견뎌냈다고 해서 다음 번에도 똑같이 안전할 수는 없다.

디플레이션

디플레이션이라는 주제를 다루면서 가장 먼저 이야기할 것은, 디플레이션 추세를 초기 단계에 인식할 수만 있다면 현금이야말로 가장 간편하고 완벽한 헤지 수단이 된다는 점이다. 디플레이션 시기에는 화폐가치가 떨어지기 때문에 세금 문제도 개입할 여지가 없다. 디플레이션 시기에는 주식과 채권 모두 가격이 떨어진다. 주식은 화폐가치의 상승으로 인해 기업의 순이익이 줄어들고 자산가치가 감소함에 따라 하락하는데, 불경기로 인해 주식 매도자가 증가하는 것도 주가 하락의 한 요인이다. 기업의 이자보상배율(interest coverage, 영업이익을 금융비용으로 나눈 것으로 기업의 채무상환 능력을 나타낸다—옮긴이)이 떨어지면서 채권가격도 하락하는데, 채권 보유자의 매도 압력 역시 하락 요인으로 작용한다. 디플레이션 시기에 금리는 하락하지만, 이로 인해 오히려 심각한 신용위기가 초래될 수 있고, 최고등급의 신용은 자취를 감추게 된다. 투자자가 명심해야 할 중요한 원칙이 있다. 디플레이션 시기에는 주가의 하락폭이 기업의 순자산가치 감소폭보다 훨씬 더 크다는 점이다. "소득"이 필요한 투자자들이 서둘러 주식을 현금화하기 때문이다. 또 하나 중요한 원칙은 정말로 큰돈과 대단한 투자수익은 심각한 공황의 터닝포인트에 주식을 매수함으로써 만들 수 있다는 점이다. 하지만 수중에 현금이 없다면 이런 기회를 활용할 수 없다. 한마디로 디플레이션의 헤지 수단은 현금을 쥐고 있는 것뿐이다. 문제는 주가가 떨어진 다음에야 불황이 닥쳤음을 알게 되고, 그때가 돼서야 주식을 팔아 "그냥" 현금으로 갖고 있으려는 게 인간 심리라는 것이다. 물론 여기에는 약간의 어폐가 있다. 디플레이션 시기에는 현금을 보유하는 게 "그냥" 갖고 있는 것은 아니기 때문이다.

가장 자주 나타나는 디플레이션은 한 가지 상품의 가격이 붕괴하는 것이다. 그렇게 되면 이 상품과 연관된 주식이 직격탄을 맞는다. 가령 구리가격이 급락하면 구리 관련주에, 설탕가격이 폭락하면 설탕 관련주에 직접적인 영향을 미친다. 인플레이션 시기에도 잘못된 주식을 보유하면 큰 손실을 입을 수 있는데, 디플레이션 시기에는 두말할 나위가 없을 것이다.

인플레이션

이제 투자자에게 정말로 복잡한 상황이 연출되는 인플레이션 시기의 투자원칙을 이야기할 순서가 됐다. 사실 인플레이션이 처음 시작될 때는 "경기 회복"이나 "경기 호전"으로 받아들여진다. 이 시기에 훌륭한 주식을 보유하고 있다면 괜찮은 투자수익을 거둘 것이다. 바닥까지 떨어졌던 주가가 상승세로 전환하기 때문이다. 제품 수요가 늘면서 기업 이익도 증가한다. 제품가격이 조금만 올라도 재고자산의 이익이 커지고 영업이익률도 늘어난다. 비용은 상대적으로 느리게 오른다. 정부 규제는 여전히 최소화된 상태로 전반적인 투자환경은 매우 우호적이다.

인플레이션이 발전하는 국면을 하나씩 뚜렷이 구분지을 수는 없지만, 곧이어 생활비가 앙등하는 시기가 찾아온다. 인플레이션이 구석구석에 영향을 미치기 시작하면서 점차 가속화한다. 이 단계에서 인플레이션을 더욱 가속화하는 요인은 상당히 많은데, 여기서는 전시 체제의 물자통제를 예로 들어 설명해보겠다. 전시 체제가 되면 집권당에 힘이 집중되고 개혁 정책이 가속화한다. 화폐와 신용의 공급은 늘어나고 제품과 서비스의 공급은 줄어든다. 생산시설은 일반 소비재보다 국가가 필요로 하는 물자를 생산하는 데 동원된다. 초과이득세와 물자통제, 심지어 생산시설의 강제동원 같은 통제조치가 시행된다.

이런 상황에서는 그나마 주식이 최선의 투자 대상이지만 인플레이션 추세가 얼마나 이어질지, 주가에는 어떻게 반영될지 여전히 불확실하다. 과도한 세금부과와 이익 추징으로 인한 디플레이션 공포까지 표출되기 시작한다.

상황은 여기서 역전될 수도 있지만, 한층 더 악화돼 초인플레이션 (hyper-inflation) 혹은 통제 불가능한 인플레이션으로 발전할 수도 있다. 초인플레이션 상태가 되면 끊임없이 새로운 돈을 찍어내야 한다. 화폐가치가 하도 빨리 떨어져 무엇이 됐든 가격을 제대로 알 수 없을 지경이 된다. 기업 경영은 극도로 어려워진다. 주가는 오르지만 화폐가치가 떨어지는 속도에는 못 미친다. 결국 국민들은 심리적 공황 상태에 빠지고 상황을 통제할 길이 없어지면 법정통화의 평가절하 같은 "안정화 조치"가 취해진다. 이렇게 되면 보유하고 있던 현금과 채권이 거의 휴지조각이 돼버린다.

인플레이션 시기에 주식은 전체적으로 좀더 나은 편이다. 그러나 대중들이 잘못 알고 있는 정도까지는 미치지 못한다. 주식은 기업재산의 일부라고 생각하지만, 인플레이션 시작 시점의 가치와 인플레이션 종결 시점의 가치는 다르다. 인플레이션으로 인해, 혹은 다른 필요로 인해 운전자금이 필요할 경우 당연히 신규 주식을 발행해야 하는데 그렇게 되면 기존 주주들의 지분은 희석될 수밖에 없다. 더구나 인플레이션 시기에는 대출 기간 중의 화폐가치의 하락을 보상할 수 있을 정도로 금리가 상승하게 되는데, 정책 당국이 인위적으로 억제하지 않을 경우 금리는 천문학적으로 치솟을 수 있다. 따라서 평균적인 주식을, 평균적인 타이밍에, 평균적인 주가로 매수하는 대다수 평균적인 투자자는 인플레이션 시기에 좋은 수익을 올리지 못한다.

인플레이션의 전개 양상은 헤아릴 수 없을 만큼 다양하기 때문에 어떻게 대처해야 할 것인지에 관한 공식 같은 것은 있을 수 없다. 그러나 무조건 주식이 인플레이션 헤지 수단이라고 생각하는 사람들에게는 과거 금본위제 아래서 주식에 투자했다가 인플레이션으로 인해 원금의 97%까지 손실을 입은 경우가 있었다는 점을 지적해두겠다.

사실 미국에서 벌어진 인플레이션에 대한 헤지 수단은 다른 나라의 인플레이션 상황에 대처하는 데 아무런 도움도 되지 않는다. 기본적으로 원인과 정도가 다르고, 정부 정책도 다르기 때문이다.

투자에 성공하기 위해서는 화폐가치가 변하는 상황에서도 성공적인 투자를 할 수 있어야 한다. 이 두 가지는 같은 것이다. 나름대로 특별한 "인플레이션 헤지 수단"을 매수했다고 하는 투자자도 실은 자산가치를 유지하기 보다는 손실을 입는 경우가 많다. 주식이 훌륭한 인플레이션 헤지 수단이 되기 위해서는 정확한 타이밍에 정확한 가격으로 매수해야 한다. 인플레이션의 원인이 무엇이든 이 원칙은 똑같이 적용된다. 실제로 경기 호전기에는 물가가 올라간다. 인플레이션이라고 부르든 말든 물가 상승 요인은 마찬가지다. 내가 전해줄 수 있는 한 가지 특별한 조언이 있다면, 훌륭한 기업의 주식일수록 힘들고 어려운 시기가 닥쳐도 살아날 가능성이 높다는 것이다. 최선의 인플레이션 헤지 수단은 장기적으로 꾸준한 성장과 이익을 낼 수 있는 최고의 기업에서 찾을 수 있다. 부채가 아주 많은 기업, 수요가 늘면 곧장 혜택을 입는 한계 생산기업, 생산성이 낮아 "세금과 무관한" 기업, 고비용 구조의 기업은 인플레이션 시기에 단기적인 트레이딩 대상은 될 수 있다. 하지만 장기적으로 보면 이들 기업은 파산할 운명이다. 이들 기업의 주식을 매수하는 게 얼마나 위험한 것인지는 나중에 이런 주식을 팔고 우량기업 주식으로 교체 매수할 때 우량기업의 주가가 얼마나 높아졌는지를 보면 절실히 깨달을 것이다.

제 34 장

절대불변의 투자법칙은 없다*

강세장에서서도 하락하는 주식

굳이 주식시장이 대폭락세를 보였던 1929~32년이 아니더라도 얼마든지 엄청난 투자손실을 입을 수 있다. 트랜지트론 일렉트로닉 코퍼레이션(Transitron Electronic Corporation)은 그 중 하나의 사례에 불과하다. 1960년에 최고 60달러를 기록했던 트랜지트론의 주가는 그 후 줄곧 내리막길을 걸어 1964년에는 4.625달러까지 떨어졌다.

스탠더드 앤 푸어스(Standard & Poor's)가 발표하는 425개 대형 산업주의 평균주가는 이 기간 중 오히려 올랐다. 물론 트랜지트론이 속한

---

*이 책의 초판은 원래 33장까지로 끝난다. 34장부터는 내가 초판 출간 이후에 쓴 개인적인 기고문과 신문 칼럼과 강연을 묶은 것이다. 발표 시기는 오래 된 것도 있고, 최근 것도 있지만 내용은 여전히 유효하다. 초판의 내용에 덧붙이기보다는 따로 개별적인 장으로 추가하는 게 독자들에게 더 도움이 될 것으로 판단했다.

전자업종 내 7개 대형주의 1964년도 주가는 1960~61년에 기록했던 최고가를 하회했지만, 트랜지트론처럼 급격한 하락세를 보이지는 않았다.

업종이 같아도 주가는 정반대로 움직일 수 있다

같은 업종에 속한 기업의 주가가 정반대 방향으로 움직이는 대표적인 사례로 크라이슬러와 아메리칸 모터스(American Motors)를 들 수 있다.

크라이슬러의 주가 상승은 경영진의 변동과 함께 자동차 판매가 늘어나고 순이익과 배당금이 증가한 것을 반영한 것이다. 반면 아메리칸 모터스는 1957~59년 사이 컴팩트카의 성공에 힘입어 성장세를 구가했으나, 컴팩트카의 수요가 줄자 그 역풍을 맞기에 이르렀다.

크라이슬러의 1959년 중 평균주가는 14.50달러였는데, 1964년에는 최고 65달러까지 상승했고, 이해의 평균주가도 50달러에 달했다. 이에 비해 아메리칸 모터스는 1959년에 최고 32달러(평균주가 20달러)를 기록했으나, 1964년의 평균주가는 15달러로 추락했다.

예전에는 철도기업처럼 기초 산업에 속한 몇몇 기업들이 주식시장을 좌우했고, 이들 기업의 주가는 경제 전체의 호황과 불황에 따라 움직였다.

그러나 현대 주식시장은 달라졌다. 자금시장의 여건과 금리처럼 시장 전반에 영향을 미치는 요인들 외에도 개별 업종에 영향을 미치는 요인들이 더욱 중요해졌다. 어떤 기관의 기업 분류를 보면 알파벳 순으로 A에서 시작해 U로 끝나는 125개 업종을 나열하고 있고, 게다가 "기타 업종"을 따로 분류해놓고 있다.

이제 어느 업종이든 주식시장 전체와 동반 상승세를 타거나 동반 하락세를 보이지 않는다. 뿐만 아니라 주식시장에서 인기 업종으로 부각되면 고평가되었다가 인기가 사라지면 아예 외면당하고, 이런 식의 유행이 끊임없이 반복된다.

초우량 기업도 타이밍과 매수가격이 틀리면 큰 손실로 이어진다

듀폰은 아마도 최고의 성장주로 꼽힐 뿐만 아니라 방어적인 투자로는 가장 낫다고 여겨지는 미국 국채를 능가하는 최고의 주식일 것이다. 1929~52년 사이 듀폰의 주당 순이익이 가장 많았던 해는 1950년으로 6.59달러였고, 그해 주당 배당금도 5.35달러를 지급해 가장 많았다. 이 기간 중 주가가 최고치를 기록한 것은 1951년이었다. 통상 듀폰의 순이익은 미국 경제와 궤를 같이 하지만 경제 전체보다는 더 나은 성장세를 보여왔다. 듀폰의 탁월한 경영진과 영업 능력 덕분일 것이다. 마찬가지로 듀폰의 주가는 시장을 대표하는 주식답게 상승폭은 시장평균보다 크고, 하락폭은 시장평균보다 작은 편이었다.

그런데 듀폰의 주가를 살펴보면 아무리 좋은 주식이라 하더라도 잘못된 타이밍에 잘못된 가격으로 매수하면 얼마나 큰 손실을 볼 수 있는지 분명히 알 수 있다. 1929년에 58달러로 사상 최고치를 기록했던 듀폰의 주가는 두 달 만에 20달러 수준으로 떨어졌고, 1932년에는 5.50달러까지 추락했다. 듀폰의 주가가 1929년의 사상 최고치를 다시 회복한 것은 20년이나 지난 1949년이었다. 또 듀폰의 주가는 1937년부터 상당히 안정세를 보였지만, 이 기간 중에도 주가가 직전 고점 대비 반토막으로 주저앉은 경우가 두 차례(1938년과 1942년)나 있었다.

듀폰처럼 초우량주를 매수했다면 그저 가만히 들고 있으면 될 것이라고 많이들 생각할 것이다. 그러나 이론과 실제는 전혀 다르다. 우량주라 해도 떨어진 주가를 회복하는 데는 몇 년이 걸릴 수 있다. 급히 돈이 필요하면 결국 그 사이 팔 수밖에 없을 것이다. 더구나 주가가 바닥권까지 떨어지면 아주 부정적으로 변하는 게 인간의 본성이라, 잘못된 타이밍에 주식을 매수한 투자자는 결국 잘못된 타이밍에 주식을 매도함으로써 이중의 손실을 보게 될 가능성이 매우 높다.

따라서 주식투자를 할 때는 아무리 좋은 주식이라도 충분히 연구한 다음 매수해야 한다. 그래야 성공할 수 있다.

신기술과 신산업은 주식시장에서 높이 쳐준다

성장 전망이 밝은 신산업 주식이 시장에서 얼마나 높은 투자수익률을 거둘 수 있는지를 보여주는 단적인 예가 더글라스 에어크래프트(Douglas Aircraft)다. 1929년에 23달러를 기록했던 더글라스의 주가는 주식시장이 바닥을 쳤던 1932년에 2.50달러까지 떨어지기도 했지만, 1935년에 앞선 1929년의 고점을 경신했다. 또 더글라스의 순이익도 1935년에 이미 1929년의 순이익을 넘어섰고, 그 후 급증해 전쟁 특수가 반영되기 직전인 1940년에는 주당 9.03달러를 기록했다. 주목할 만한 사실은 더글라스의 순이익은 1941년에 무려 15.15달러로 늘어났지만, 막상 이해 주가는 전년도에 기록했던 47달러 수준을 훨씬 밑돌았다. 결국 1943년에는 주당 순이익이 4.96달러로 여전히 괜찮은 수준이었음에도 불구하고 주가는 22달러까지 떨어졌다. 더글라스의 순이익은 1947년에 적자로 돌아서기도 했으나 1952년에는 다시 주당 5.25달러로 회복했다.

더글라스의 주가는 시장에서 성장 전망을 얼마나 중시하는지를 잘 보여준다. 특히 더글라스가 최고가를 기록한 시점은 전쟁 기대가 최고조에 달했을 때였다. 실제로 순이익이 정점에 이르렀을 때가 아니라는 말이다. 더글라스의 주가는 1947년에 큰 폭으로 떨어지기도 했는데, 이는 실적악화와 함께 주식시장 전반이 하락세로 돌아섰기 때문이다.

인기 있는 테마주에 높은 프리미엄을 지불하는 것은 금물이다

인터내셔널 니켈(International Nickel)은 우량주임에는 틀림없지만 1937년에 이 주식을 샀다면 잘못된 타이밍에 잘못된 가격으로 매수한 것이다. (1) 주식시장 전체가 약세로 접어들면서 인터내셔널 니켈 주가 역시 끌어내렸다. 이로 인해 1937년 73달러에 달했던 인터내셔널 니켈의 주가가 1940년에는 19달러까지 떨어졌다. 또 다우존스 평균주가는 1946년 초에 앞선 1937년 수준을 회복했지만 인터내셔널 니켈의 주가는 43달러까지 오르는 데 그쳤다. 인터내셔널 니켈은 15년이 지난 1952년까지도 1937년 주가를 회복하지 못했다. 이렇게 된 가장 큰 이유는 인터내셔널 니켈이 1937년 당시 주식시장에서 인기 몰이를 한

테마주였기 때문이다. 그 시기에 투자자들은 인터내셔널 니켈 주식을 인플레이션과 전쟁에 대한 헤지 수단으로 매수했는데, 이 주식은 캐나다와 영국, 프랑스 등 다른 나라 주식시장에서도 거래됐기 때문이다. 이처럼 과도한 매수 열기는 엄청난 프리미엄으로 연결돼 주가를 부추겼던 것이다. (2) 순이익이 감소했다. 전쟁 기간 중 미국 정부는 니켈가격을 통제했고 세율도 높였다. (3) 배당금이 줄어들었다. (4) 한창 인기가 높았던 1937년 무렵 인터내셔널 니켈의 주가수익비율(PER)은 22배에 달했고, 배당수익률은 3.25% 수준이었다. 1952년이 되자 주가수익비율은 10배로 떨어졌고, 배당수익률은 6.25%가 됐다. 즉, 주당 순이익과 배당금은 1937년보다 오히려 1952년에 더 높아졌지만, 인터내셔널 니켈의 주가는 떨어졌다. 테마주에 따라붙었던 프리미엄이 사라지기도 했지만, 시장이 평가하는 주가수익비율이 떨어지고 배당수익률 기대는 높아졌기 때문이다.

블루칩의 영광도 사라진다

1929년에 뉴욕 센트럴 철도 주식을 매수했다면 이래저래 투자손실을 볼 수밖에 없었을 것이다. (1) 뉴욕 센트럴 주가는 물론 주식시장 전반이 고평가된 상태였다. 1929~32년 사이 주식시장 대폭락으로 인해 뉴욕 센트럴 주가는 고평가 상태에서 저평가 상태로 바뀌었다. (2) 철도기업들은 다른 운송수단들에게 시장을 빼앗겼다. (3) 뉴욕 센트럴의 주된 시장인 동부지역의 인구 증가율이 서부와 남부지역에 비해 뒤처지기 시작했다. (4) 순이익이 급감했다. (5) 배당금을 지급하지 못하는 경우가 나타났다. 1929년 237달러를 기록했던 뉴욕 센트럴의 주가는 1932년에 9달러까지 폭락했다. 이 회사의 주가는 1937년에 55달러로 반등했다가 1942년에 다시 7달러로 떨어졌고, 1946년에 36달러로 재차 반등했다가 1949년에 9달러로 주저앉았다. 따라서 장기적으로 보면 이 기간 중에도 매수 타이밍을 정확히 잡았다면 높은 투자수익률을 올릴 수 있었을 것이다.

1929년 이전까지 뉴욕 센트럴은 안정적으로 배당금을 지급하는 가장 확실한 블루칩 주식이었다는 점을 상기할 필요가 있다.

지나친 애정은 독이 될 수 있다

테크니컬러(Technicolor)는 애정이 지나치면 어떻게 되는지를 보여주는 대표적인 사례다. 테크니컬러의 주가는 1930년에 86.50달러까지 치솟았는데, 컬러영화에 대한 폭발적인 기대감이 작용한 덕분이었다. 1930년의 이 회사 주당 순이익은 1.31달러로 주가수익비율이 61배에 달했다. 사실 이 같은 주가를 합리화하려면 테크니컬러가 영화시장을 전부 차지해야 했다. 그렇게 낙관적으로 봐주어도 주당 순이익은 8달러가 고작이었다. 당시 주식시장의 평균 주가수익비율이 7배 수준이었다는 점을 감안하면 8달러의 주당 순이익을 올려도 적정 주가는 56달러에 불과했다. 결국 86.50달러라는 주가는 상당히 부풀려진 것이었다. 하지만 중요한 사실은 어쨌든 그런 주가를 기록했다는 것이다. 공매도하는 투자자들 중에는 주가가 자신이 생각하는 "실질가치" 이상으로는 절대로 올라갈 수 없다고 생각하는 경우가 있다. 그러나 거의 모든 주식이 고평가되기도 하고 저평가되기도 하며, 기업 역사상 한두번씩은 극단적으로 고평가되거나 극단적으로 저평가된다. 테크니컬러 역시 이런 식으로 고평가되기 시작해 40달러를 넘었고, 50달러를 넘고, 60달러, 70달러, 80달러까지 넘어 마침내 86.50달러까지 가버린 것이었다.

1930년에 1.31달러를 기록했던 테크니컬러의 주당 순이익은 다음해 크게 줄어든 뒤 1932~34년에는 아예 적자로 돌아섰다. 주가가 사상 최고치를 기록했던 1930년 당시 이 회사의 운전자본은 75만 달러에 불과했다. 테크니컬러의 주가는 1941년에 6달러까지 떨어졌는데, 1941년은 이 회사가 비로소 성공 궤도에 접어들어 350만 달러의 운전자본을 확보하고, 주당 순이익 1.05달러와 배당금 1달러를 기록한 해였다. 결국 테크니컬러의 주가수익비율이 6배로 떨어져버린 것이다.

이처럼 시장에서 주가를 매길 때 심리적인 요소는 아주 결정적이다. 실제로 드러나는 실적보다 기대가 주식의 가치에 훨씬 더 큰 영향을 미치는 것이다. 주가가 신고가를 기록할 때는 대다수 투자자들의 기대감이 최고조에 달한 시점이다. 순이익이나 배당금, 혹은 기업의 실제 가치가 반드시 최고일 필요는 없다.

모든 여건이 우호적인 주식

워너 브라더스(Warner Brothers)의 주가는 1940~42년 사이 1~3달러에서 움직였다. 이 시기에 워너 주식을 매수한 투자자에게는 거의 모든 여건이 우호적이었다. (1) 주식시장 전반이 강세를 보였다. (2) 순이익이 증가했다. 1940년 주당 32센트였던 순이익이 1946년에는 2.62달러로 급증했다. (3) 1940년까지는 배당금을 지급하지 못했으나 1946년에는 주당 1.12달러의 배당금을 지급했다. (4) 재무구조가 개선되면서 부채를 상환하고 우선주를 소각했다. (5) 1940~42년 무렵에는 제2차 세계대전 발발과 함께 영화 관련주의 인기가 바닥권으로 떨어져 주가가 매우 쌌다. 투자자들은 전쟁으로 인해 외국 영화시장을 잃게 될 것이라고 판단했다. 나중에 드러난 것처럼 이건 완전히 잘못된 시각이었고, 영화 관련주는 1946년에 사상 최대의 매출액과 순이익을 기록하면서 최고의 테마주로 부상했다. 이에 따라 워너의 주가는 1940년 1달러 수준에서 1946년에는 28달러로 치솟았다. 물론 그 이후 영화 관련주는 텔레비전의 보급으로 인해 인기를 잃었고, 순이익과 배당금이 줄어들면서 워너의 주가는 주식시장 전체의 상승 분위기에도 불구하고 하락세를 면치 못했다.

제 35 장

뮤추얼펀드 투자

뮤추얼펀드나 투자신탁에 관심을 갖고 있는 독자들이 있을 것이다. 막상 직접 투자하자니 너무 복잡해 보일 수도 있고, 뮤추얼펀드나 투자신탁이 투자와 관련된 문제를 풀어줄 열쇠라는 생각이 들었을 수도 있다. 혹은 주식을 보유할 때와 보유하지 않아야 할 때 정도는 충분히 판단할 수 있다고 생각해 주식시장에 상장된 폐쇄형 뮤추얼펀드를 매매할 수도 있다.

와튼 스쿨에서 1962년 8월에 발표한 600페이지에 달하는 뮤추얼펀드에 관한 심층 연구보고서를 살펴보자. 보고서에서는 펀드를 운용하는 투자회사의 실적이 펀드마다, 또 펀드의 유형별로 상당히 달랐지만, 평균적으로는 주식시장 전체 수익률과 비슷한 수준이라고 밝혔다. 투자업계에서는 이 보고서가 자신들의 노력을 폄하한 것이라고 반발했지만 이들의 주장은 별로 받아들여지지 않았다. 사실 많은 투자자들의 돈을 맡아 대규모로 운용한다는 점을 감안하면 와튼 스쿨의 보고서 수준도 괜찮은 실적이다.

뮤추얼펀드도 나름대로 특장점이 있는데, 특히 초보 투자자나 소액 투자자들에게 적당하다.

예전에는 주식에만 투자하는 펀드가 몇 종류 되지 않았고, 대부분 주식시장에 상장된 폐쇄형 펀드였다. 이들 펀드는 대개 레버리지를 활용해 외부 자금까지 빌려 투자했는데, 덕분에 시장평균을 상회하는 수익률을 내는 경우가 많았다. 물론 이런 펀드는 시장이 좋을 때 투자하고 좋지 않을 때는 빠져나와야 꾸준히 펀드를 갖고 있는 것보다 더 나은 수익률을 올릴 수 있다. 투자회사가 아무리 좋더라도 시장이 약세일 때는 이렇게 레버리지를 활용하는 펀드는 피해야 한다.

여기서 그쳐서는 안 된다. 경쟁력 있는 투자자라면 시장평균을 약간 웃도는 이 정도 수익률에 결코 만족하지 않을 것이다. 10년 이상 꾸준히 시장평균보다 1~2%포인트 높은 수익률을 올린다 해도 마찬가지다. 대개의 경우 뮤추얼펀드는 종합주가지수와 동반해 오르내리고, 반대방향으로 움직일 때가 극히 드물게 아주 단기적으로 있다.

따라서 주식시장의 군중들과 함께 이리저리 출렁거리지 않으려면 혼신의 노력을 다해 직접 매매하는 길밖에 없다.

제 36 장
주식을 사기 전에 던져봐야 할 네 가지 질문

투자수익은 두 배로 늘리고, 투자손실은 절반으로 줄이고자 한다면, 당신이 매수하려는 모든 종목에 대해 다음과 같은 질문을 던져보라.

(1) 이 회사에 얼마나 투자하려고 하는가?

(2) 목표 수익률은 얼마인가?

(3) 부담해야 할 리스크는 얼마인가?

(4) 목표 달성을 위해 얼마나 오랫동안 보유하려고 하는가?

투자기간을 6~18개월로 하고, 투자수익률은 150~200%로 하면서 리스크는 10~20% 수준으로 정했다면, 내가 보기에 괜찮은 매수 결정이라고 할 수 있다. 이와 관련해 자세히 논의하자면 책 한 권 분량이 될 것이므로, 여기서는 도움이 될 만한 몇 가지 아이디어를 간략하게 설

명하겠다:

(1) 주식투자를 처음 시작하는 초보자라면 자신이 가진 전 재산의 10%만 투자하라. 그 이상도 그 이하도 좋지 않다. 충분한 경험을 쌓았다면 법이 허용하는 한도 내에서 얼마든지 투자해도 된다. 주식에 투자하는 돈은 당신에게 너무나 소중한 것이다. 이 돈을 투자해도 좋겠다는 확신이 서지 않았다면 좀더 지켜보라. 당신이 옳다고 느낀다면 목표 수익률에 도전해보라.

(2) 당신이 얻고자 하는 투자수익이 바로 문제의 핵심이다. 아직 시장에 반영되지 않은, 그래서 앞으로 주가의 상승을 이끌 요인이 무엇인지 찾아내야 한다. 당신이 예상하는 것을 누구나 예상하고 있다면, 절대로 투자수익을 올릴 수 없다. 너무 단순한 설명 같지만 실제로 그렇다. 주가의 방향이 앞으로 역전될 것이라고 애써 예측하는 것보다는 현재의 추세를 따라가는 게 더 쉽다. 시장이 하락하고 있는 상황에서 곧 하락세가 멈추고 상승세로 돌아설 시점을 찾아내는 것보다는 주가가 다소 높아 보이더라도 상승하는 추세에서 주식을 매수하는 게 더 낫다는 말이다.

(3) 일단 후퇴한 다음 후일을 기약할 수 있어야 한다. 고가주의 경우에는 10% 손절매 원칙을 지키고, 저가주의 경우에는 20% 손절매 원칙을 지키는 게 좋다. 손절매를 했는데, 주가가 다시 올라가기도 한다. 하지만 원칙을 지켜가면서 투자한다면 이런 경우는 아주 드물다. 손절매는 보험료를 내는 것과 마찬가지다. 초보자는 수학적으로 손절매 규칙을 지킨다. 노련한 투자자는 나름대로의 규칙을 갖고 손절매를 한다. 어

리석은 바보들만 손실이 커가도록 그냥 놔둔다.

(4) 시간은 삶의 기본적인 요소다. 너무 멀리까지는 내다볼 수 없다. 50%의 투자수익률을 올렸다 하더라도, 그렇게 되는 데 10년 이상이 걸렸다면 연평균 수익률로 따져볼 때 아무것도 아닐 수 있다.

주식을 매수할 때마다 이 네 가지 질문을 던져보고 답을 구해보라. 새로운 시각으로 바라볼 수 있다는 사실에 스스로도 놀랄 것이다.

제 37 장

단주 투자자는 늘 틀리는 것일까

뉴욕증권거래소(NYSE)의 거래량 가운데 8~12%는 단주 거래로 이루어지는 것이다. "단주 거래(odd lot)"란 100주 미만의 거래를 말하는 것으로, 1주에서 99주의 상장주식을 사고파는 것이다.

가령 주당 100달러쯤 하는 고가주를 100주 단위로 매수하기는 부담이 되는 소액 투자자들은 25주나 50주씩 매수할 수 있다. 단주 거래를 활용하면 소규모의 자금을 갖고도 분산 투자 효과를 누릴 수 있다.

요즘처럼 스스로 알아서 하는 시대에 소액 투자자들도 나름대로 자신만의 포트폴리오를 구성할 수 있는 셈이다. 앞서도 말했듯이 스스로 배워나가는 데는 직접 해보는 게 최고다. 이론과 실제는 아주 큰 차이가 나기 때문이다.

가령 1만 달러의 투자자금을 갖고 있다고 하자. 그러면 IBM과 제너럴 모터스 같은 8개 우량기업의 주식에 각각 1000달러씩 투자하고, 나머지 2000달러로는 단기 국채를 매수할 수 있다. 국채는 언제든 긴급 자금이 필요할 때, 혹은 주가 하락시 추가 매수용으로 쓸 수 있다.

약간 경험이 있는 투자자라면 2000달러를 500달러씩 나눠 투기성이 좀더 높은 주식 4종목을 역시 단주 거래로 매수할 수 있을 것이다.

단주 거래 주문은 뉴욕증권거래소 회원사를 통해 할 수 있지만, 수수료는 100주 단위의 거래보다 비싸다. 모든 게 그렇겠지만 주식거래에서도 도매보다는 소매가 비싸다.

주식시장에는 "단주 거래 투자자는 늘 틀린다"는 오랜 속설이 있다. 실은 전혀 그렇지 않다. 단주 거래 투자자들은 매수할 뿐만 아니라 매도도 한다. 우량주는 장기간에 걸쳐 주가가 오를 것이고, 이를 보유한 투자자는 단주 거래를 하든 대량 거래를 하든 투자수익을 거둘 것이다.

따라서 단주 거래 현황을 토대로 시장을 예측하려 든다면 우를 범할 수 있다. 만약 이렇게 예측한 게 있다면 철저히 무시하라고 권하고 싶다.

소액 투자자나 초보 투자자에게는 단주 거래가 유용한 수단이 될 수 있다. 단주 거래를 통해 시장 경험을 쌓아가며 훈련하다 보면 나중에 영향력 있는 투자자로 성장할 수 있을 테니 말이다.

제 38 장

타고난 두뇌와 끝까지 밀고 나가는 용기

여성이 보유한 주식의 가치는 현재 상장주식만 따져 2500억 달러에 이른다.

450만 명 이상의 주부와 전문직 여성, 직장 여성들이 주식을 보유하고 있다. 이들은 경제 관련서적을 점점 더 많이 읽고, 주주총회에도 참석하고, 자신의 투자와 관련된 의사결정을 하고 있다.

그렇다면 투자와 관련해 대부분의 여성이 가장 먼저 알아두어야 할 것은 무엇일까?

우선 자질 있는 투자자문가를 찾아야 한다. 경험이 풍부하고, 개인적으로 성공적인 투자실적이 있으며, 정말로 신뢰할 수 있는 투자자문가라야 한다.

이런 투자자문가를 구했다면 이제 신속하게 일을 처리해야 한다. 그러면 곧 사업을 하듯이, 여느 남성들처럼 일을 해나갈 수 있을 것이다.

다음으로는 자신의 목적이 무엇인지 개략적으로라도 정해두어야
한다. 아마도 "돈을 많이 벌기 위해서"라고 말하고 싶을 것이다. 하지
만 이건 위험할 수 있다. 소득을 늘리기 보다는 오히려 잠재적인 손실
가능성을 키울 수 있다.

여성 투자자가 가장 먼저 추구할 것은 기업의 질이다. 반드시 우량
기업의 주식만 매수해야 한다. 시장이 좋을 때면 이런 우량주는 투자
수익과 함께 배당소득을 가져다 주고 절세 효과도 크다. 시장이 좋지
않을 때도 상대적으로 마음의 평화를 얻을 수 있다.

여성 고객을 만나면 꼭 해주는 이야기가 있다: 보유 주식에서 나오
는 소득으로 투자금액의 1.5%를 매분기마다 따로 떼어놓으십시요.(배
당금과 세금을 감안한 금액이다.)

생활비가 필요할 경우 배당금으로 충당할 수도 있고, 투자수익이나
시세차익으로, 혹은 투자원금을 줄여서 쓸 수도 있다. 이렇게 투자금
액의 6%정도를 매년 따로 떼어놓으면 시장이 나빠져도 충분히 대비
할 수 있다. 물론 주가가 떨어진 해에도 6%에 해당하는 금액은 따로
떼어놓아야 한다.

역사적으로 보면 이렇게 하는 게 현금을 보유하면서 구두쇠 노릇을
하거나, 채권 같은 정액자산을 매수하는 것보다 더 나았다.

하지만 우리가 사는 세상이란 돌고 도는 사이클의 연속이라는 점을
명심해야 한다. 낮이 있으면 밤이 있고, 여름이 있으면 겨울이 있다.
좋은 시절이 있으면 힘든 시절이 있고, 주가가 높을 때가 있으면 낮을
때도 있다. 배당금이 늘어났다가 갑자기 중단되기도 한다. 당신의 투
자는 이 원칙에서 예외일 것이라고 기대해서는 안 된다.

여성이든 남성이든 모든 투자자가 반드시 지켜야 할 것은 정기적으로 자신의 투자를 점검해봐야 한다는 점이다. 나는 틀에 박힌 규칙은 좋아하지 않는다. 어떤 규칙이든 상황에 따라 수정될 필요가 있기 때문이다. 매년 한 번씩 자신의 포트폴리오를 점검해 수익률이 가장 나쁜 순서로 10%를 매도하고, 가장 좋아 보이는 주식으로 대체하라. 매년 이렇게 하면 자신의 포트폴리오에 새로운 활기를 불어넣을 수 있고, 죽은 나무를 제거해버리는 효과도 있다.

하지만 이런 과정은 투자자금의 안전을 위한 것이지 하룻밤 사이에 대박을 터뜨리기 위한 것은 아니다.

나는 많은 여성 고객들을 만나봤다. 여성들은 현실적이기 보다는 감정적인 경우가 많다. 감정은 투자 의사결정에 도움이 되지 않는다. 문제는 정도의 차이만 있을 뿐 누구나 이런 감정을 갖고 있다는 점이다. 특히 공포에 휩싸여 있거나 탐욕에 사로잡혀 있을 때 잘 드러난다. 이럴 때일수록 훌륭한 주식중개인의 도움을 받아야 한다. 현명한 투자자는 하늘도 돕는다.

내가 만나본 여성 가운데 큰 성공을 거둔 투자자가 두세 명 있었다. 이들은 아주 특별한 뭔가를 갖고 있었다. 지식? 본능? 육감? 대외관계? 사실 이렇게 구분할 필요도 없다. 이들은 타고난 두뇌와 자신의 의지를 끝까지 밀고 나가는 용기가 있었다. 굳이 성공의 이유를 일일이 열거할 필요조차 없는 것이다.

여성은 이미 많은 주식을 보유하고 있고, 앞으로 더 많은 주식을 보유하게 될 것이다.

제 39 장

항상 적어두는 습관을 기르라

투자를 했다면 설득력 있는 이유를 적어두라. 무엇을 기대하는지, 리스크는 얼마로 예상하는지, 그 이유는 무엇인지 써보라. 그러면 손실의 위험을 크게 줄일 수 있다.

나는 1920년대 초부터 주식을 사거나 팔기 전에 긍정적인 이유와 부정적인 이유를 쓰기 시작했다. 이렇게 한 덕분에 투자자로서 수백 만 달러를 모을 수 있었던 것 같다.

지난 40여 년간 주식투자를 하면서 기억에 남을 정도로 큰 성공을 거둔 것은 주로 이렇게 적어가며 분석한 경우였다. 반면 갑자기 감정에 휩싸여 투자 결정을 내렸을 때는 대개 실망스러운 결과로 이어졌다.

투자를 하기 전에 먼저 그 이유를 적게 되면 힘든 상황을 피할 수 있다. 의사결정을 한 뒤에도 마음의 평화를 얻을 수 있다. 또 투자수익이나 손실이 왜 어디서 비롯됐는지 평가할 수 있게 되는데, 그 자체가 아주 큰 자산이다.

증권회사 같은 데서 나온 분석보고서를 자주 보게 되는데, 이 가운데는 분량이 상당한 것도 있다. 사실 중요한 것은 내용이지 분량이 아니다. 결국 분석보고서의 내용은 하나로 집약된다. 왜 어떤 주식을 사거나 팔면 투자수익이 기대되는지, 그 이유를 설명해놓은 것이다.

투자할 때 적어놓는 습관을 기르면 보고서를 읽는 데도 도움이 된다. 자기가 처음에 내린 결론만큼 중요한지 여부를 쉽게 판단할 수 있다. 단지 주가 흐름이 좋다고 해서 매수하는 것인가? 아직 주가에 반영되지 않은 순이익의 증가나 배당금 증액, 경영진의 변동, 신제품 출시, 혹은 시장의 평가가 좋아질 것이라는 기술적인 이유로 매수하는 것인가? 어느 경우든 다른 무엇보다 가장 중요한 한 가지 요인을 발견할 것이다.

투자하는 이유를 적어놓게 되면 자신이 정말로 무엇을 기대하는지 알 수 있다. 이건 투자수익과 직결되는 매우 중요한 것이다.

당신의 손실 한계를 미리 결정해둘 수 있다. 그러면 주가가 예상처럼 움직이지 않을 때 매도 결정을 내리기가 편하다. 결국 당신이 부담해야 할 리스크는 당신이 매수한 가격과 매도하는 가격 간의 차이다; 이 차이는 당신이 기대하는 투자수익보다 상당히 작아야 한다. 물론 당신은 그렇게 될 확률이 높기를 바랄 것이다.

이런 식으로 스스로 질문과 대답을 하게 되면 정말로 어려운 결정, 즉 언제 투자를 끝낼 것인지를 결정하기가 한결 쉬워진다.

주식을 매수하든 공매도를 하든 당신이 투자를 시작할 때는 홈그라운드의 이점을 누린다. 모든 여건이 당신에게 유리하지 않다면 처음부터 시작하지 않으면 된다. 그러나 투자를 끝내야 할 때는 결정을 내려야만 한다. 그 답이 명확하든 희미하든 어쨌든 결정해야 한다. 마치 멀리서 기차가 달려오는데 철로 위에 자동차가 걸려 있는 형국이다. 결과가 어떻게 되든 무조건 결정을 내려야 한다. 뒤로 물러서든, 앞으로 내달리든, 차를 버리고 빠져 나오든, 어떤 식으로든 행동해야 하는 것이다.

주식을 왜 샀는지 그 이유를 분명히 알고 있다면 언제 팔아야 할지를 아는 데도 도움이 된다. 당신이 주식을 매수했을 때 가졌던 가장 큰 이유가 제대로 실현됐을 수도 있고 그렇지 않았을 수도 있을 것이다. 일단 충분히 실현됐다거나 그렇지 않았다고 확실히 이야기할 수 있다면 그 주식은 팔아야 한다.

주식투자를 하면서 손실을 보는 가장 큰 원인은 처음에 어떤 이유를 갖고 투자를 시작했는데, 그 이유가 제대로 실현되지 않았음에도 불구하고 투자를 종결짓지 못하기 때문이다.

일단 이유를 적어두라. 그러면 팔아야 할 시점이 한참 지났는데도 온갖 변명거리와 함께 붙들고 있는 잘못을 피할 수 있을 것이다. 실은 이보다 더 중요한 게 있다. 일단 주식을 제대로 매수했다면, 투자의 세계에서 벌어지는 전투에서 절반 이상은 이기고 들어가는 것이다.

제 40 장

배당금과 재투자, 어느 쪽이 더 유리한가?

요즘 펀드매니저들은 순이익의 상당 부분을 연구개발이나 설비확장에 재투자하는 기업을 선호한다.

재투자가 더 나은 걸일까? 아니면 투자자에게 배당금으로 돌려주는 게 더 나은 것일까?

답은 경영진에 따라, 기업이나 업종에 따라 다를 것이다. 분명한 사실은 주식을 매수하기 전에 반드시 이 점을 살펴봐야 한다는 것이다.

투자자가 짚어볼 것은 얼마나 많은 금액을 투자하느냐 뿐만 아니라 그 돈을 어떻게 쓰느냐 하는 점이다. 순이익을 재투자해 성장을 더욱 가속화한 기업들도 있고, 잉여 현금을 주주들에게 배당금으로 돌려줘 더 좋은 결과를 얻은 기업들도 있다.

그런가 하면 드물기는 하지만 두 가지 모두를 해내는 기업들도 있다. 가령 제너럴 모터스의 경우 순이익의 70% 가까이를 배당금으로 지급하면서도 회사로 들어오는 막대한 현금 자금을 최대한 효과적으로 투자하고 있다. 제너럴 모터스 주주들은 파이를 먹어가면서 한편으로는 파이를 더 키워가는 셈이다.

기대 이익

경영진은 투자를 계획하면서 예상되는 이익이 얼마나 되는지 추정해본다. 업종마다 다르기는 하겠지만, 어느 경우든 예상 수익률이 높지 않은데도 회사 자금을 투자한다면 합리적인 판단이 아닐 것이다. 하지만 막대한 금액을 투자하고도 적정 수익을 올리지 못하는 경우를 자주 발견한다. 경영진 입장에서는 투자를 하는 것보다 차라리 주주들에게 기업 재산을 돌려주는 게 더 나을 때가 언제인지 가늠하기가 상당히 어렵다.

경영진이 정확한 판단을 내리려면 기업이 안고 있는 모든 문제들을 소상히 파악하고 있어야 한다. 예를 들어보자. 뉴욕 센트럴 철도는 1954년 이후 첨단 운송기술을 도입하는 데 4억5300만 달러를 투자했다. 뉴욕 센트럴의 장부상 순자산가치가 12억5000만 달러라는 점을 감안하면 엄청난 투자규모다. 그런데 이렇게 천문학적인 투자를 했지만 1963년도 순이익은 700만 달러에 불과했다. 그나마 1962년의 400만 달러 적자보다 나아진 수치다. 이처럼 철도기업조차 투자에 따른 기대 이익을 예측하기가 어려운 것이다.

어긋난 예상

그러나 좀더 깊이 파고들어가 보자. 뉴욕 센트럴이 이 같은 투자를 하지 않았다면 뉴 헤이븐 철도처럼 파산하는 운명을 맞았을지도 모른다. 1954년 6월에 사장으로 취임한 펄만은 4억5300만 달러를 투자하면서 3억 달러 이상의 비용을 절감할 수 있을 것이라고 내다봤다. 물론 다른 외부적인 변수가 없다는 전제 아래서였다. 하지만 임금 인상과 근로자에 대한 각종 혜택, 일부 주에서 시행한 예비 승무원 규정 등으로 인해 예상했던 비용 절감 효과가 전부 사라져버렸다. 투자를 하면 성공적으로 노를 저어갈 줄 알았는데, 머리만 남고 전부 가라앉아버린 셈이었다.

경영진이 얼마나 많은 금액을 투자하는지 그 수치만 들여다봐서는 안 된다. 그 속사정을 알기 위해서는 과거의 실적을 들춰봐야 한다. 이전의 재투자는 어떤 성과를 거뒀는가?

물론 수학 공식 같은 것은 없다. 시어스, 로벅(Sears, Roebuck) 주주들은 경영진의 투자 결정 덕분에 큰 이익을 봤다. 반면 같은 백화점 기업인 몽고메리 워드(Montgomery Ward) 주주들은 경영진이 현금만 쌓아놓는 바람에 피해를 봤다. 무엇보다 타이밍이 중요하다. 1929년에는 많은 기업 경영진이 말도 안 되는 투자 결정을 내렸다. 반면 1930년대 초에는 일부 경영진이 아주 현명한 투자 결정을 내렸다.

이렇게 이야기하는 이유는 주식을 매수할 때 반드시 짚고 넘어가야 함에도 불구하고 자주 빠뜨리는 것이기 때문이다.

제 41 장

유언도 잘 써야 한다

재산 상속을 위해 유언을 쓸 계획이라면 아마도 변호사나 세무전문가, 은행가로부터 조언을 받을 것이다. 그런데 재산 상속을 할 때는 반드시 투자라는 관점을 고려해야 한다.

투자라는 관점에서 보자면 무엇보다 제약을 없애는 게 중요하다. 당신이 죽은 뒤에는 당신이 그동안 힘들게 번 돈을 당신처럼 그렇게 성공적으로 투자하지는 못할 것이라고 느끼는 게 인지상정이다. 그래도 최선을 다해 유산을 관리할 신탁관리인을 구하고, 투자 권한을 제한하려고 하지 말라. 당신으로부터 유산을 받은 피상속자가 당신보다 훨씬 더 잘 할 수 있다. 투자와 관련된 사항들을 엄격히 제한하는 것보다 이들 스스로 결정할 수 있게 하는 게 더 나을 수 있다는 말이다. 세상은 변하게 마련이다. 정말로 최악의 경우는 죽은 사람이 투자를 관리하는 것이다.

자주 저지르는 실수

몇 해 전 죽은 친구가 한 명 있다. 이 친구는 딱 한 종목의 주식에 투자해 큰돈을 벌었고, 이 주식을 유산으로 신탁관리인에게 맡겼다. 유산에서 나오는 소득은 아들에게 돌아갔고, 아들이 죽으면 유산은 손자에게 돌아가도록 했다. 그런데 유서 내용에 문제가 있었다. 그가 남긴 주식을 계속 보유하고 있든가, 만약 이 주식을 판다면 전액 채권에 재투자하도록 한 것이다. 곧이어 드러난 것처럼 이 주식은 그가 살아있을 당시에는 수익률이 좋았지만 그 후 주가가 천정을 친 뒤 내리막길을 걸었다. 이제 피상속자인 아들이 할 수 있는 선택은 두 가지밖에 없었다: (1) 암울한 전망의 이 주식을 계속 보유한다. (2) 이 주식을 팔고 채권을 산다. 하지만 채권을 매수해봐야 극심한 인플레이션 상황에서 원금조차 보전하기 힘든 상황이었다.

그런가 하면 유산을 남기면서 유산에서 나오는 소득은 아내에게 돌아가도록 하고, 아내가 죽으면 유산을 자녀에게 주도록 하면 큰 문제가 생길 수 있다. 홀로 남은 아내는 당연히 고배당을 해주는 주식을 원할 것이다. 반면 자녀들은 배당이 없더라도 고성장을 이어가는 주식을 선호할 것이다. 이런 문제를 피할 수 있는 방법은 신탁관리인에게 어느 정도의 소득 배분 권한을 넘겨주는 것이다. 이렇게 하면 아내에게 적정한 소득이 돌아가도록 하면서도 자녀들이 만족할 수 있도록 고성장주에도 투자할 수 있을 것이다.

당신의 아내와 자녀들의 능력을 절대 과소평가하지 말라. 어쩌면 당신이 살아있는 동안 아내와 자녀들에게 한 번도 기회를 주지 않았을지 모른다. 본능적으로 자기 자신을 지키려는 욕구는 매우 강하다. 남편이 죽기 전까지는 한 번도 드러나지 않았지만, 일단 기회가 주어지면 아내와 자녀의 비즈니스 역량이 훌륭하게 발휘되는 경우를 얼마든지 발견할 수 있다.

제 42 장

주가가 말을 한다

최후에는 주가가 말을 한다. 주가가 오르느냐 내리느냐가 결국은 가장 중요하다.

"백문이 불여일견"이라는 말이 있다. 아무리 긴 설명이나 변명을 늘어놓는 것보다 투자수익을 올리는 게 더 낫다.

현재 당신의 투자계좌가 정확히 얼마인가에 따라 당신의 재산가치가 결정된다. 최후에는 주가가 말을 하는 것이다. 그 주식이 얼마가 돼야 한다고 아무리 주장한들 그건 돈으로 연결되지 않는다.

투자계좌의 가치를 평가하고 주식을 팔 때가 아니더라도, 현재 주가와 추세를 살펴보는 것은 투자 성과를 높이는 데 도움이 된다. 주가와 추세야말로 당신이 구할 수 있는 가장 단순하면서도 최고의 "지표"다. 애널리스트들은 어떤 결론을 내릴 때 수많은 요인들을 점검한다. 지금 내 앞에 있는 보고서에서는 16가지 요인을 열거했다. 얼마든지 더 많을 수 있다. 영업과 관련된 요인도 있고, 시중 자금사정과 관련된 것도 있다.

매일같이 매달려 있어야 하는 직업이 있을 경우 주가와 추세를 항시 이용할 수 있는 최선의 신호등으로 활용하라고 권하겠다. 주가와 추세를 잘 살펴보면 펀더맨틸을 좀더 깊이 분석할 단서를 발견할 수 있다.

프로 투자자나 일반 투자자들 모두 주가수익비율(PER)을 주가보다 더 중시하는데, 이건 앞뒤가 바뀐 것이다. 가령 어떤 주식의 주가수익비율이 20배일 경우 주당 순이익이 1달러 증가하면 주가는 20달러 올라야 한다. 그런데 상황에 따라 더 오르기도 하고 덜 오르기도 한다. 어느 경우든 주가가 훨씬 더 큰 폭으로 움직이고, 가장 민감한 바로미터 역할을 하는 건 다름아닌 주가다.

실전 투자에서 "신고가"나 "신저가"를 기록한 종목을 살펴보면 수익률을 높일 수 있다. 당신이 보유하고 있는 종목들 가운데 다수가 신고가를 기록했다면 현재의 주가 흐름에서 정확한 종목들을 갖고 있는 것이다. 그런데 보유 종목 가운데 다수가 신저가를 기록했다면 그 이유를 따져봐야 한다. 이렇게 함으로써 손절매를 할 수 있고 더 나은 종목으로 교체할 수도 있다.

신고가 종목과 함께 눈 여겨봐야 할 종목은, 주가 변동폭은 크지 않지만 거래량이 증가하며 상승 신호가 점점 강해지는 주식이다. 이런 식으로 새로이 투자수익을 올릴 수 있는 종목을 발굴해야 한다.

이렇게 하는 가장 간단한 방법은 매일 신문에 나오는 시세표를 보면서 거래량이 일정 수준 이상이면서 1%이상 상승하는 종목을 체크하는 것이다. 매일같이 이렇게 하면 틀림없이 종목 발굴 실력이 좋아질 것이다.

솎아내기

물론 이런 식으로 발굴한 종목들이 전부 상승세를 타지는 않을 것이다. 이제 옥석을 가리는 일은 당신에게 달려있다. 중요한 사실은 결정적인 상승세나 하락세가 나타나기 이전에 반드시 거래량 증가나 뚜렷한 상승신호 또는 하락신호를 보여준다는 점이다.

가장 중요한 신호는 주식시장 전체의 대세상승이나 대세하락 초기 단계에 나타난다는 점을 기억하라. 십중팔구는 종합주가지수에 앞서 신고가를 기록한 주식이 상승세를 선도하는 주도주가 된다. 종합주가지수에 앞서 약세를 보이는 주식은 나중에 하락폭이 가장 클 것이다.

주가가 최후의 정점을 찍는 날은 반드시 오게 돼 있다. 최저점을 찍는 날도 반드시 온다. 주식시장에도 가장 밝은 순간과 가장 어두운 순간이 지나가는 것이다. 어김없이 찾아온다. 일찌감치 매수한 투자자와 일찌감치 매도한 투자자는 붙잡히지 않을 것이다. 뒤늦게 뛰어든 투자자는 추세를 잘못 판단하고 경고를 무시한 채 시장을 떠나지 못할 것이다.

위험은 불가피하다. 하지만 주가를 살펴보는 것이야말로 성공 투자의 첫 걸음이다.

제 43 장

신중한 투자자는 경영진의 능력에 주목한다

기업의 성공에 영향을 미치는 요인 가운데 경영진의 경쟁력만큼 중요한 것도 없다. 월 스트리트에서 흔히 하는 말로 "탁월한 경영진"을 가진 기업을 사라는 말도 있지 않은가.

그렇다면 탁월한 경영진을 어떻게 알 수 있을까?

개별 기업에 대한 애널리스트들의 보고서를 보면 경영진의 능력에 대한 언급을 빠뜨리지 않는다. 주요 대기업 경영진을 다양한 기준으로 평가한 심층 분석보고서도 나와있다.

그런데 내 경험에 비춰볼 때 이런 내용을 액면 그대로 받아들여서는 안 된다.

가장 이상적인 방법은 경영진을 직접 만나는 것이다. 하지만 경영진은 아무나 만나주지 않는다. 더구나 경영진을 평가할 수 있는 능력도 아무나 갖고 있는 건 아니다.

보다 현실적인 방법이라면 현재의 기업 실적을 살펴보는 것이다. 순이익이 늘어나고 있다면 능력 있는 경영진이라는 점을 알려주는 하나의 단서가 될 수 있다. 그러나 반드시 동종 업종의 다른 기업과 비교해봐야 한다. 워낙 업황이 좋아 그저 땅 짚고 헤엄쳐도 될 정도였다면 경영진의 능력이 과대평가 됐을 수 있다. 반대로 아주 탁월한 경영진도 업황이 워낙 부진한 탓에 억울하게 비난 받는 경우도 있다.

어떤 타입의 경영진인가

경영진이 어떤 타입인가를 판별해야 한다. 전통적인 방식으로 창업자 겸 최고경영자가 혼자서 회사를 이끌어갈 수도 있다. 그런가 하면 최고경영자가 죽거나 은퇴한 다음에도 문제없이 회사를 경영해 나갈 수 있는 탄탄한 경영진이 자리잡았을 수도 있다.

경영진을 살펴볼 때 주목해야 할 점 한 가지는 이들이 회사 주식을 얼마나 갖고 있느냐는 것이다. 간단히 말하면 경영진이 회사 주식을 많이 갖고 있을수록 긍정적이다. 하지만 이들이 자발적으로 회사 주식을 보유하게 된 것인지, 아니면 하다 보니 회사 주식을 갖게 된 것인지는 구별해야 한다.

유산으로 상속받았을 수도 있고, 스톡옵션을 행사했을 수도 있고, 주식시장에서 직접 매수했을 수도 있다. 이런 점을 모두 고려해야 한다. 또 언제 매수했는지, 매수한 가격은 얼마인지도 확인할 필요가 있다.

자세히 관찰하면 보상을 받는다

주식시장에서 돈을 벌 수 있는 방법은 많지만, 내가 보기에 그 중에서 가장 좋은 방법은 경영진의 변동을 아주 자세히 관찰하는 것이다. 특별히 주목할 것은, 실적 악화와 주가 하락에 온갖 문제들이 터져나오고 있는 회사의 경영진이 물러나고, 새로운 경영진이 들어서 회계상의 난맥상부터 바로잡아나가는 경우다. 새 경영진은 예전 경영진의 잘못에 책임질 필요가 없으므로 이전의 모든 손실을 전부 털어낼 것이다. 그러다 보면 분별없이 지급해왔던 배당금을 삭감하거나 아예 지급하지 않을 수도 있다. 결국 이런 시점에 들어가는 투자자는 바닥권에서 혹은 새로운 사이클의 초입 단계에서 주식을 매수하게 되는 것이다.

나름대로 경영진을 평가해보라. 비록 원하는 답을 전부 얻지는 못한다 해도 노력한 보상은 충분히 얻어낼 수 있을 것이다.

제 44 장

나이에 맞게 투자하라

주식투자를 하겠다고 마음먹었다면 자신의 나이와 재산에 알맞은 접근방식을 생각할 필요가 있다.

세익스피어는 인간의 나이를 일곱 단계로 구분했지만, 투자자의 나이는 다섯 단계로 나눌 수 있다: (1) 10대 이전의 청소년 세대 (2) 20대 세대 (3) 30대와 40대 세대 (4) 50대 이후 세대 (5) 은퇴 이후 세대.

부모로서 여유가 된다면 어린 자녀들 이름으로 세법상 증여세가 면제되는 연간 3000달러씩 투자할 수 있다. 이렇게 하면 부모 입장에서 자녀의 재산을 늘려나갈 수 있고, 절세 효과도 누릴 수 있다.

다만 자녀 이름으로 투자할 때는 장기적으로 전망이 안정적인 최고 등급의 우량주만 골라야 한다. 자녀가 성인 나이가 될 때까지는 종목 교체가 쉽지 않다. 따라서 자녀가 대학에 들어갈 때쯤에나 필요하다고 해서 전망이 불확실한 저가주를 매수해서는 안 된다.

"배우기 위한" 투자

20대 젊은이는 배우기 위해 투자해야 한다. 당신이 만약 20대라면 평균적인 수준보다 더 높은 위험을 부담해도 괜찮다. 물론 이런 위험을 감수할 만큼 투자자금이 충분하지 않을 가능성이 크겠지만 말이다. 또 자신이 주식시장에 잘 적응할 수 있는지 시험해보는 시기로 활용할 수도 있다. 다만 이 나이에는 실수를 자주 저지를 수 있고, 그 대가 역시 클 수 있으므로 절대로 갖고 있는 재산을 전부 투자해서는 안 된다. 반드시 나중에 재기할 수 있는 여유자금을 따로 떼어놓아야 한다.

두 번째 나이인 30대와 40대는 본격적으로 주식시장에서 돈을 버는 시기다. 정말로 큰돈을 벌고 싶다면 이 시기에 투자해야 한다. 이 나이는 돈을 빌려 레버리지 효과까지 노려볼 만한 시기다.

50대가 넘어 은퇴를 바라보고 있다면 이제 검증된 방법으로만 투자해야 한다. 당신이 그동안 벌어놓은 재산을 지키는 데 주력할 수도 있다. 더 많은 투자수익을 거둔다 해도 앞서 젊었던 시절에 비해 별 의미가 없다.

계속 변한다

50대가 되면 과거의 기억 속에서 살아갈 가능성이 높다. 현실은 계속 변하고 있는데, 자꾸만 당신이 시장에서 경험했던 것들이 반복될 것처럼 느껴진다. 이런 생각은 어지간해서는 바뀌지 않는다.

은퇴를 한 다음에도 계속 투자하기를 바랄 수 있고, 다른 사람의 도움을 구할 수도 있다. 뮤추얼펀드에 투자하거나 은행의 투자관리부서, 혹은 투자상담사를 찾아갈 수도 있다. 어떤 경우든 참견하지 않는 게 마음의 평화를 얻을 수 있는 길이다. 굳이 하고 싶다면 자신의 포트폴리오를 균형 있게 유지하는 데 애쓰는 게 좋다.

은퇴한 다음에는 절대로 대단한 수익률을 바라지 말라; 누구에게 투자자금을 맡겨두었든지 시장평균 수준의 수익률에 만족하라. 꾸준히 일정한 소득을 올려주면서, 포트폴리오가 손해나는 일이 없도록 보수적으로 투자하는 곳을 찾아보라.

제 45 장
미래를 위한 예산 짜기

올해 초 스탠포드 대학교의 비즈니스 스쿨 학생들에게 강연을 한 적이 있다. 당시 대학신문의 한 기자는 내 강연에 관한 기사에서 "학생들이 아주 깊은 관심을 보였다"고 지적하면서, 내가 "주식투자 전략을 교육적인 방식으로 묘사했다"고 덧붙였다. 하지만 이 학생기자는 "돈을 벌려면 돈이 있어야 한다"는 매우 분명한 어조로 결론을 맺었다.

더 많은 돈을 버는 데 필요한 종자돈을 모으려고 한다면, 그런 목표를 달성할 수 있는 예산을 세워야 하며, 여기에 맞는 계획과 노력, 절제가 있어야 한다.

예산을 짜려면 우선 매달 정기적으로 지출하는 항목 외에, 연간 비용으로 지출하는 모든 "필수" 항목을 12분의 1로 나눠 월별 비용으로 따로 떼어놓는 데서부터 시작해야 한다. 여기에는 세금과 이자, 보험료, 부채상환액은 물론 예기치 못한 일이 발생했을 경우에 대비한 "긴급" 여유자금도 포함된다.

그 다음으로는 직장에서 나오는 월급과 투자소득 및 사업소득을 모두 합친 "소득" 추정치를 계산해야 한다. 소득원은 사람에 따라 다르겠지만 누구나 쉽게 파악할 수 있을 것이다.

여기에 "우발적인 항목"이라고 부를 수 있는 소득을 포함시킬 수 있다. 이미 투자를 시작했다면, 현재의 시장가격으로 평가한 미실현 투자수익이나 손실, 그리고 이미 실현한 투자수익이나 손실이 해당될 것이다.

예산을 세우고 자금을 배분할 때 활용할 수 있는 간편한 방법은 "필수" 지출 항목과 긴급 여유자금, 기타 경상경비를 별도의 은행계좌로 관리하는 것이다. 그러면 투자자금으로 운용할 수 있는 계좌도 자연히 구분될 것이다.

이제 내년의 소득 추정치와 "필수" 지출 항목들을 계산해야 한다. 임대료와 음식료비, 교육비, 교통비, 의복비, 휴가비 식으로 모두 구분해서 계산할 수 있을 것이다.

여기서 "저축" 항목은 따로 말하지 않았는데, 투자수익을 올리기 위한 자금을 예산에 포함시켰다면 그것이 저축이기 때문이다. 이길 수 있다는 자신이 있다면 과감히 투자하라. 만약 그렇지 않다면 그냥 저축하는 게 낫다.

개인적인 목표와 바람이 있을 것이다. 더 나은 집을 장만하고 더 좋은 자동차를 사고 싶을지 모른다. 그러자면 투자자금이나 예비자금을 줄여야 한다. 어쨌든 예산을 세우면 자기가 정말로 무엇을 하고 싶은지, 어떻게 해야 그럴 수 있는지 결정하는 데 큰 도움이 된다. 예산을 세움으로써 계획을 보다 집약할 수 있는 것이다.

내가 보기에 가장 훌륭한 예산 짜기는 젊은 시절에 검소한 생활로 "투자자금"을 모으는 것이다. 인생의 절정기에는 마음껏 소비하라. 은퇴한 다음에는 다시 지출을 줄이라.

할 수 있는 한 멀리 내다보라.

제 46 장
자신이 저지른 실수에 집중하라

"왜 내 주식은 떨어질까?

주식시장 전체는 상승하는데 자신이 갖고 있는 주식 한두 개 종목은 내리는 경험은 누구나 해봤을 것이다. 만약 이런 경우가 없었다면 극히 예외적인 투자자다.

월 스트리트에서 흔히들 말은 하지만 제대로 실천하지는 못하는 격언이 있다. "손실은 빨리 끊어버리고, 이익은 스스로 커나가도록 놔두라." 당신이 가진 약한 종목을 버려야 할 때나 강한 종목을 그대로 보유해야 할 때 이 격언은 그대로 적용된다.

어떤 주식이든 절대로 이유 없이 떨어지지 않는다. 현명한 투자자는 그 이유를 찾아내려 애쓰고, 그게 얼마나 중요한 것이며 얼마나 오래 갈 것인지 평가하려고 한다.

혹시 처음에 실수를 저지른 것은 아닌가? 주가는 기대를 반영한다는 점을 늘 염두에 둬야 한다. 같은 이유로 주가가 두 번씩 오르는 경우는 없다. 처음에 좋은 뉴스가 나올 것을 기대하고 주식을 매수했다면, 실제로 뉴스가 나왔을 때는 주가에 별 영향이 없을 것이다.

정보원을 찾으라

누가 매도하는지 알고 싶을 것이다; 기관투자가가 파는지, 아니면 내부거래자가 파는지, 매도물량이 한 곳에서 나오는지, 혹은 여러 곳에서 나오는지, 이런 내용을 파악하면 중요한 단서를 잡을 수 있다.

그런가 하면 도저히 하락하는 이유를 분명히 확인할 수 없을 때가 있다. 몇 가지 하락 원인을 꼽을 수는 있지만, 이미 주가에 충분히 반영된 것처럼 보일 때도 있다.

이런 상황에서는 일률적인 답이 없다. 주가의 추세, 뉴스의 흐름, 시장 인식의 추이, 이런 것들이 모두 가능하고, 또 계속 변한다. 각각의 상황은 독립적으로, 다른 종목과 연관지어 판단해야 한다.

그러나 굳이 내가 일반적인 원칙을 제시하자면, 일단 의심이 들 때는 현금화하는 게 상책이다. 이렇게 이야기할 수도 있다. 처음에 매수하면서 예상했던 만큼 상황이 좋지 않다면 즉시 팔아야 한다. 매도한 다음 상황이 역전되는 경우도 있겠지만, 이렇게 하면 장기적으로 틀림없이 보상을 받는다.

"물타기"를 해야 하나?

주가가 급락하기 시작했을 때 더 많은 주식을 매수하는 것을 "물타기"라고 한다. 대부분의 경우 물타기는 투자수익으로 연결되지 않는다.

투자자가 가져야 할 자세는 객관성을 높여가는 것이다. 문제의 주식을 보유하고 있다는 사실을 잊어버리라. 손실을 보고 있다는 사실도 잊어버리라. 마치 이 주식과는 전혀 관계없는 투자자라고 생각하고, 새로이 이 주식을 매수할 것인지 여부를 판단하라. 매수하겠다면 문제의 주식을 계속 보유해도 무방하다. 그렇지 않다면 즉시 손절매하라.

또 한 가지 간과하기 쉬운 요소가 있다. 만족스럽지 못한 종목을 매도한 다음에 할 수 있는 것이 무엇인가 하는 점이다. 하락하고 있는 주식을 계속 붙들고 있는 것은 이중으로 손실이 될 수 있다: 우선 주가가 더 떨어질 수 있고, 둘째 이 주식에 자금이 매여있어 오르는 주식을 매수하지 못하는 것이다.

자신이 저지른 실수를 집중해서 바라보라. 그것이야말로 성공 투자라는 목표를 달성하는 가장 확실한 방법이다.

제 47 장

주식시장의 잘못된 속설

텔레비전에서 혹은 출퇴근하는 지하철이나 버스 안에서 흔히 듣는 이야기 가운데 주식시장에 관한 잘못된 속설이 있다.

가장 오래되고 그럴듯한 조언으로는 이런 게 있다. "이익만 챙기면 절대 망하지 않는다." 전혀 그렇지 않다. 실은 투자자들이 가장 자주 저지르는 잘못이 바로 이익은 재빨리 챙기고 손실은 느긋하게 놔둔다는 것이다.

내가 원칙을 제시한다면 정반대로 하라고 말하고 싶다. 여러 차례 말해왔지만 나는 주식시장의 공식이나 규칙 같은 건 믿지 않는다. 하지만 굳이 가이드라인으로 활용하겠다면 "이익은 그대로 놔두고 손실은 빨리 끊으라"는 말이 훨씬 더 낫다.

"이익만 챙기면 절대 망하지 않는다"는 말대로 하자면 "투자수익이 생기자마자 이익을 챙겨야 한다." 그러면 당연히 투자수익이 적을 수밖에 없다. 또한 투자손실이 발생하면 좀처럼 손실을 실현하려 들지 않는다. 투자손실이 다시 투자수익으로 바뀌기를 바라며 기다린다. 그렇게 무작정 한없이 기다린다. 이런 식으로 하면 대부분의 경우 투자손실이 크게 불어나 적게 챙긴 투자수익보다 훨씬 더 많아진다.

투자수익이 나면 계속 커나가도록 놔두고 손실이 발생하면 재빨리 손절매하는 습관을 길러라. 투자수익이 꽤 큰 금액이 되면 보험에 드는 셈 치고 정기적으로 일정 부분을 현금화하는 것도 좋다.

출퇴근길에 자주 듣는 이야기 가운데 "주식회사 미국은 절대 공매도해서는 안 된다"는 격언이 있다. 크게 보면 이 말은 상당히 의미가 있다. 역사적으로 미국 주식시장은 여러 차례 뒷걸음질치기도 했지만 결국은 다시 신고가를 기록했다. 그런 점에서는 이 격언에 대해 왈가왈부하고 싶지 않다.

그런데 이 격언을 실전 투자에 적용하는 데서 문제가 생긴다. 이 말을 잘못 받아들여 자기가 하는 사업이나 특정 업종 혹은 특정 주식에까지 그대로 적용하는 것이다.

어떤 업종이든 사양길로 접어들 수 있고, 개별 기업은 파산할 수도 있다. 따라서 맹목적으로 "주식회사 미국은 절대 공매도해서는 안 된다"고 말한다면 그야말로 어리석기 짝이 없다. 특정 산업이나 기업이 망하든 말든 미국은 계속 성장하고 번영을 유지할 것이기 때문이다.

또 하나 입에 자주 오르내리는 말 가운데 "우선주가 보통주보다 낫다"는 것도 있다. 일상생활에서 사용하는 "우선"이라는 단어는 "보통"보다 더 나은 의미를 담고 있다. 하지만 투자의 세계에서는 우선주가 보통주보다 결코 더 낫지 않다. 우선주의 권리가 보통주의 권리보다 앞서는 경우가 몇 가지 있지만, 대부분의 권리에서 우선주는 보통주보다 열등한 지위다.

특히 주가가 상승세를 타고 있는 우량기업의 보통주는 주가가 내리막길을 걷고 있는 비우량기업의 우선주보다 훨씬 더 매력적이다.

우선주 하나하나를 독립적으로 판단하라. 예외적으로 우선주가 좋은 경우도 있다. 괜찮은 조건으로 보통주로 전환할 수 있는 전환청구권이 붙어있거나, 시장에서 주가가 과도하게 할인됐거나, 이제 막 실적이 적자에서 벗어나기 시작했을 때다. 하지만 일반적으로 말해 우선주에 매달릴 필요는 없다.

제 48 장

영원한 우량주는 없다

자본은 토끼와 같다고들 한다. 위험의 조짐만 보여도 도망가버린다는 말이다. 그렇다면 당신은 불이 나기 전에 연기가 피어 오르는 것만 보고서도 재빨리 빠져나갈 만큼 투자자금을 예의주시하고 있는가?

이렇게 하려면 늘 변화를 감지해야 할 뿐만 아니라 언제든 행동할 준비가 돼 있어야 한다.

퍼스트 내셔널 시티 뱅크 오브 뉴욕에서 발행한 뉴스레터를 보면 변화가 얼마나 무섭게 이루어지는가를 알 수 있다. 뉴스레터에서 조사한 1919년부터 1963년 사이 미국 내 100대 제조업체의 변동 추이를 살펴보면 놀랍다.

대기업이라고 해서 수익성도 높은 것은 아니다. 기업의 규모가 수익성이나 영속성을 보장해주는 것은 아니다. 이들 기업이 성장 국면에 있는 동안은 매력적인 투자대상이 될 수 있지만, 그렇다고 너무 오래 붙들고 있으면 위험에 빠질 수 있다.

1919년 당시의 100대 제조업체 가운데 1963년에도 100대 제조업체의 명단에 든 기업은 49개에 불과했다. 절반도 안 된다는 사실이 놀랍지만 실상은 이보다 더하다. 뉴스레터의 조사는 단지 두 시점만을 비교한 것이기 때문이다. 많은 기업들이 이 기간 중에 새로이 100대 제조업체에 이름을 올렸다가 탈락했다. 반짝 성장세를 보였다가 사라져버린 기업들이다. 예를 들면 1926~35년 사이 새로 명단에 포함됐다가 1948년에 탈락한 기업만 28개에 달한다.

여기에는 많은 요인들이 작용했을 것이다. 우선 해당 업종의 경기가 부진했던 게 가장 큰 요인이었다.

대표적인 경우가 운송기업들이었다. 마차를 팔아 이익을 올리던 기업이 자동차 시대에 적응한다는 것은 엄청난 변화를 필요로 하는 것이었다.

경영진의 역량이 최우선 조건으로 꼽히는 것도 이 때문이다. 변화에 적응하기 위해서는 탁월한 경영진이 필수적이다. 탁월한 경영진은 변화의 토대를 구축할 뿐만 아니라 이를 이어갈 훌륭한 차기 경영진까지 키워놓는다.

기업이 성공하고, 또 성공을 지켜내기 위해서는 계속해서 성장하는 시장에서 핵심적인 지위를 유지해야 한다. 그러려면 새로이 부상하는 신분야에 진출하고, 새로운 수요에 대응할 수 있는 적응력을 갖춰야 한다.

당신이 투자한 기업이 이런 식으로 변화에 발 빠르게 대응하는지 살펴보는 것은 투자자인 당신의 몫이다. 당신이 투자한 기업이 시대의 변화에 제대로 적응하지 못한다면 당장 투자 종목을 교체하라.

변화가 얼마나 무차별적으로 이루어지는지를 보여주는 또 다른 사례도 있다. 올해 초 모건 게런티(Morgan Guaranty)가 1896년 이후 다우존스 평균주가 구성종목의 변동 추이를 조사한 적이 있다. 그 결과 지난 68년간 계속해서 다우존스 평균주가 구성종목의 자리를 지킨 기업은 단 한 곳도 없었다. 아메리칸 토바코(American Tobacco)와 제너럴 일렉트릭(General Electric)만 1912년과 1964년 모두 평균주가의 구성종목으로 이름을 올렸는데, 실은 이들 기업 역시 이 기간 중 여러 차례 구성종목에서 탈락했다가 다시 포함된 것이다.

투자의 세계에서 가장 무시해도 좋은 잣대가 바로 대중성이다. 운송기업들은 한때 대중들로부터 선풍적인 인기를 끌었지만 대부분 거품처럼 사라져버렸다. 전차기업들도 한때는 대단한 인기를 모았다. 초창기 자동차 기업들 역시 마찬가지였다.

투자자라면 자신의 포트폴리오 가운데 일부를 교체하려는 의식적인 노력을 기울여야 한다. 최소한 1년에 한 번씩은 분산 투자한 종목들 가운데 10%를 교체해야 한다. 가령 20개 종목을 보유하고 있다면 2개 종목을 교체하라는 말이다. 그래야 끊임없이 변화하는 투자의 흐름을 제대로 반영할 수 있다.

잘못된 업종 선택, 취약한 후계 경영진, 화려한 성장세를 과도하게 반영한 주가, 이 세 가지야말로 당신의 투자실적에 큰 상처를 입힐 수 있는 무시무시한 해충들이다.

제 49 장

강세장이 되면 사람이 달라진다

강세장이 되면 당신의 투자심리가 어떻게 변할까?

한 유명 뮤추얼펀드에서는 이렇게 변하는 경향이 있다고 밝혔다:

- 자신이 매우 똑똑한 투자자라고 여기며 자축한다.
- 그동안 보수적으로 투자해왔던 게 얼마나 어리석은 행동이었는지 자탄하고, 앞으로는 더 큰 리스크를 감수할수록 수익이 훨씬 더 커질 것이라고 생각한다.
- 과감하게 행동하기 시작한다. "보다 공격적인" 투자방식이라고 말하지만 매우 위험하고 투기적인 방법으로 단기간의 대박을 노린다.

나 역시 이런 감정적 사고를 한 적이 여러 차례 있었는데, 그때마다 대가를 톡톡히 치러야 했다. 1962년에 다우존스 평균주가가 575 아래로 떨어지자 안전한 주식을 사달라고 요구하던 투자자들이 그 뒤 다우 존스 평균주가가 800을 넘어서자 수익성이 더 높은 주식을 찾기 시작 했다.

이런 심리는 투자자로 하여금 장기적인 목표를 잊게 만들고, 과도한 투기와 과도한 거래를 조장하며, 허접스러운 투자정보에 의존하게 만 든다. 한 걸음 더 나아가 투자자금을 최대한 불리고, 현재의 높은 주가 가 이미 긍정적인 뉴스를 반영한 것이라는 사실마저 모른 채 한다.

이런 식의 변화는 투자손실로 연결되기 쉽다. 리스크가 최고조에 달 했을 때 투자 포지션을 재설정함으로써 매수 여력은 오히려 줄어들고, 포트폴리오는 엉망이 된다.

앞서 소개한 뮤추얼펀드는 요즘 같은 강세장에서 지켜야 할 기본적 인 원칙을 이렇게 제시했다:

- 현재 성장세를 보이고 있으며, 어떤 상황에서도 견딜 수 있는 탄탄한 기반을 갖춘 초우량 기업의 주식을 보유하라.
- 주식시장이 나빠졌을 때를 대비해 일정금액의 여유자금을 보유하라.
- 순간적인 공포와 탐욕에 휩싸이지 말고, 자신의 장기적인 투자 계획을 꾸준히 지켜나가라.

이 같은 원칙을 적용하기 위해서는 강세장에서도 올바른 판단을 합 리적으로 내릴 수 있어야 한다. 강세장은 어느 정도 진행된 다음에야 비로소 인식할 수 있다. 강세장이 위험한 것은 이 때문이다. 강세장의 첫 단계에서는 아주 멀찌감치 떨어져서 바라본다. 시장이 계속 상승하는데도 의심의 눈초리를 거두지 않지만 결국 처음 판단이 잘못됐음을 뒤늦게 알아차린다. 대세상승 흐름은 최후의 순간 엄청난 오버슈팅과 함께 막을 내린다는 점을 기억하라. 따라서 투자자가 정말로 신중하게 의심 어린 눈길로 바라봐야 할 시점은 바로 강세장의 마지막 단계다.

제 50 장
주식은 언제 팔아야 하나

주식을 파는 것은 사는 것보다 몇 배나 더 어렵다. 매수 여부를 고려할 때는, 마음이 썩 내키지 않거나 상황이 불확실해 보일 경우 투자 결정을 보류해버리면 그만이다.

그러나 일단 주식을 매수했다면, 이제 보유할 것이냐 팔 것이냐 하는 결정은 완전히 다른 문제로 발전한다. 상황이 아무리 불확실하고 혼란스럽다 해도 예스(yes) 아니면 노(no)라는 대답을 강요당하는 것이다. 마치 자동차가 철로에 걸려 있는데, 기차가 달려오는 상황과 비슷하다. 앞으로 가든지 뒤로 빠지든지, 어떤 식으로든 충돌을 피해야 한다. 당신의 차는 철로 위에 있고 기차는 달려온다. 최악의 경우에는 차를 버리고 몸이라도 빠져나와야 한다.

보유 주식에서 손실이 나고 있다면, 내가 생각하기에 해답은 바로 나온다. 적어도 매수할 때 어떻게 해야 할지 결정해두었다면 말이다.

손절매는 항상 옳다는 게 내 지론이다. 고가주의 경우 투자금액 대비 10%를 손절매 한계로 해야 한다. 저가주의 경우에는 20%가 손절매 한계다. 초심자는 이 손절매 원칙을 수학적으로 따라 할 수 있다. 경험이 많은 투자자는 나름대로의 판단을 더해 손절매 계획을 세울 수 있을 것이다. 그런데 보유하고 있는 주식에서 이익을 보고 있을 경우 문제는 복잡해진다. 투자 성공의 열쇠는 이익이 계속 커가도록 하는 것이지 녹아 내리도록 방치하는 건 아니다.

가령 당신이 여러 종목을 보유하고 있다고 하자. 그러면 문제는 두 가지로 구분할 수 있다. 첫 번째 문제는, 지금 시장이 약세인가 강세인가 하는 점이다. 그런데 대부분의 투자자들이 약세와 강세를 알아차렸을 때는 너무 늦은 시점인 경우가 많다. 그래도 일단 약세장이라고 판단된다면 매도에 나서야 한다.

1946년 이후 많은 종목들이 상승세를 탔고, 일부는 떨어졌고, 또 일부는 횡보하는 흐름을 보였지만, 어쨌든 주식시장과 부동산시장은 강세장을 이어왔다. 현금보다는 주식이 더 나았다는 말이다. 그래도 경기가 나쁜 업종의 주식들이나 과매수 상태에 있는 주식은 파는 게 좋았을 것이다. 최근에도 여전히 인플레이션 기조가 우세한 편이다. 이런 강세장에서는 다음 네 가지 상황이 아니라면 매도해서는 안 된다:

(1) 약세장이 닥쳐올 것이라고 판단될 때
(2) 주식을 보유하고 있는 기업에 문제가 발생했을 때
(3) 새로운 환경과 새로운 물결이 일면서 당신이 보유하고 있는 주식 가운데 가장 안 좋은 종목보다 훨씬 더 나은 종목을 매수해야 할 때

(4) 보유 종목의 주가가 오름세를 멈추고 떨어지기 시작했을 때

나는 주식투자를 시작한 1920년대 이래 이들 네 가지 상황이 아닌 경우에는 절대 누구에게도 주식을 팔라고 말하지 않았다. 이 네 가지 상황을 늘 염두에 둔다면 도움이 될 것이다.

두 번째 문제는, 그러면 어느 주식인가 하는 점이다.

(a) 단지 어느 종목의 주가가 "고평가" 됐다고 해서 팔아서는 안 된다.
(b) 보유종목의 일부를 팔아야 한다면 철저히 감정적인 판단은 자제하고, 손실이 난 종목, 투자수익률이 가장 떨어지는 종목, 가장 약한 종목, 가장 실망스러운 종목을 우선 매도해야 한다. 최고의 수익률을 기록하고 있는 종목은 가장 나중까지 갖고 있어야 한다.

약세장에서는 늘 "저평가" 된 주가보다 더 밑으로 떨어진다. 강세장에서는 늘 "고평가" 된 주가보다 더 위로 올라간다. 주식투자자는 주가가 아니라 추세를 따라야 한다. 주가가 저점을 기록할 때는 대다수 투자자들이 해당 주식을 최악이라고 판단한 시점이다. 그러나 실제로 저점이나 고점의 진짜 이유가 되는 뉴스는 시장에서 저점이나 고점을 기록했을 때보다 몇 달씩 늦거나 빠르다. 시장을 움직이고 주가에 영향을 미치는 것은 실제 사건이 아니라 다가올 사건에 대한 기대감이다.

다음 번에는 주식을 매도하기에 앞서 네 가지 상황을 한번 떠올려보라. 틀림없이 투자수익률이 좋아질 것이다.

제 51 장

스톱 오더의 활용방법

스톱 오더*를 안전하게, 또 효과적으로 활용하려면 어떤 새로운 지식이 필요할까?

여기서 "새로운" 지식이라고 표현한 것은 스톱 오더가 그만큼 대중적으로 널리 알려졌기 때문이다. 일반 투자자들 사이에 스톱 오더가 퍼지게 된 것은 1960년 무렵부터다. 차트 활용이 늘어난 게 한 요인이었다. 차트에서 나타난 매수신호나 매도신호를 실전 투자에 활용하는 데 스톱 오더가 도움이 되기 때문이다.

스톱 오더는 매수주문이나 매도주문에서 모두 쓸 수 있다. 어떤 종목을 처음으로 매수하거나 투자를 마무리할 때 스톱 오더를 활용할 수

---

*스톱 오더(stop order)는 주가가 일정 가격 이상이 되면 매수하고 일정 가격 밑으로 떨어지면 매도하도록 미리 주문하는 것으로, 우리말로 가격역지정주문(價格逆指定注文)이라고 하는데, 국내 투자자들 사이에서 "스톱 오더"라는 용어가 더 많이 쓰여 여기서는 스톱 오더라는 표현을 그대로 썼다.(옮긴이)

있다. 이론적으로 말하자면 스톱 오더는 손절매를 하거나 안전하게 이익을 실현하는 "자동적인" 방법이다. 또한 특별한 주가 흐름이 막 시작될 때 시장에 뛰어들기 위해 스톱 오더를 활용하기도 한다.

이런 식이다: A주식이 현재 90달러 중반에 거래되고 있다. 당신은 만약 A주식이 100달러를 넘어선다면 곧 본격적인 상승세를 탈 것이라고 생각한다. 당신은 주식중개인에게 A주식을 100달러에 매수할 것을 스톱 오더로 주문한다. 이제 시장에서 A주식의 주가가 100달러가 되면 당신의 주문이 실행되고, 가장 좋은 가격으로 주문이 체결될 것이다. 100달러가 될 수도 있고, 100.125달러가 될 수도 있다. 99.875달러가 될 수도 있지만, 이런 경우는 매우 드물다. 스톱 오더로 매도주문을 낼 수도 있다. 스톱 오더에는 이밖에도 다양한 방식이 있지만, 여기서 소개한 사례가 가장 일반적이다.

대중성으로 인한 문제

많은 투자자들이 스톱 오더를 "손절매" 주문이라고 부른다. 스톱 오더를 손절매 주문으로 활용하는 경우가 많기 때문이다. 이론상 괜찮은 아이디어다. 매수 결정을 내릴 때 혹은 계속 보유 여부를 판단할 때, 자동적으로 손절매 가격이나 확실한 이익 실현 가격을 정해두는 것은 좋은 습관이다.

마찬가지로 스톱 오더를 활용해 시장의 결정적인 "돌파" 시점에 뛰어들 수 있다. 굳이 그 시점에 주식중개인에게 따로 주문을 하지 않아도 된다. 미리 스톱 오더로 주문을 해두었으니 정해놓은 가격이 되면 주식중개인이 알아서 주문을 처리할 것이기 때문이다.

스톱 오더에도 문제가 있는데, 두 가지 이유에서 비롯되는 것이다. 우선 손절매라든가 차트상의 돌파 시점이라는 아이디어가 이제 너무 많이 알려졌다는 점이다. 특정 시점에 비슷한 주문이 한꺼번에 몰려들면 주가는 과도하게 움직일 수 있다. 따라서 막상 체결된 가격을 보면 당초 스톱 오더로 주문했던 가격과 꽤 차이가 날 수 있다. 이로 인해 증권거래소에서는 주가 변동성이 심한 종목에 대해서는 스톱 오더를 금지하고 있다.

두 번째 이유는 차트상에서 나타나는 강세 혹은 약세로의 변곡점을 믿는 사람들이 많아지다 보면 오히려 그 신뢰성이 떨어지게 된다는 점이다. 실제로 "잘못된" 신호를 보이는 종목들이 점점 더 많아지고 있다. 차트 이론을 맹목적으로 따르면 큰 실수를 저지를 수 있는 것이다. "잘못된" 신호는 당신이 투자를 한 뒤에야 밝혀진다. 스톱 오더로 매수했는데 주가가 오르기는커녕 내린다든가, 매도했는데 오히려 주가가 올라간 다음에야 잘못된 신호였음을 알아차리는 것이다.

군중을 주목하라

스톱 오더 기술을 안전하게, 효과적으로 활용하기 위해서는 군중이 어떻게 하고 있는지 잘 관찰해야 한다. 물론 여기에는 항상 들어맞는 정답 같은 건 없다.

주가의 흐름이 정말로 유효한지 확신이 들지 않는다면 "두 번째 돌파 시점"을 고려해볼 필요가 있다. 그러면 주가의 흐름이 예상처럼 움직이는지 좀더 지켜볼 수 있다. 예상과 반대방향으로 움직인다면 잘못된 신호에 속아넘어가지 않은 것이다. 예상대로 움직인다면 비록 좀더 비싼 가격으로 매수하거나 좀더 낮은 가격으로 매도하는 것이기는 하지만 보다 확신을 갖고 투자 결정을 내릴 수 있다.

또 다른 방법은 주가의 흐름을 미리 판단하고서, 돌파 시점이 오기 전에 주문을 실행하는 것이다. 만약 당신의 판단이 옳았다면 투자 포지션을 그대로 가져가면 되고, 틀렸다면 즉시 빠져 나와야 한다.

주식시장에서 돈을 벌기 위해서는 군중들보다 한발 앞서 나가거나, 앞으로 한동안은 군중들이 똑같은 방향으로 나갈 것이라고 확신할 수 있어야 한다.

제 52 장

현금 배당이 좋지 않은 경우

독자들도 알다시피 나는 투자의 성공 여부를 오로지 최종 결과로만 판단한다는 원칙을 갖고 있다. 최종 결과에는 미실현 투자수익이나 손실은 물론 세금과 화폐의 구매력 변동까지 포함된다.

대다수 투자자(트레이더나 투기자들과 구별되는 일반 투자자)들이 주로 생각하는 것은 이자나 배당금 같은 기대 소득이다.

사실 연륜이 쌓인 기업의 경우 현금 배당을 주는 게 바람직하고 충분히 그럴 여력도 있을 것이다. 그러나 창업 초기의 한창 성장하는 기업은 그렇지 않은 경우가 많다.

코스탈 스테이츠 가스 프로듀싱 컴퍼니(Coastal States Gas Producing Company)의 오스카 S. 와이어트 주니어 회장(Oscar S. Wyatt, Jr.)은 이례적으로 주주총회에서 현금 배당에 대한 반론을 피력했다:

"현금 배당을 존중하는 바이지만, 현재의 제반 환경을 고려할 때 당분간 현금 배당을 하지 않는다는 회사 정책의 근거를 밝히고자 합니다.

우선 코스탈 스테이츠는 계속 성장하고 있고, 지속적으로 외부 자금을 조달해야 합니다. 만약 현금 배당금을 지급한다면 그만큼 외부 차입을 늘려야 하고, 주주들에게는 이자 비용을 안기게 될 것입니다. 따라서 현금 배당은 회사의 성장을 제약하는 요인이 될 수 있습니다.

둘째, 순이익을 사업에 재투자하게 되면 상대적으로 더 높은 수익률을 실현할 수 있을 것입니다.

셋째, 이익잉여금이 늘어나면 그만큼 차입 조건이 유리해집니다. 이익잉여금이 1달러 늘어나면 3달러를 더 차입할 수 있습니다. 즉, 현금 배당을 하게 되면 미래 성장에 필요한 가용재원이 배당금의 3배만큼 줄어드는 것입니다."

코스탈의 과거 투자 실적은 워낙 뛰어났기 때문에 와이어트 회장의 이 같은 지적은 정당한 것이었다. 코스탈 주식이 장외시장에서 처음 거래됐을 때 주가는 1.67달러에 불과했다. 그런데 1963년에는 40달러를 넘어섰다. 따라서 코스탈 주주들은 현금 배당보다 훨씬 더 근사한 보상을 받을 수 있었다.

다만 배당금을 지급하지 않는 주식을 매수할 때 반드시 고려해야 할 게 있다. 그 회사가 속해있는 업종이 성장산업인지 사양산업인지 살펴봐야 한다. 또 과연 경영진이 배당금으로 지급할 돈을 당신보다 더 잘 운용할지 판단해야 한다. 경영진의 탁월한 역량은 두말할 필요가 없다.

제 53 장

유연한 자세가 필요하다

"주식시장의 잘못된 속설" 가운데 아주 그럴듯한 게 하나 있는데, 가장 확실하게 돈 버는 방법은 "저점에 사서 고점에 판다"는 것이다. 할 수만 있으면 아주 기가 막힌 아이디어다. 하지만 진실은 누구도 저점과 고점을 모른다는 것이다.

1929년 주식시장 대폭락 이후 많은 사람들이 주가가 엄청나게 떨어진 것을 보고 이제 저점이라고 생각했다. 주가가 1932년의 바닥까지 추락할 것이라고는 아무도 상상하지 못했다. 그런데 주가가 1932년의 바닥에서 상승하기 시작하자 사람들은 이렇게 말했다. "또 다시 함정에 빠지지는 않을 거야. 진짜로 쌀 때가 아니면 절대로 매수하지 않을 테니까." 당연히 이들은 저점에서 매수하지 못했다. "진짜로 쌀 때"는 결코 오지 않았다.

그런가 하면 주가가 고점에 도달했다고 생각해 매도했는데, 팔고나니 주가가 계속 상승하는 경우도 많다. 앞서 자기가 생각했던 적정 주가에 기초해 고점 여부를 판단하는 것이다. 실은 추가 상승을 정당화할 만한 새로운 뉴스가 알려져, 이전에 생각했던 고점은 더 이상 고점이 아닌데도 말이다. 이와는 정반대인 경우도 종종 볼 수 있다. 가령 어느 종목의 주가가 배당금에 비해 너무 싸게 보인다. 그래서 매수했더니 계속 더 떨어진다. 나중에 보니 배당금이 삭감되거나 아예 없어져 "바겐세일"로 보였던 주가가 전혀 싼 게 아니었다.

분명히 어느 시점에서는 주가가 정말로 "저점"을 기록하거나 정말로 "고점을" 찍는다. 이 지점을 정확히 인식하기 위해서는 다음 두 가지 사실을 기억해두어야 한다. 첫째, 주가는 얼마든지 "저평가" 되거나 "고평가" 될 수 있다. 합리적인 주가 수준이나 목표가를 지나쳐 오버슈팅하는 경우가 비일비재하다. 둘째, 저점에서 매수하고자 할 때는 반드시 기업 실적의 턴어라운드나 중대한 변화를 예상할 만한 특별한 이유가 있어야 한다. 싸다고 해서 주가가 계속 싼 상태로 머물러 있을 주식을 매수하고 싶지는 않을 것이다. 따라서 빠른 시일 안에 실적 개선이 있을 것으로 보이는 주식을 매수해야 한다.

"저점에 사서 고점에 판다"는 말은 더할 나위 없이 훌륭한 아이디어지만, 노련한 투자자들에게나 유용한 전략이다. 이 전략을 아무 때나 활용하려 들면 비싼 대가를 치를 수 있다.

"현금은 늘 안전하다"는 말을 들어봤을 것이다. 현금은 무엇을 살 수 있기 때문에 좋은 것이다. 그런데 현금의 구매력은 세월이 흐를수록 줄어든다. 장롱 속에 돈다발을 쌓아두고 있는 사람에게 현금은 절대 안전하지 않다.

그런가 하면 이와 반대되는 말도 있다. "돈은 계속 굴려야 한다"는 말이다. 이것 역시 "현금은 늘 안전하다"는 말처럼 잘못된 것이다.

유연한 자세가 필요하다. 현금을 생각할 때는 오늘 현재와 미래 시점에 무엇을 살 수 있는지 떠올려보라. 지금 갖고 있는 현금으로 미래 시점에 더 많은 것을 살 수 있다면 현금을 그대로 쥐고 있는 게 낫다. 그렇지 않다면 지금 당신이 갖고 싶은 것을 사는 게 낫다; 투자하는 게 더 낫다고 생각하면 투자하라.

"현금"이든 "황금"이든 고정돼 있다고 생각해서는 안 된다. 다른 것들처럼 현금이나 황금도 가치가 변동한다는 점을 명심하라.

제 54 장
월 스트리트 격언도 틀리는 경우가 있다

주식시장은 현실주의가 지배하는 곳이다.

하지만 이곳에도 전설이 있고, 신화가 있으며, 한쪽에는 미신이나 속설, 오해가 자리잡고 있다.

현실과 비현실을 구별하고자 하는 노력, 특히 잘못된 믿음을 찬찬히 규명해보려는 자세가 필요하다. 현실과 아주 동떨어진 위험한 속설만 열 개가 넘는다.

많이들 들어봤을 속설 가운데 이런 게 있다. "주식은 오래 갖고 있으면 원래 주가를 회복한다."

한때 고가주로 손꼽혔지만 다시는 그 시절의 주가로 "돌아가지 못한" 주식이 허다하다. 어떤 주식들은 아예 퇴출당했다.

"돌아온다"는 미망

뉴욕 센트럴 철도와 컨솔리데이티드 에디슨(Consolidated Edison), 웨스턴 유니언(Western Union) 같은 주식들은 1929년 이전까지 최고의 투자 대상이었다. 뉴헤이븐 철도는 뉴잉글랜드 사람들에게 선망의 주식이었다. 그러나 뉴헤이븐은 다시 돌아오지 못했다; 뉴욕 센트럴과 컨솔리데이티드 에디슨, 웨스턴 유니언 역시 한창 때 주가의 몇 분의 일에 머무르고 있다.

더구나 옛날 주가를 다시 회복한다 해도 20년, 30년이 지난 다음이라면 투자자에게는 별 의미가 없다. 그의 인생도 바뀌었을 것이고, 욕망과 바람도 전부 변했을 것이다. 화폐가치도 이전과 다를 것이다. 그 사이 많은 기회들이 그냥 흘러갔을 것이다.

따라서 손실이 감수할 수 있는 수준일 때, 예컨대 10% 정도일 때 손절매를 하는 게 훨씬 좋다. 만약 갑자기 이 범위를 벗어나 더 떨어진다 해도 손실을 감수하고 매도한 뒤 새롭게 출발하는 게 낫다. 괜히 희망도 없는 주식을 붙잡고 있다가 현금이 있다면 잡을 수 있는 기회마저 놓쳐버릴 수 있기 때문이다.

단기 투자

이런 말도 들어봤을 것이다. "단기 트레이딩은 투기다." 틀린 생각이다. 내가 여기서 말하는 단기 트레이딩은 시간 단위로, 며칠 단위로, 혹은 몇 주 단위로 주식을 사고파는 것을 말한다.

내 경험에 비춰볼 때 먼 장래를 내다보는 것보다는 가까운 앞날을 예측하는 게 더 쉬웠다. 물론 단기 트레이딩은 엄격하게 말해 투기적이다. 하지만 아주 영리한 투자이기도 하다.

　많은 사람들이 이 말을 혼동해 단기 트레이딩은 도박이라고 생각한다. 트레이더 스스로 자기가 무엇을 하고 있는지 알고 있다면 그것은 도박이 아니다. 한 달 뒤의 날씨를 예상하는 것보다 한 시간 뒤나 하루 뒤의 날씨를 예상하는 게 훨씬 더 쉽다. 시장이 어떻게 변할지 예상하는 것도 이와 다를 바 없다.

　트레이딩을 하려면 주식시장이 열려있는 시간 내내 전력을 기울여야 하고, 그 이상으로 노력해야 한다. 그만한 시간과 그렇게 하고자 하는 의지가 있다면, 그리고 자신에게서 어떤 육감 같은 것을 발견했다면 트레이딩은 아주 괜찮은 보상을 해줄 것이다.

제 55 장

신제품에 투자하기

신제품이나 새로운 서비스에 투자하는 게 이익이 될까?

사안에 따라 다르다.

기업이 새로이 내놓는 신제품의 운명은 무척 가혹하다. 굳이 단정적으로 이야기하자면 이익을 내는 경우가 아주 드물다. 물론 신사업이 멋지게 성공하는 경우도 많이 있다. 그러나 그렇게 되기까지 새로운 자본이 투입돼야 하고, 오랜 시간이 지나야 한다. 그사이 최초의 투자자는 손실을 보고 물러나거나, 강제로 퇴출당하거나, 아니면 막대한 증자로 인해 주식가치가 쪼그라져버린다. 아직 순이익을 전혀 올리지 못하고 있는 신제품을 띄우기 위해 지출하는 광고선전비만 해도 막대한 수준이고, 기업 입장에서는 자본금의 "확장"이 불가피해진다. 투자자들에게는 높은 리스크와 무시무시한 함정이 도사리고 있는 것이다.

다만 뉴욕증권거래소(NYSE)에 상장된 신뢰할 수 있는 기업이라면 가능성 면에서 더 높은 점수를 줄 수 있다. 이 경우 신제품 출시에 따른 소요자금 조달이 용이할 수 있다. 판촉비 지출에 따른 최초의 영업 손실도 순이익 범위 안에서 처리할 수 있다. 이런 기업에서도 신제품은 실패로 돌아갈 수 있지만, 성공 가능성이 좀더 높다는 말이다. 자주 있는 일은 아니지만 신제품이 대히트를 치는 경우도 있다.

신제품이나 새로운 서비스, 획기적인 신모델은 상상력에 호소한다. 따라서 경영진이나 증권회사마저 이런 신제품을 과대평가할 때가 종종 있다.

이색적이거나 신비한 느낌을 주는 신제품일 경우 특히 그렇다. 신제품을 출시했다는 이유로 주식을 매수할 경우 반드시 이 신제품이 가까운 장래에 어느 정도의 순이익을 올릴 수 있는지 분석해봐야 한다. 잘 살펴보면 적어도 몇 년 동안은 이익에 기여하기 보다는 손실을 늘리는 요인으로 작용하는 경우가 많을 것이다. 대기업이 내놓은 신제품의 경우 이익이 기대된다 해도 전체 순이익에 비하면 가까운 장래의 잠재이익이 그야말로 미미한 수준일 때도 있다.

물론 예외는 있다. 영업이익률이 대단히 높은 신약(新藥)이나 특허권으로 보호받는 신제품의 경우 순이익을 창출하는 원동력이 될 수 있다. 또 끊임없이 신제품이나 신모델을 내놓아야 하는 기업이 있다. 자동차 기업이나 영화 제작사, 텔레비전 프로그램 제작사 등이다. 이들 기업이 출시하는 신제품의 가능성을 정확히 판단한다면 훌륭한 투자 수익을 얻을 수 있다. 기존의 제품을 더 나은 기능을 갖춘 신제품으로 대체하는 경우에도 순이익에 영향을 미칠 수 있다. 이 경우 성공할 가능성은 꽤 높은 편이다.

신제품 출시 후 시장의 반응은 절대 현실을 그대로 반영하지 않는다. 투자의 세계가 원래 그렇다. 주가가 오를 때는 늘 엄청난 기대가 시장을 좌우한다. 그러다 보면 오버슈팅하는 경우가 자주 벌어진다. 주가가 실제 가치보다 훨씬 앞서가는 것이다. 이 같은 기대가 영원히 실현되지 않는 경우도 있다. 심지어 한껏 기대를 모았던 신제품이 이익을 내지 못하고 실패하기도 한다.

노련한 트레이더들은 감정에 따라 움직이는 이런 일시적인 주가 흐름을 이용해 이익을 거둘 수 있다. 그러나 일반 투자자들은 그렇게 하지 못한다.

이런 상황에서도 성공적인 투자를 하기 위해서는 반드시 명심해야 할 게 있다. 당신이 만약 트레이더라면 절대로 시장에 오래 머물러 있어서는 안 된다. 그러나 투자자로 성공하고 싶다면 "팩트(fact)"들을 정말로 깊이 파헤쳐봐야 한다.

제 56 장

뉴스와 주식시장

주가는 뉴스에 얼마나 민감하게 반응할까? 뉴스에 신속하게 대응하는 투자자는 과연 유리할까?

예상된 뉴스는 대개 시장에 미리 반영된다. 기대가 현실로 드러난 시점에는 주가가 이미 목표치에 도달해 있는 게 일반적이다. "예정일에 애가 태어난" 셈이기 때문이다. 그러나 "마른 하늘에 날벼락 같은" 뉴스가 나오면 문제는 상당히 어려워진다.

전혀 예상하지 못했던 뉴스를 접했을 때는 세 가지 질문을 던져봐야 한다; 뉴스의 본질은 무엇인가; 호재인가 악재인가, 추가로 나올 뉴스는 무엇인가; 주식시장 전반은 현재 강세인가 약세인가.

이 가운데서도 가장 중요한 것은 현재의 시장 흐름이다. 내부적으로 강한 시장은 악재도 능히 소화해낸다. 약세장은 그렇게 하지 못한다. 1948년 11월 대통령 선거를 앞두고 10월까지도 공화당의 듀이 후보가 당선될 것이라는 전망이 압도적이었다. 시장은 이 같은 기대를 반영해 상승세를 탔다. 그런데 예상 밖으로 민주당의 트루먼 대통령이 당선되자 시장은 곧 약세로 반전됐다. 내가 아는 한 영리한 트레이더는 선거일 전날 공매도를 했다. 그의 생각은 이랬다; 만약 듀이가 당선된다 하더라도 시장은 하락할 것이다. 좋은 뉴스는 이미 투자자들 사이에 충분히 반영됐으니까. 만약 듀이가 선거에서 패배한다면 시장은 더 빠르게, 더욱 큰 폭으로 하락할 것이다. 그의 생각은 옳았고, 결국 시장은 그의 예상처럼 급락했다.

1962년 4월에 케네디 대통령이 철강가격 상승에 제동을 걸자 주식시장은 즉각 반응해 하락폭이 깊어졌다. 그러나 실제로 주식시장은 이미 1961년 말에 천정을 친 상태였고, 어떤 식으로든 조정이 불가피한 상황이었다.

1963년 11월 케네디 대통령이 암살당했을 때 시장은 잠시 상승세가 꺾였다. 하지만 1962년 여름부터 이어져왔던 강한 모멘텀이 다시 살아나며 시장의 강세는 재현됐다. 앞서 1962년에 급락 조정을 겪은 뒤 곧장 강세로 돌아섰던 기억이 투자자들의 뇌리 속에 남아있었던 것이다. 케네디가 암살되기 불과 몇 주 전 다우존스 평균주가가 사상 최고치를 기록했음에도 불구하고, 시장은 여전히 강세를 이어갔다. 여기에는 존슨 부통령에 대한 신뢰도 한몫 했다. 일단 암살이 돌발적인 사태였다는 점을 인식하고 나자 시장은 다시 원래의 상승세로 돌아간 것이다.

1941년 12월 진주만 공습이 있었을 당시 평균주가는 바닥권이었지만 시장의 상승 에너지는 아주 강했다. 따라서 공습 뉴스가 전해지자

잠시 하락했던 시장은 곧 랠리를 이어갔다. 1942년 6월 미드웨이 해전에서 일본군 함대가 대패하자 시장은 그 후 몇 년간에 걸친 상승세를 시작했다.

주식시장의 결정적인 전환점을 돌아보면 특별히 어떤 뉴스와의 연관성을 찾아내기가 어렵다. 1929년의 정점은 9월 3일에 기록했다. 그러나 이날 특별한 뉴스는 전혀 없었다. 이미 1928년과 1929년 초에 시장의 과도한 상승을 경고하는 뉴스가 수없이 나왔다. 재할인율은 1928년에만 세 차례 인상돼 1929년 8월에는 6%를 기록했다. 1929년 2월에는 연방준비제도(Federal Reserve System)가 과도한 투기를 경고했다. 멜론 재무장관은 이해 3월 채권을 사는 게 낫다고 밝히기도 했다. 콜금리는 그 무렵 12~20%에 달했다. 6%의 재할인율도 실제로는 1929년 5월부터 기정사실화된 상태였다.

뉴스에 대한 반응은 대개 이런 식이다. 시장이 뉴스를 충분히 소화해 제대로 반영하는 데는 상당한 시일이 걸린다. 일단 상황을 지켜보면서 신중하게 판단하는 게 낫다. 시장의 강세나 약세, 혹은 주가의 흐름에 맞춰 기본적인 투자 포지션을 수정해 나간다면, 어떤 뉴스가 나오든 올바른 방향에 서 있을 가능성이 높다.

제 57 장
지식과 경험이 중요하다

현재 미국에는 얼마나 많은 투자자가 있을까? 뉴욕증권거래소(NYSE)가 발표한 내용에 따르면 주식을 보유하고 있는 투자자만 1700만 명이 넘는다.

실은 미래를 위해 저축하는 사람은 누구나 다 투자자다. 알든 모르든, 원하든 원치 않든 관계없이 말이다.

따라서 누구나 다 "필수적으로" 투자에 대해 뭔가 알아야 한다.

단 1달러라도 저축하는 바로 그 순간부터 1달러의 가치는 늘어날 수도 있고 줄어들 수도 있으며, 이 과정은 끊임없이 이어진다.

주식시장이 무서워 현금을 장롱 속에 모셔두면 물가 상승이라는 함정에 빠질 수 있다. 인플레이션이 두려워 주식을 샀다면, 주가가 떨어질 위험을 감수해야 한다. 어떤 식으로 저축하든 가치는 늘 변동한다. 언제든 필요할 때 저축해놓은 돈을 찾아 필요한 물건을 원하는 만큼 살 수 있는 그런 피난처는 이 세상에 존재하지 않는다.

화재나 도난 같은 위험에서 재산을 안전하게 지키기 위해서는 보험을 들거나 확실한 금고를 빌려야 하고, 그러려면 어느 정도의 비용을 지불해야 한다.

그러나 내가 아는 한, 이 세상에서 가장 크다고 하는 로이드 보험회사조차도 재산의 구매력 손실을 보상하는 보험상품은 팔지 않는다. 저축한 재산을 인플레이션이나 세금으로부터 안전하게 지켜내고자 해도 방법이 없는 것이다.

은행에 돈을 맡겨놓았거나 모기지 채권을 사둔 투자자는 저축한 돈의 가치를 유지할 뿐만 아니라 자기 돈의 이용료, 즉 이자를 받고자 한다.

주식이나 부동산을 매수한 투자자는 배당금이나 임대료, 자본이득(시세차익)을 원한다.

이런 식의 낙관적인 생각은 그러나 비현실적이다. 경험이 있는 사람이라면 아마도 세후(稅後) 구매력 가치로 따져 자신이 처음에 투자한 금액만큼 그대로 돌려받을 수 있다면 만족할 것이다.

채권 같은 정액자산에 투자하게 되면 유동성과 담보가치, 신용도만 좋을 경우 디플레이션 시기에 유리하다. 그러나 요즘 같은 인플레이션 시기에는 손실이 불가피하다.

주식이나 부동산 같은 실물자산에 투자하게 되면 정액자산 투자자에 비해 인플레이션 시기에 유리하다. 하지만 이들이 손에 쥔 것 같아 보이는 이익도 실은 허상일 뿐인 경우가 많다. 일을 하고 노동의 대가를 받을 수 있는 능력도 일종의 실물자산이다. 물가가 올라가면 연봉도 따라서 오르지만, 통상 물가 상승률이나 세율 인상에 미치지 못한다.

당신의 재산을 갉아먹는 세력에 맞설 수 있는 가장 확실한 무기는 지식과 경험이다. 현재의 환경이 어떤지 정확히 인식하면 더 많은 것을 배울 수 있다. 그러려면 책을 많이 읽고, 당신보다 뛰어나다고 생각되는 사람과 많은 대화를 나눠야 한다.

가장 먼저 배워야 할 것은 게임에서 앞서 가는 사람이 누구인가를 아는 것이다. 그 다음에 당신도 스스로의 운명을 개척해 나가야 할 때라고 느끼게 되면 작은 금액으로 시작해 경험부터 쌓아야 한다.

처음 기대했던 것보다 훨씬 더 어렵다는 사실을 알게 될 것이다. 하지만 이렇게 하면 분명히 보상이 따를 것이다.

제 58 장
값이 싼 경영진은 기대하지 말라

돈을 버는 방법에는 세 가지가 있다. 하나는 자신의 시간을 파는 것이요, 다른 하나는 자신의 돈을 빌려주는 것이요, 마지막 세 번째는 자신의 돈을 거는 것이다.

주식을 사는 투자자는 주식투자에 자기 돈을 거는 것이다. 그는 다른 사람들과 함께 돈을 출자해 좋든 싫든 기업의 소유권을 사는 것이다.

출자한 기업에서는 많은 사람들이 일을 한다. 그러나 내가 여기서 논의하려는 것은 투자자에게 경영진이 얼마나 중요한가에 관한 것이다.

상장기업 주식을 매수한 투자자는 회사의 지분을 직접 소유하면서도 자신을 위해 일하는 경영진과 근로자들이 벌어주는 회사 이익과 배당금을 가져간다. 이를 위해 해야 할 일은 적절한 타이밍에 적절한 주식을 매입하는 것뿐이고, 나중에 돈이 필요하면 언제든 보유주식을 팔수 있다. 반면 작은 개인기업이나 합자회사에 자기 돈을 출자한 투자자는 리스크를 부담해야 할 뿐만 아니라 경영이나 영업, 관리업무에 참여해야 한다. 그러나 상장기업 투자자 역시 익명의 소유권에 상응하는 대가를 기꺼이 치러야 한다.

최근에는 이 같은 사실을 의식한 투자자들이 늘어나면서, 기업 경영진을 다각도로 자세히 분석하는 경우가 많아졌다. 경영진은 해당 기업의 지분을 얼마나 많이 보유하고 있는가? 보유지분은 늘어나고 있는가 줄어들고 있는가? 늘어났다면 자기 돈으로 시장에서 매수한 것인가, 아니면 회사로부터 스톡옵션으로 받은 것인가? 최고의 능력을 발휘하고 있는가? 보너스와 연금 혜택을 포함한 급여 총액은 합당한 것인가? 투자에 성공하려면 반드시 이런 결정적인 요소들을 유심히 살펴봐야 한다.

그런데 많은 주식 투자자들이 낮은 급여를 받는 경영진을 선호하고, 최상의 경제적 대우를 받는 것 같은 경영진은 싫어하는 경향이 있다. 이건 아주 근시안적이며 잘못된 생각이다.

투자자가 중시해야 할 점은 기업이 최고의 인력을 끌어오고 계속 일하도록 하려면 그에 상응하는 급여정책을 가져야 한다는 것이다. 회사를 이끌어가고, 회사를 위해 일하고, 또 장래에 경영진으로 올라설 인력이 훌륭해야만 좋은 기업이 될 수 있다.

현행 세법 체제 아래서는 예전처럼 저축만 해서는 노후를 보장할 수 없다. 근로자나 경영진 모두 별도의 연금 혜택 같은 노후 보장 계획이 필요해진 것이다. 따라서 각 기업은 최고의 인력을 유치하기 위해 다른 기업들과 경쟁을 벌여야 하고, 노후 대비책으로 개인사업을 하려는 고급인력도 끌어들일 수 있어야 한다. 물론 경영진에게 주는 급여가 높은지 낮은지 평가하는 일률적인 잣대는 없다. 당연히 기업의 규모가 한 요인이 될 것이다. 다만 일반적으로 말하자면 최고의 인력이 궁극적으로는 급여가 가장 낮다.

예를 들어보자. 파산 위기에 직면했던 맥스웰 챌머스 자동차를 인수해 3대 자동차 기업의 반열에 올려놓은 월터 크라이슬러에게는 아무리 많은 급여를 지급해도 아깝지 않을 것이다. 반면 이 시기에 사양길로 접어들고 만 여러 자동차회사의 경영진은 아무리 적은 급여를 지급했다 해도 결코 싼 게 아니었을 것이다.

경영진의 지분 보유 역시 이와 비슷하다. 어느 정도는 경영진이 회사의 주요 지분을 보유하고 있는 게 좋다. 하지만 무조건 경영진의 보유지분이 높다고 해서 투자자에게 유리한 것은 아니다. 사안에 따라 판단할 필요가 있다. 회사의 경영진이 최근에 자기 돈을 들여 시장에서 직접 주식을 매수했다면 투자자들에게 매우 좋은 신호다.

결론적으로 말해 주식투자자 입장에서 기업 경영진의 선택과 보상 정책에 관심을 갖는다면, 최고의 기업 실적을 가져다 줄 수 있는 최선의 인물에 주목해야지 무조건 몸값이 싼 경영진을 선호해서는 안 된다. 대부분의 상장기업을 보면 최고경영진의 급여를 다 합쳐봐야 순이익에 비해 아주 작은 부분에 지나지 않는다; 그러나 몸값이 싼 최고경영진이 실수를 저질렀을 경우 순이익의 큰 부분이 날아가거나 아예 적자로 돌아설 수 있다.

제 59 장
"기적의 투자법"은 허구다

지난 몇 년간 월 스트리트에서는 주식을 투자대상으로 한 일종의 시스템 저축 방식이 인기를 끌고 있는데, 주식시장의 장기 추세는 오를 수밖에 없으므로 평균 매수단가를 내려가면서 투자물량을 늘리면 결과적으로 큰 이익을 거둘 수 있다는 것이다. 일각에서는 이를 "물타기"라고 부르지만, 나는 이것이 허황된 신기루처럼 보인다는 점에서 "기적의 투자법"이라고 부르고 싶다.

시스템에 따른 저축과 복리이자를 결합하면 세월이 흐름에 따라 투자금액은 눈덩이처럼 불어날 수 있다. 수학적으로 보면 의문의 여지가 없다. 연 6%의 복리이자면 12년 만에 원금은 두 배가 된다. 여기에 매년 원금을 추가하면 기하급수적으로 늘어난다. 가령 처음에 저축한 1달러는 12년 뒤 2달러가 된다. 그런데 처음에 1달러를 저축한 다음 매년 1달러씩 추가로 저축하면 12년 뒤 17달러로 불어난다.

하지만 이건 어디까지나 수학적인 계산일 뿐이다. 현실 세계에서는 여러 가지 문제에 부딪친다. 하나는 6%의 복리수익률을 어떻게 안정적으로 보장받느냐는 점이다. 다음으로는 만약 보장받는다 해도 소득세 등으로 상당한 금액이 차감될 것이라는 점이다.

그런데 한 가지 주식을 투자대상으로 해 이런 식으로 저축한다면 더 큰 문제가 발생한다. 오랜 역사를 가진 우량기업 주식이라 해도 장래에 어떻게 될지는 아무도 모르기 때문이다. 월 스트리트에서 1954년에 나온 한 자료에 따르면 제너럴 모터스, 듀폰, 스탠더드 오일 오브 뉴저지(Standard Oil of New Jersey), 이스트만 코닥(Eastman Kodak), 웨스팅하우스 일렉트릭(Westinghouse Electric)을 예로 들고 있다.

그러면 자료에서 제시한 대로 웨스팅하우스 주식에 1937년부터 1954년까지 매년 1000달러씩 투자했다고 하자. 그러면 투자원금은 모두 1만8000달러인데, 마지막 해 말의 주식가치는 4만1580달러가 된다. 이 자료에서는 배당금까지 모두 투자한 것으로 돼 있는데, 최종적으로 원금을 제외하고 2만3580달러가 남아 131%의 투자수익률을 올린 셈이다. 이 같은 수익률은 연 7~8%에 해당하는 것이다.

그런데 이 자료의 가장 큰 문제점은 "앞으로"가 아니라 "뒤로"라는 점이다. 가령 웨스팅하우스의 주가는 1937년에 최고 42달러에 달했지만 1942년에는 15.75달러로 떨어졌다. 이 6년 동안 웨스팅하우스의 주가는 지속적으로 하락했으며, 이 주식을 매수한 투자자들은 상당히 실망스러운 실적과 함께 결국 매도할 수밖에 없었을 것이다. 이처럼 내가 보기에 "기적의 투자법"은 무척 위험한 것으로, 누구도 그 결과를 장담할 수 없다. 대개의 경우 주가가 떨어질 때는 투자할 자금이 고갈

돼 주가가 하락하는 것이다. 물론 이 자료가 성립하자면 주가가 바닥을 치고 있을 때도 계속 매수할 수 있어야 한다. 그러나 자금이 고갈된 상태에서 계속 매수한다는 건 어불성설이다. 다시 말해 다우존스 평균주가가 최저점을 기록했던 1932년의 패닉 상태에서도 엄청난 매수 주문이 나와야 한다는 것인데, 이때는 사람들이 임대료나 이자도 내지 못해 지급불능 상태에 직면해있던 시기였다. 보통사람들이 꾸준히 정기적으로 저축할 수 있다고 생각하는 것 자체가 논리적으로 허구나 다름없다.

또 한 가지 이 자료에서 간과한 것은 신뢰의 문제다. 인간의 본성상 주가가 올라갈 때는 낙관적으로 생각하고 자신감을 갖는다. 그런데 주가가 떨어지게 되면 자신이 처음에 매수했을 때 가졌던 생각이 틀린 게 아니었는지 의문을 갖기 시작한다. 가령 웨스팅하우스의 1946년도 주당 순이익은 65센트에 불과했다. 이런 상황에서는 뭔가 잘못됐다고 느끼고, 비록 이 주식을 매수하기는 했지만 굳이 아까운 돈을 계속 더 투자하지는 않으려고 하는 게 인지상정이다.

과거의 주가 흐름이 아닌 미래의 주가 흐름을 보자. 이 자료가 나왔을 당시에는 아무도 예상할 수 없었지만, 그 후 1960년까지 웨스팅하우스 주식은 꽤 잘 나갔다. 1960년에는 60달러를 넘어서기도 했다. 그런데 1962년 말에는 30달러 밑으로 떨어졌다. 이 글을 쓰고 있는 1964년 현재는 다시 약간 회복했다. "과거는 과거고, 미래는 미래다."

우리가 과거로 돌아가 이 자료에서 선정한 종목을 이 자료에서 선택한 기간 동안 계속 투자할 수 있다면 아무런 문제도 없다. 그러나 가령 1929년 주가 대폭락 이전에 당시 블루칩으로 손꼽혔던 뉴욕 센트럴이나 웨스턴 유니언, 컨솔리데이티드 에디슨을 매수했다고 하자. 그 무렵 이들 세 종목은 전망이 좋았고, 1929년 말까지도 환상적인 수익률을 기록했다. 하지만 그 다음 해부터 이들 세 종목은 물론 다른 많은 종목들까지 완전히 위상이 바뀌어버렸다.

뉴욕 센트럴은 1929년에 주당 순이익 16달러를 기록했고, 8달러의 배당금을 지급했으며, 주가는 250달러를 상회했다. 24년이 지난 1953년 뉴욕 센트럴의 주당 순이익은 5달러, 배당금은 1달러에 그쳤고, 이해 주가는 평균 21달러였다. 한때 인기를 끌었던 주식이 어떻게 되는지 보여주는 전형적인 예다. 오늘 주식시장에서 한껏 주가를 올리고 있는 테마주들도 이런 운명을 맞지 않으리라고는 누구도 장담하지 못한다.

이와는 별도로 자료에서 완전히 무시하고 있는 게 있는데, 바로 장기 투자할 경우 불가피하게 발생하는 구매력 변동이다. 구매력 변동은 여러 가지 방식으로 이루어진다. 단순히 인플레이션이나 디플레이션으로 인해 구매력이 떨어지거나 올라갈 수 있다. 정치적인 영향을 받을 수도 있고, 법률로 화폐의 가치를 제한할 수도 있다. 고율의 판매세나 관세를 부과할 경우에도 구매력은 달라진다. 그래서 속된 말로 "내 손 안의 새 한 마리가 숲 속의 새 두 마리보다 낫다"는 것이다. 15년 혹은 25년 앞을 내다보고 저축하기 보다는 필요할 때 돈을 쓰려는 사람이 훨씬 더 많은 것도 이 때문이다. 화폐의 가치는 개인적인 측면에서도 변한다. 똑같은 금액이라도 35세일 때 쓰는 것과 55세일 때 쓰는 것은 전혀 다르다. 투자는 결코 정밀과학이 아니다. 투자에 성공하기 위해서는 반드시 주식투자가 당신에게 적합하다고 느껴야 하고, 손절매 원칙을 지켜야 하며, 수익이 나는 상황에 집중해야 하고, 그리고 무엇보다 기계적인 장기 투자 프로그램에 얽매이지 말아야 한다. 평균 매수단가를 낮추는 것은 대부분의 경우 귀중한 돈을 그냥 날리는 것이다. 이와는 정반대인 피라미딩 투자 방식이 훨씬 더 낫다. 성공한 것을 따라가야 보상을 받는다. 그 반대로 하면 아무런 보상도 받지 못한다.

존 J. 라스콥(John J. Raskob)은 1929년 8월에 이런 말을 했다. "저축만 해서는 아무도 부자가 될 수 없습니다. 단순히 저축만 한다면 부는 흩어지게 됩니다. 결국에는 저축할 돈마저 전혀 남아나지 않게 되지요." 나는 이 말에 전적으로 동의한다. 그러나 투자의 세계에서 살아남으려면, 기적을 바라는 대신 지식을 활용해야 한다.

제 60 장

스텝 시스템

투자는 정밀과학이 아니다. 스텝 시스템이다. 최고의 심리학자는 대개 최고의 투자자가 된다; 회계사나 숫자를 다루는 사람은 대개 장부가치와 시장가치를 맞춰보느라 힘든 시간을 보낸다. 투자에 성공하기 위해서는 경험과 정보, 판단이 필요하지 무조건적인 공식이나 사실이 필요한 게 아니다.

가장 성공적인 투자자란 자신이 가진 돈 대부분을 그의 가장 성공적인 아이디어에 투자하고, 가장 나쁜 아이디어에는 최소한의 돈만 투자하는 사람이다.

다른 말로 표현하자면 물타기(평균 매수단가 낮추기)가 아니라 피라미딩이 현명한 투자방법이라는 것이다. 피라미딩 투자를 하면 어지간해서는 귀한 돈을 쓸데없이 날리지 않는다.

그런데 이 원칙의 문제는 자동적으로 실행하기가 힘들다는 것이다.

따라서 온갖 갈등도 겪어봤고, 탐욕이나 미망에도 사로잡혀본 경험 있는 투자자의 충고를 따라야 한다. 이론과 실제는 전혀 다르다. 우리 대부분은 손절매하기를 싫어하고, 앞서 낮은 가격일 때 놓친 주식을 더 비싼 가격으로 사고 싶어하지 않는다.

그래서 "스텝 시스템"이 필요한 것이다. 나는 "투자 시스템"이나 "투자법" 같은 말을 좋아하지 않지만, 여기서는 두운(頭韻)이 좋아서 그냥 쓴 것이다.

스텝 시스템이란, 시장이 당신의 예상과 달리 움직이거나 당신 스스로 확신이 서지 않을 때 한 번에 한 스텝씩 상황을 바로잡는 것이다.

가령 당신은 주가가 상승할 것이라고 예상하고서 어떤 주식을 매수할 것이다. 사실 주가가 오를 것이라고 기대하지 않았다면 처음부터 매수하지도 않을 것이다. 그런데 매수한 주식이 기대와는 반대로 하락한다. 초조해지면서 의구심이 솟아나지만, 그렇다고 과감히 어떤 행동을 취할 만큼 배짱도 없다. 여기서 최선의 행동은 손절매를 한 뒤 다시 생각해보는 것이다. 전부 손절매하지 못하겠다면 일부라도 매도해야 한다. 그러면 나중에 주가가 더 떨어졌을 때 행동하기가 편하다. 추가로 하락할 때마다 당신의 "실수"를 깨닫고 그 손실을 감수할 수 있기 때문이다. 이렇게 하면 하염없이 흘러내리는 장세에서 그냥 주식을 붙들고 있었을 사람도 놀라우리만큼 쉽게 시장에서 벗어날 수 있다. 상승세를 타는 시장에서도 이런 식으로 하면 자칫 놓쳐버릴 수 있는 주식을 매수할 수 있다. 마치 어떤 약을 복용했는데 몸에 맞으면 처방을 늘리고, 맞지 않으면 복용을 중단하는 것과 같은 이치다.

제 61 장

더 높은 수익률을 위한 조언-1

여가시간을 계획적으로 활용하라

당신은 여가시간을 얼마나 가치 있게 보내는가?

체이스 맨해튼 뱅크가 발간하는 격월간지 〈비즈니스 인 브리프 Business in Brief〉 최근호에서는 『미국의 여가생활』을 주제로 한 장문의 기사를 다뤘다. 기사에 따르면 미국의 근로시간은 1850년 당시 주당 70시간에서 지금은 주당 40시간으로 줄어든 것으로 나타났다. 여기에 휴일도 늘어났고 유급휴가 일수도 많아졌다.

물론 사업가나 전문직 종사자들의 근로시간은 다를 것이다. 한 조사에 따르면 기업 경영자의 40%는 주당 48시간 이상 일하는 것으로 알려졌다. 또한 각 분야에서 가장 성공한 인물들은 주당 60시간 가까이 일하고 있다.

1953년에 리튼 인더스트리즈(Litton Industries, Inc.)를 창업해 황무지에서 한 해 3000만 달러의 순이익을 올리는 기업을 만들어낸 "텍스" 손톤("Tex" Thornton)은 며칠 전 주주총회에서 이런 말을 했다; "하릴없이 여가시간을 보낸다는 건 말도 안 됩니다." 손톤은 거의 모든 시간을 자기 사업에 바치고 있고, 그에 따른 보상을 받았다.

성공의 필수조건은 다른 사람들이 "일"이라고 부르는 것을 진정으로 즐길 줄 아는 것이다. 자기가 하는 일에서 즐거움을 찾지 못한다면 성공할 수도 없고, 자신의 가치를 충분히 실현하지도 못한다.

물론 자기가 하는 일이 마음에 들지 않거나 천하다고 여기는 사람은 여기에 이의를 제기할 것이다. 하지만 노래에도 나오듯이, 아무리 비천한 일이라도 열심히 하는 사람은 어떤 식으로든 높은 경지의 삶을 누릴 수 있다.

당신이 일을 끝낸 뒤 가질 수 있는 근무 이외의 시간을 "자발적인 게으름"을 만끽하면서 그냥 보낼 수 있다. 하지만 이 시간도 당신의 정식 근로시간과 똑같은 가치를 갖는다. 어떤 의미에서는 더 큰 가치를 가질 수도 있다. 많은 사람들이 느끼지 못할 뿐이다.

앞으로 갈수록 더 많은 "가처분 시간"이 주어질 것이다. 그 시간이 당신에게 얼마나 귀중한 지 깊이 생각할수록 그 시간은 더 높은 가치를 가질 것이다. 시간외 근무를 하는 데 이 시간을 쓸 수도 있을 것이다. 혹은 공부하거나 건강을 위해, 여행하는 데 활용할 수도 있을 것이다.

생활비를 벌기 위해 일하는 시간에 비해 "여가시간"에는 훨씬 더 느긋하게 시간을 흘려 보낸다. 여가시간을 계획적으로 활용하라. 당신이 구하고자 하는 가장 중요한 것을 얻는 데 이 시간을 투자하라.

마지막이 먼저다

우리 대부분은 "처음"이 "마지막" 이전에 온다고 생각하지만, 구두를 만드는 사람은 "마지막을 먼저 생각한다." 대부분의 투자자들은 주가가 이전 저점에 근접했거나, 주가수익비율(PER)이 최저 수준이거나, 배당수익률이 최고 수준이거나, 장부가치 대비 주가가 최저 수준일 때를 최적의 매수 시점이라고 생각한다. 그러나 정말로 성공하는 투자자, 즉 노련하고 경험 많은 프로 투자자는 "가장 싼 주식이 가장 값비싼 주식"이라고 여긴다.

극단적인 예를 들어보겠다. 어느 업종이든 열 종목 정도를 무작위로 골라 이 가운데서 주가가 가장 높은 주식을 눈 딱 감고 매수해보라. 시장의 흐름이 괜찮고, 너무 오랫동안 붙들고 있지 않을 경우 투자수익을 올릴 수 있을 것이다. 물론 내가 이런 투자 방법을 권하는 것은 아니다. 너무나 많은 사람들이 이와 정반대로 하기 때문에 이런 말을 하는 것이다. "가장 싸게" 보이는 주식만 매수한다면 부진한 수익률을 면할 수 없다.

내 말이 역설적으로 들릴지도 모르겠지만, 시장은 모든 주식을 끊임없이 다른 종목과 비교하고 새로이 평가한다. 가령 A자동차 주식은 배당수익률이 6%며, B자동차 주식은 7%라고 하자. 틀림없이 B자동차 주식은 뭔가 약점이 있을 것이다. 주식시장의 매수자와 매도자들은 이 사실을 알고 있다. 그런데도 B자동차 주식이 싸다면서 매수에 나서는 사람은 물론 예외겠지만 말이다.

어느 주식이 정말로 싸다고 느껴질 때면, 이것이 좀더 주의 깊게 살펴보라는 적신호라고 여기고, 혹시 결정적인 약점을 놓친 게 없는지 따져보라. 배당수익률이 2%에도 못 미치는 초우량주가 한 해 동안 50% 이상 상승하며 사상 최고치를 경신했다고 해서, 공매도를 해야겠다고 느낄 때면 일단 멈추고 다시 한번 생각해보라. 초우량주의 이런 주가 흐름은 과거의 성공을 반영하는 것이기도 하지만 실은 미래에 더 큰 성공이 약속돼 있다는 청신호일 수 있다.

젊은 시절의 투자

나는 약간 옛날 사고방식의 소유자라 요즘 젊은 세대들이 할부로 주식을 매수한다는 걸 통 이해하지 못하겠다. 사실 이들이 말하는 "재테크 방법"을 보면 혼란스럽기 짝이 없다.

젊어서 처음 돈을 벌게 되면 먼저 자신의 생활비나 임대료 등에 써야 한다. 그리고 남의 돈을 빌릴 경우에는 사업이나 투자로 목적을 한정해야 한다.

물론 이렇게 투자했다가 손실을 볼 수도 있겠지만 젊은 시절은 그렇게 도전해볼 만한 시기다. 젊음이란 원래 힘이 넘쳐나고 세상 끝까지라도 올라가고자 한다. 그러나 세월이 흐르다 보면 스스로 자신의 한계를 깨닫는 시점이 온다. 시련을 겪지 않으면 잘 모른다. 따라서 남의 돈을 빌리기에 앞서 자신이 삶의 역정 가운데 어디에 서 있는지 알아야 한다.

투자수익을 내다보고 돈을 빌려서라도 위험을 감수하는 것은 이해할 수 있다. 하지만 자신의 미래가 어떻게 될지도 모르면서 돈을 빌려 더 좋은 차나 더 좋은 집을 사는 것은 말이 되지 않는다.

또한 투자를 고려하기에 앞서 반드시 살아가는 데 필요한 기본적인 지출을 따져봐야 한다. 비상시에 쓸 수 있는 여유자금도 틀림없이 필요할 것이다. 보험료도 역시 "필수불가결한" 지출이다. 그러나 자동차나 주택은 개인별로 다를 것이다.

돈을 벌려면 돈이 필요하다. 젊은 세대는 배당소득이나 이자보다는 자본이득(시세차익)을 목표로 해야 한다. 나중에 자신의 시간을 팔 수 없을 때도 이전처럼 생활할 수 있는 소득이 나올 수 있도록 멀리 내다보고 투자를 계획해야 한다.

월 스트리트에서 일하는 최고의 이점

월 스트리트에서 일해보겠다는 젊은이들과 이야기하다 보면, 아주 힘들고 어려운 일을 해본 친구들일수록 큰 꿈을 지녔다는 사실을 발견한다.

내가 이런 말을 하는 이유는 월 스트리트에 들어오기 전부터 산전수전을 다 겪어본 젊은이가 성공할 가능성이 더 높기 때문이다.

나는 직업상 월 스트리트에서 일자리를 구하려는 사람들과 매일 만나 이야기를 나누는데, 알고 싶은 게 무어냐고 물으면 대개는 급여와 근무시간이라고 답한다. 어떤 사람은 지하철역에서 회사까지 너무 멀다고 불평하기도 한다. 이런 사람에게는 미래가 없다.

월 스트리트에서 일하면서 누릴 수 있는 최고의 이점은, 자신이 저축한 돈을 투자하는 바로 그곳에서 월급을 받는다는 것이다. 어느 한 쪽만 열심히 하면 둘 다 잘할 수 있는 것이다. 대개의 사업가나 전문직 종사자들은 자기 분야에서는 전문가라 해도 자기가 저축한 돈을 투자하는 데는 문외한인 경우가 많다.

사람마다 하는 일이 다르고, 또 그래야만 이 세상이 제대로 굴러갈 수 있다. 그러나 흥미진진한 일터에서 더 많은 돈을 벌겠다면, 그리고 기꺼이 더 많은 시간을 일하겠다면 월 스트리트는 그에 상응하는 보상을 해줄 것이다. 아주 환상적인 금액으로 말이다.

제 62 장
성장주는 어떻게 성장하는가

"성장주"를 매수하는 것은 아주 좋지만 그 전에 알아두어야 할 게 있다. 당신이 얼마를 지불하는지, 성장률은 얼마나 기대되며 어디까지 성장할 수 있는지 확인할 필요가 있다.

진정한 성장주는 순이익의 증가와 투자자의 인식 제고를 통해 상승한다. 투자자의 인식이 떨어지면 성장주 주가도 하락한다. 그래서 신중한 분석과 평가가 필요한 것이다.

성장주에 투자했다가 손실을 본 투자자들이 수백 만 명은 될 것이다. 매출이 늘어난다고 해서 동시에 순이익이 증가하거나 투자자의 인식이 제고되는 것은 아니다. 오히려 매출 증가에 따라 신규 자금이 더 필요할 수 있고, 판매마진이 위축될 수도 있다. 그러면 순이익이 감소하거나 적자로 돌아설 수도 있다. 예를 들면 내가 기억하는 한 항공사의 매출액은 매년 늘어났다. 그러나 항공사의 주가는 1945~46년에 고점을 기록한 뒤 1948~49년에 큰 폭으로 떨어졌다. 몇 군데 항공사를 보자. 아메리칸 에어라인(American Airline)의 경우 19.875달러에서 6.125달러로 하락한 뒤 9년이나 지난 1955년에야 겨우 19.875달러를 회복했다. 다른 항공사들인 TWA와 브래니프(Braniff), 캐피탈 (Capital), 노스웨스트(Northwest)는 1955년에도 1945~46년에 기록한 고점을 훨씬 밑돌았다.

결국 제트 엔진이 도입된 다음에야 항공사의 매출 증가와 함께 주가 도 다시 비상하기 시작했다.

일단 최소한의 예방조치로 현재 주가를 현재의 주당 순이익으로 나 눈 주가수익비율(PER)을 계산해봐야 한다. 주가수익비율은 현재 투 자자의 인식을 나타내주는 지표다. 그 다음 앞으로 기대되는 순이익 증가율과 주가수익비율을 예측하면 미래의 주가를 가늠해볼 수 있다. 이것을 미래의 다우존스 평균주가와 비교해보라. 만약 미래 주가가 다우존스 평균주가보다 훨씬 더 큰 폭으로 상승할 것으로 예상된다면 그 주식은 진정한 성장주라고 할 수 있다.

주가의 성장이 바로 우리의 목표다.

알코아(ALCOA)는 매우 흥미로운 사례다. 알코아의 주가는 1949년 11달러였는데, 1955년 말에는 75달러로 올라 무려 580%나 상승했다. 이 기간 중 주당 순이익은 1.10달러에서 3.75달러로 240% 증가했다. 그런데 이 기간 중 주가수익비율이 결정적으로 높아졌다. 1949년 당 시 10배에 불과했던 주가수익비율이 1955년 말에는 20배가 된 것이 다. 만약 주가수익비율이 1949년 수준을 그대로 유지했더라면 알코아 의 주가는 1955년 말에 75달러가 아닌 37.50달러로 상승하는 데 그쳤을 것이다.

"투자자의 인식"이 주가 상승률에 얼마나 큰 영향을 미치는지 잘 보여주는 예라고 할 수 있다.

제 63 장

투자 관리자의 딜레마

보통사람이 의사나 변호사의 능력을 제대로 평가하기란 어려운 일이다. 그런데 투자 관리자의 경우 고객들은 자기 나름대로 평가할 수 있다고 생각한다. 그 잣대가 잘못된 것일 때가 많은데도 말이다. 투자 관리의 가장 중요한 요소는 목표를 달성하기 위해 리스크를 얼마나 부담할 것인가 하는 점이다. 그런데 이건 정확한 평가가 매우 어렵고, 보통사람들 입장에서는 특히 그렇다.

투자 관리 분야에서 30년 넘게 일했지만 내가 보기에 투자 관리자들이 내놓는 결과는 다소 실망스럽다. 장기 사이클의 전 기간을 놓고 볼 때 대규모 자금을 운용하는 투자 관리자의 최고 실적이라고 해봐야 좋은 시절에는 시장평균보다 약간 더 높은 수익률을 올리고, 좋지 않은 시절에는 시장평균보다 약간 더 적은 손실을 보는 정도다. 대규모 자금을 운용하는 투자 관리자 가운데 시장의 바닥에서 주식을 대거 사들였다가 시장의 천정에서 전부 팔았다는 경우를 나는 지금까지 들어보지 못했다.

문제는 두 가지로 나눌 수 있다. 투자 의사결정의 문제가 하나고, 최종 실적에 영향을 미치는 고객과의 관계가 다른 하나다. 다른 사람의 돈을 맡아 투자하는 투자 관리자에게는 법적으로, 또 윤리적으로 책임이 따르는데, 이로 인해 성공 가능성이 더 높은 투자방식을 채택할 수 없는 경우가 있다. 가령 최고의 우량주로 구성된 포트폴리오에만 투자하는 펀드를 운용하는 펀드매니저는 주가가 떨어지는 상황에서도 빠져나올 수가 없다. 그렇다고 비우량주로 교체한다면 더 많은 비난이 쏟아질 것이다. 매도할 이유가 충분히 있음에도 불구하고 펀드 규정상 그런 의사결정을 내릴 수 없는 것이다. 투자자는 펀드 자금을 최대한 투자하기를 원하고, 최고의 우량주를 더 선호한다. 시시각각 변하는 그 주식의 수익성이나 리스크 따위는 잘 알려고 하지 않는다.

주가는 대차대조표나 손익계산서상의 수치에 따라 움직이지 않는다. 시장의 흐름과 주가를 결정짓는 데는 투자자의 심리가 아주 큰 역할을 한다. 문제를 더욱 어렵게 만드는 것은 기업의 순이익과 배당금을 좌우하는 경제의 펀더멘털이 소비자 심리에 의해 출렁거린다는 점이다. 더구나 예기치 못한 돌발적인 사건이 발생하고, 때로는 심각한 신용경색이 벌어지기도 한다.

인플레이션 시기에는 투자자금의 구매력을 유지하고, 또 화폐가치의 하락과 세금을 감안하더라도 실질적인 수익을 올릴 수 있도록 하는 게 투자 관리자의 기본적인 목표다. 마찬가지로 경기 불황 시에는 투자자금의 유동성과 명목가치를 유지하는 게 목표다. 투자 관리자가

이 같은 목표에 얼마나 충실했는가를 비교하려면 반드시 단기적인 성과가 아닌 장기적인 잣대로 평가해야 한다.

투자 관리자가 부딪치는 또 한 가지 난제는 어떻게 하면 투자손실이 더 이상 커지기 전에 손절매를 하느냐는 것이다. 말은 쉽지만 행동으로 옮기기에는 매우 어려운 문제다. 특히 어려운 점은 약세장에서 투자 포지션을 어떻게 가져가느냐 하는 것이다. 나중에 일시적인 하락으로 드러날 경우에는 투자 포지션을 끝까지 지켜야 하겠지만, 약세장이 지속될 때는 투자 포지션을 일찍 정리할수록 낫기 때문이다.

프로들 사이에서도 장기적으로 앞서가는 투자 관리자라면 자신이 운용하는 펀드의 수익률이 시장평균보다 몇 퍼센트 더 상승하고 덜 하락하는 데 신경 쓰지 않고, 매년 꾸준한 투자수익을 올리는 데 모든 노력을 집중할 것이다.

제 64 장

나는 팔지 않는다, 다른 사람들이 사갈 뿐이다

먼저 당신 자신에게 팔 수 없다면 그것이 무엇이든 누구에게도 팔 수 없다. 내가 증권회사에서 일하기 시작한 그날부터 이 원칙은 다른 어떤 원칙보다도 더 절실하게 와 닿았다. 이 원칙 덕분에 나는 불특정 다수 고객을 상대로 하는 주식중개 비즈니스에서 세칭 최고의 영업기반을 구축할 수 있었다. 물론 내 경험담 하나하나는 그리 거창하지도 않고 드라마틱하지도 않다. 극적인 반전 스토리도 없다. 그저 차근차근 벽돌을 쌓듯 똑같은 이야기의 반복일 뿐이다. 하지만 이렇게 해서 이뤄낸 성과를 다 모으면 엄청난 이야기가 된다. 뒤돌아 보면 너무나도 쉬운 일인데 왜 이런 결실을 맺는 사람은 그렇게 적은지 참으로 궁금할 따름이다.

나는 샌프란시스코의 보잘것없는 직장에서 사회생활을 시작했다. 고등학교를 다니는 동안 나는 학업은 뒷전으로 한 채 온통 건축과 여행, 카메라와 자동차에 매달려 시간을 보냈다. 그 무렵에는 신문의 경제면조차 읽지 않았다. 그렇게 스물한 살이 되자 증권회사로 들어갔다. 당시 나는 건축사무소에서 견습생으로 일을 배우기 보다는 직접 일을 하기로 결심했는데, 문제는 어떤 일을 할 것인가였다. 자동차 아니면 카메라? 책이나 보험, 부동산? 주식과 채권도 있었는데, 그 시절 무경험자가 들어갈 수 있는 분야 가운데 하나였다. 나는 채권을 택했다. 사실 그때까지도 나는 채권과 주식이 뭐가 다른지도 몰랐고, 유가증권 인수업자(딜러)와 중개인(브로커)도 구별하지 못했다. 어떻게 팔아야 하는지도 전혀 몰랐다. 누군가에게 뭔가를 판다는 생각 자체가 마음에 들지 않았다. 이 생각은 지금까지도 변함없고, 나는 여전히 무엇도 팔지 않는다. 다만 다른 사람들이 나에게 사갈 뿐이다.

내 첫 직장은 샌프란시스코의 채권 소매인수업체였다. 나는 딱 하루 동안 교육을 받고 채권 영업자로 배치됐다. 다음날, 그러니까 출근한지 이틀째 되는 날부터 밖으로 나가 채권을 팔아야 했다. 나는 사흘째 되는 날 그만두었다. 내가 신뢰할 수 없는 채권을 팔도록 했기 때문이다. 당시 나는 그 채권이 그렇게 안 좋은 것인지 확실히 알지는 못했다. 그런데 내가 받기로 한 커미션이 상식 밖으로 아주 높았다. 아마도 내가 판매하는 채권이 좋은 것이라면, 다시 말해 고객들이 나에게서 좋은 채권을 사는 것이라면 그렇게 높은 커미션을 줄 리가 없었다. 그래서 나는 그 채권이 좋은 것이 아니라고 생각했다. 나중에 드러난 사실이지만 그 채권을 발행한 회사는 아주 심각한 상황에 부딪쳤고, 따라서 내 판단은 옳았다. 그 이후 지금까지 나는 똑같은 원칙을 고수해왔다.

두 번째 직장 역시 샌프란시스코의 증권회사였는데, 뉴욕증권거래소(NYSE) 회원사로 일류 호텔의 1층에 사무실이 있었다. 나는 카운터 바로 뒤쪽에 있는 채권부 소속이었다. 매일같이 거리를 지나던 행인이 바깥 창문에 붙여놓은 광고를 보고서 신규 채권에 대한 정보를 물으러 왔는데, 그러면 이들을 고객 담당자에게 안내해주거나, 이들에게 각종 재무정보가 실린 소책자를 보여주는 게 내가 하는 일이었다. 이들 가운데 상당수는 나를 영업자로 착각했다. 당시만 해도 따로 규제가 없었으므로 초보자였던 나도 마음만 먹으면 언제든 매수주문을 받을 수 있었다. 그래서 나는 한 명 한 명씩 내 고객으로 만들어 일을 시작한 지 9개월 만에 모두 85명의 고객을 확보할 수 있었다. 그 시절의 내 영업기술이라고 하자면, 고객들에게 당시 내가 보기에 최고로 여겨지는 유가증권을 소개해주고, 가능하면 이들이 사려고 마음먹은 금액보다 좀 적게 매수하도록 하는 것이었다. 대부분의 사람들은 자신이 가진 돈 전부를 투자하지 못해 안달한다는 사실을 나는 이미 알고 있었다. 사실 가진 돈 전부를 투자하는 것보다는 정확한 시점에 정확한 유가증권을 매매할 수 있도록 최선의 주의를 기울이는 게 더 중요하며, 그렇게 해야 더 높은 투자수익률을 올릴 수 있다. 어떤 주식 100주를 사서 10%의 투자수익률을 올리는 게 똑같은 주식 1000주를 사서 1%의 투자수익률을 올리는 것보다 어느 모로 보나 훨씬 더 낫다.

물론 그 시절 나는 최고의 유가증권이 어느 것인지, 또 이 유가증권을 언제 매수하고, 얼마에 매수하는 게 최선인지 정확히 알지 못했다. 하지만 나는 최선을 다 했다. 나는 시간이 날 때마다 공부했고, 특히 주식과 채권, 시장 전반에 관해 닥치는 대로 읽었다; 투자에 관한 것이든, 투기에 관한 것이든, 아니면 보험, 부동산, 경제, 통화에 관한 것이든 전부 읽었다. 샌프란시스코에서 일하던 시절 나는 사무실에서 하루 12시간 일했고, 퇴근한 뒤에도 최소한 4시간은 공부했다. 한 가지는 분명히 말할 수 있다: 성공하기 위해서는 많은 시간을 투자해야 한다. 나는 휴일에도 사무실에 나가 하루 종일 혼자서 일했다. 회사에서 할 일은 정규 근무시간에 전부 끝마쳤기 때문에 이런 시간에는 나 스스로 정해둔 프로젝트를 처리했다.

1921년에 나는 이렇게 하루하루를 보냈다. 당시 주식시장은 바닥권에서 서서히 탈출하는 시점이었고, 나는 기대했던 것보다 좋은 실적을 올릴 수 있었다. 나는 고객들로부터 주문을 받아 직접 처리할 수 있었다. 이렇게 해서 받은 월급이 내가 기억하기로 90달러였고, 여기에 내가 따로 버는 수입이 있었다. 아버지가 유산으로 물려준 1만3000달러의 재산이 있었기 때문에, 나는 이 돈을 주식 매수자금으로 썼다.

처음부터 내 최고의 고객은 바로 나 자신이었다. 당신이 고객들에게 선전하는 것을 당신 자신이 제대로 실행하지 못한다면 아예 때려치우는 게 낫다. 이론과 현실 사이에는 엄청난 간격이 있다. 이 간격은 당신만의 해법으로 메워야 하며, 또 실제로 그렇게 되는지 확인해야 한다. 먼저 당신 자신에게 팔 수 없다면 그것이 무엇이든 누구에게도 팔 수 없다고 말하는 이유도 이 때문이다.

나는 회사에서 공식적으로는 채권부서 소속이었지만 주식에 대한 관심이 갈수록 커져만 갔다. 내 책상은 회사의 통계분석 담당자(애널리스트)와 채권 담당자 사이에 있었는데, 이들의 일을 모두 거들었다. 나는 통계분석 보고서를 작성하고 주식거래 주문을 처리하는 게 너무 재미있었다. 물론 채권거래 업무에도 약간의 흥미를 느꼈다. 나는 일단 인쇄된 글이라면 무조건 믿었다. 내가 원래 통계분석을 좋아하기도 했지만, 이런 믿음이 있었기에 현지 신문에 기명 칼럼을 썼던 것이다. 하지만 첫 번째 칼럼을 어떻게 쓰게 됐는지는 정확히 기억할 수 없다.

내 생각으로는 샌프란시스코에서 발행되는 〈콜 앤 포스트Call and Post〉 1921년 11월 18일(금요일)자였던 것 같다. 이날 신문에는 리버티 본드(Liberty Bonds)에 관한 600단어 가량의 내 칼럼이 실렸다. 다음 칼럼은 같은 해 12월 2일자에 나왔다. 이렇게 두 편의 칼럼이 나간 뒤부터 내가 쓰는 칼럼은 서부지역에서 발행되는 여러 언론매체에 줄기차게 실렸다. 1922년 8월에는 내 이름뿐만 아니라 사진까지 함께 소개됐다. 1922년 1월에 쓴 칼럼에서는 회사에서 만든 채권가격 차트도 함께 실었다.

내가 쓴 칼럼은 나 자신은 물론 회사에도 큰 도움이 됐다. 많은 잠재고객들이 나에게 자문을 구하러 왔다. 이들은 나와 대화를 나누면서 유가증권에 대해 보통사람 이상의 지식을 갖고 있는 전문가라는 느낌을 가졌는데, 그건 순전히 칼럼 덕분이었다. 사실 내가 초창기에 쓴 칼럼들은 누구나 신문이나 잡지 등에서 읽을 수 있는 사실들을 아주 간결하게 요약해놓은 것이었다. 하지만 그 무렵에는 이런 류의 기사나 칼럼조차 별로 없었다. 내가 쓴 칼럼에서는 자동차회사는 자동차를 만들고, 철강기업은 철강을 만들며, 6%의 배당금을 주는 회사는 6%의 배당금을 준다고 했다. 누구든 약간만 수고하면 이런 칼럼을 쓸 수 있었겠지만, 거의 아무도 그렇게 하지 않았다. 내가 쓴 칼럼들이 그나마 값어치를 했다면 금융시장의 여러 사실들을 읽기 쉽게 요약했으며, 신문의 경제면을 메워주는 데 일익을 담당했다는 정도일 것이다. 독자들은 신문에서 볼 수 있는 여러 정보를 내 칼럼을 통해 요약된 형태로 읽을 수 있었다. 어쨌든 나는 이 칼럼들 덕분에 상당한 명성을 쌓을 수 있었다.

더구나 당시 신문사의 경제부 기자들과도 막역한 친구 사이가 됐다. 특히 〈콜 앤 포스트〉의 톰 다르지(Tom Dargie) 기자와 〈이그제미너 Examiner〉의 오스카 페른바흐(Oscar Fernbach) 기자 같은 친구들이 많은 도움을 주었다. 물론 나 역시도 그들을 위해 최선을 다했다. 그 시절만 해도 경제관련 뉴스는 아주 피상적인 내용이었는데, 나는 동부지역과 연결된 회사의 전용 전신회선을 활용해 캘리포니아에 흥미로운 뉴스와 칼럼, 심지어 "특종 기사"까지 전달하고자 애썼다. 나의 이런 노력에 상응해 신문사 친구들도 나에게 신문이 발행되기 전에 지역 경제와 관련된 뉴스 몇 가지를 알려주었다. 이렇게 되자 나는 자연히 정보에서 앞서 나갔고, 신문이 나오기 전에 몇 가지 사실을 먼저 알게 됐다. 두드러질 정도는 아니었지만 나는 이런 식으로 조금씩 발전해나간 것이다.

두 번째 직장은 내 평생 직장이 될 수도 있었지만 나는 또다시 그만두었다. 다만 첫 직장은 3일만에 나왔는데 두 번째 직장은 9개월이나 다녔다는 게 차이였다. 이번에도 직장을 그만둔 이유는 똑같았다. 공교롭게도 내가 3일만에 관두었던 첫 직장에서 일하던 사람이 내가 있던 회사로 옮겨와 내 직속상사가 된 것이다. 이 사람은 앞서 내가 그만둘 수밖에 없었던 바로 그 영업전술을 쓰도록 했다. 내가 보기에 고객들에게 절대 최선이 아닌 유가증권을 팔도록 강요했고, 높은 특별 수당을 내세워 판매를 독려했다.

나는 결국 두 번째 직장을 떠나 E.F. 허튼(E.F. Hutton & Co.) 샌프란시스코 지점의 통계분석 책임자로 갔다. 내 밑으로는 단 한 명의 직원밖에 없었고, 급여는 월 110달러에 불과했지만 일단 내가 맡은 새 직책은 그 이상이었다. 더구나 나는 앞선 직장에서 9개월 동안 확보해둔 85명의 고객들을 E.F. 허튼으로 데려올 수 있었다. 뒤늦게 알게 된 사실이지만 직장을 옮기면서 고객까지 함께 데려간다는 건 절대 쉬운 일이 아니었다. 증권회사 직원이 다른 곳으로 옮길 경우 자기 고객들까지 함께 데려갈 수 있을 것이라고 많이들 생각하지만 실제로 대부분의 고객들은 기존의 증권회사에서 새로운 직원한테서 서비스를 받고자 한다. 그런데도 내가 고객들을 새 직장으로 데려가는 데 성공한 이유는 고객의 이익을 최우선으로 했기 때문이다.

나는 지금 직장에서 40년 이상 일하고 있다. 샌프란시스코 지점에서 시작해 곧 뉴욕 본사로 옮겼고, 파트너로 있다가 1962년 주식회사가 된 다음에는 부회장이 됐다. 지난 40년 사이에도 누군가 고객에게 최선이 아닌 것을 나에게 팔도록 했다든가, 고객에게 과다할 정도로 매수하도록 강요했다면 나는 세 번째로 직장을 그만두었을 것이다. 오늘날까지도 나는 그런 상황이 닥치면 언제든 그만둘 준비가 돼 있다.

나는 E.F. 허튼 샌프란스시코 지점에서 통계분석 책임자로 일하기에 앞서 뉴욕을 꼭 여행해봐야겠다는 생각을 가졌다. 뉴욕에는 뉴욕증권거래소(NYSE)와 월 스트리트가 있었다. 자본과 두뇌, 권력을 비롯해 한 나라를 돌아가게 만드는 모든 것이 집결하는 곳이 바로 월 스트리트였다. 샌프란시스코 지역 신문에서는 내가 쓴 글을 실으면서 "뭔가를 아는 사람이 쓰는 이야기"라는 제목을 붙여주곤 했다. 하지만 내가 진짜로 뭘 알았을까? 내 생각은 그렇지 않았다. 그러나 뉴욕에 있는 사람은 알고 있을 것이며, 그곳에 가면 배울 수 있을 것이라는 생각이 들었다. 일단 다녀와봐야겠다는 생각뿐이었다.

여행경비는 나 스스로 조달해야 했다. 돈이 없는 것은 아니었지만 여행경비는 결코 만만치 않은 금액이었다. 물론 지나고 나서 생각해보니 개인적으로 최고의 투자였던 것 같다. 그 무렵 나는 꽤 검소하게 생활하는 편이었다. 방세와 의류비, 개인용돈을 합쳐 한 달 지출이 60달러 정도에 불과했다. 그런데 뉴욕 여행의 유일한 목적은 다름아닌 나를 가르쳐줄 만한 최고의 인사들을 만나는 것이었다. 따라서 내가 그들과 같은 부류에 끼지 못한다면 여행은 아무 의미도 없을 터였다. 나는 백만장자에게나 어울리는 정장을 사 입었다. 월급 110달러를 받는 처지에 185달러짜리 정장을 산 것이다. 여행과 관련한 모든 것들은 이처럼 백만장자 수준에 맞췄다. 그렇게 해서 필요한 사람들을 만날 수만 있다면 충분히 그럴만한 값어치가 있었다. 내심 샌프란시스코라면 10년에 걸쳐 만나야 할 최고 인사들을 이번 여행을 통해 한꺼번에 만날 수 있을 것이라고 생각했다. 허름한 옷차림에 삼류 호텔에 묵는다면 절대 이런 목적을 달성할 수 없을 것이었다. 또한 내 지적 수준과 도덕적 기준이 나의 원대한 목표와 어울리지 않는다면 비록 최고급 호텔에 묵는다 해도 필요한 인사들과 긴밀한 관계를 맺을 수 없으리라는 점 역시 잘 알고 있었다.

여행은 대단한 성공이었다. 나는 떠날 때보다 훨씬 더 많은 지식을 쌓은 다음 돌아올 수 있었다. 샌프란시스코에서는 도저히 확보할 수 없는 귀중한 정보원들과도 친해졌다. 이제 비로소 샌프란시스코의 신문기자 친구들에게 진짜로 기사가 될 만한 것들을 이야기해줄 수 있었다. 투자관련 업무도 이전보다 훨씬 더 잘하게 됐다. 내 칼럼은 이전처럼 누구나 조금만 노력하면 쓸 수 있는 "자동차회사가 자동차를 만든다"는 식에서 벗어날 수 있었다. 내 칼럼에는 이제 아무도 모르는 뉴스가 들어있었다. 새로운 자동차 모델이 어떤 것인지, 이 모델이 해당 자동차기업의 순이익과 주가에 어떤 영향을 미칠 것인지에 관해 썼다. 샌프란시스코에서 쉽게 얻어들을 수 없는 이야기를 내 칼럼에서 전하기 시작한 것이다.

사실(fact), 심지어 거의 누구도 모르는 사실을 확보했다 하더라도 주식시장에서 지속적으로 성공할 수는 없다. 그 사실이 무엇을 의미하는지, 어떤 영향을 미칠 것인지에 대한 판단이 사실만큼 중요하기 때문이다. 내 판단력은 경험이 쌓여가면서 많이 좋아졌지만, 그래도 여전히 부족한 상태였다. 다행히 경쟁자들의 판단력 역시 부족했기 때문에 크게 우려할 정도는 아니었다. 하지만 바로 그 무렵 나는 주식시장에서 큰 손실을 입었는데, 투자원금 대비 손실 비율은 내 평생 최악의 수준이었다. 내가 이렇게 심각한 손실을 입은 것은 주식시장 전반의 하락도 한몫 했지만, 당시 소위 "잘 나간다"고 하는 주식매수 세력에 편승했기 때문이었다. 하지만 결과적으로 보면 이건 정말로 나에게 엄청난 행운이었다. 나를 바보로 만들어버렸던 세력들에게 나는 그 이후 매일같이 고맙다고 감사해야 할 정도였다. 주식시장이 급락했던 1923년에 배운 교훈이 있었기에 1929년부터 1932년까지의 대폭락 시기에 살아남을 수 있었다. 나는 그 시절 이후 주식시장과 매수세력을 늘 의심스러운 눈초리로 바라봤고, 언제든 매도할 태세를 갖추었다. 내가 이렇게 쉽게 넘어가지 않는다면, 내 고객들 역시 속아넘어갈 리 없었다.

나는 E.F. 허튼의 샌프란시스코 지점에서 통계분석 책임자로 일하면서 처음부터 기존의 내 영업기록을 돌파하고 싶었다. 요즘은 주로 리서치 업무라고 하지만 당시나 지금이나 통계분석 업무는 연봉의 한계가 분명했다. 연봉 상한에 도달하면 더 이상 오를 여지가 없었다. 하지만 회사가 올리는 매출은 이와 달랐다. 영업을 잘하면 회사의 수입은 얼마든지 늘어날 수 있었다. 나는 전통적인 방식의 영업은 좋아하지 않았지만, 성공적인 영업에 수반되는 과실은 좋아했고, 내 방식대로 목표를 달성하고자 했다. 그래서 나는 처음으로 새로운 고객들의 계좌를 직접 관리하기 시작했다.

당시 뉴욕 시장과의 전신 연결은 불규칙적으로 이뤄졌고, 빠른 전신 서비스는 전용 회선을 임대해서 쓰는 극소수 증권회사만 가능했다. 그 무렵 샌프란시스코의 채권 트레이더들 사이에는 "차익거래"가 관행처럼 여겨졌는데, 서부지역에서도 많이 거래되는 채권이 뉴욕시장에서 갑자기 급등락하면 이 사실이 알려지기 전에 해당 채권을 거래하는 것이었다. 즉, 어느 채권의 가격이 뉴욕 시장에서 갑자기 오르면 샌프란시스코에서 이 채권을 싸게 매입하고, 뉴욕 시장에서 급락했다는 사실을 알게 되면 앞서 떨어지기 전의 가격으로 채권을 파는 식이다. 샌프란시스코 채권 트레이더들은 이런 방법으로 주문은 몇 건 하지 않았지만 거래 한 건 당 꽤 큰 이익을 챙겼다. 나는 뉴욕증권거래소에서

정한 낮은 거래수수료를 받고서 이들 채권 트레이더의 주문을 끌어오면 한꺼번에 많은 주문을 처리할 수 있을 것이라고 생각했다. 그래서 뉴욕 시장에서 거래하는 샌프란시스코의 트레이더들과 접촉하기 시작했다. 나는 이들에게 서로 경쟁하지 말고 나를 통해 주문하도록 했다. 그러자 불과 며칠만에 나는 샌프란시스코에서 가장 큰 채권 사업자 가운데 한 명으로 부상할 수 있었다. 곧이어 다른 친구들도 나와 똑같은 일을 시작했지만 모두가 내 방식을 답습할 수밖에 없었고, 따라서 나는 늘 선두자리를 지킬 수 있었다.

나는 새 직장에서 일하는 게 무척 자랑스러웠고 기분도 좋았다. 특히 E.F. 허튼은 샌프란시스코에 있는 뉴욕증권거래소 회원사 가운데 가장 크고, 평판도 제일 좋은 최고의 회사였다. 내가 몸담고 있는 회사는 당연히 최고라야 했다. 그런데 당시 뉴욕증권거래소의 시세표를 싣고 있던 한 석간신문이 나를 신경 쓰이게 했다. 이 신문은 주요종목 시세를 한 면에 걸쳐 실었는데, 뉴욕 시장과 연결된 전용 회선을 갖고 있던 경쟁회사의 이름을 시세표 밑에 표시했다. 나는 마치 우리 회사가 경쟁회사보다 뒤떨어진다는 인상을 받았다. E.F. 허튼도 이렇게 매일같이 신문의 시세표에 회사이름이 실리면 사람들은 틀림없이 우리 회사가 얼마나 대단한 회사인지 알 수 있을 것이었다. 물론 요즘은 신문사마다 별도의 통신회선을 갖고 있지만 당시는 그렇지 않았다. 따라서 주요종목 시세를 신문사에 제공하고 시세표 하단에 회사이름을 표시하는 게 그 무렵 샌프란시스코 증권회사로서는 최고의 광고였다.

1923년 12월 나는 E.F. 허튼을 시세표 밑에 싣기 위한 작업을 시작했다. 이미 여러 회사들이 자사 이름을 시세표 하단에 싣겠다고 예약한 상태였기 때문에 내가 신문사 사람들과 아무리 친하다 해도 쉬운 일은 아니었다. 나는 결국 한 회사를 끌어내리고 우리 회사를 집어넣을 방도를 강구했다. 그 무렵 뉴욕 시장은 오후 3시에 끝났는데 샌프란시스코 시간으로는 정오였다. 이 정도 시간이면 샌프란시스코에서 발행되는 석간신문의 가정용 배달판에 그날 종가를 실을 수 있을 것 같았다. 서두르기만 하면 그날 종가를 실은 석간신문을 집집마다 배달할 수 있는 것이다. 그때만 해도 신문사의 서비스 개념이 부족해 주요종목의 종가는 석간신문의 최종판에나 실려 가정용 배달판에서는 읽을 수 없었다.

나는 이런 아이디어를 한 신문사의 편집인에게 이야기했다. 첫 반응은 "어렵다"는 것이었다. 하지만 만약 다른 경쟁지가 먼저 시도한다면 어떻게 될지 생각할 필요가 있었다. 더구나 인쇄와 배달 시간을 최대한 단축시킨다면 충분히 가능한 일이었다. 물론 E.F. 허튼도 최대한 지원할 터였다.

마침내 본격적인 경쟁이 시작됐다. 당연히 우리가 대승을 거두었다. 굳이 그 전말을 여기서 이야기할 필요는 없을 것 같다. E.F. 허튼은 다른 증권회사보다 더 좋은 전용회선을 보유하고 있었고, 당시 뉴욕의 전신부문 책임자를 독려해 최대한 빨리 주요종목의 종가를 전달받았다. 샌프란시스코에서도 오토바이까지 동원해 종가를 기록한 시세표를 가능한 한 빨리 신문사에 전달하도록 했다. 다른 경쟁사들은 도저히 이렇게 할 수 없었다. 나는 이번에도 기존의 전통적인 영업방식이 아닌 내 방식대로 팔았다. 나는 아주 매력적인 상황을 새로이 만들어냈고, 내 고객들은 이것을 살 수밖에 없었다.

다른 증권회사에서 파격적인 연봉 인상과 함께 나를 스카우트하겠다는 제의가 들어오기 시작한 것도 이 무렵이다. 연봉 인상폭은 꽤 대단한 것이었다. 뉴욕증권거래소의 한 회원사가 로스앤젤레스 지점을 개설하면서 공동경영자 자리를 제안했는데, 내가 당시 E.F. 허튼에서 받던 월급과 맞먹는 주급을 제시했다. 나는 이 사실을 회사에 알리고, 이틀간 쉬면서 곰곰이 생각해봤다. E.F. 허튼에서는 내가 회사를 옮기더라도 나와 경쟁을 벌이는 일은 없을 거라고 말해주었다. 나는 결국 이 제안을 네 번이나 거절해야 했다. 덕분에 나는 성공이란 결코 빠른 연봉 인상으로 얻어지는 게 아니라는 사실을 배울 수 있었다. 비록 적은 거래수수료를 받는다 하더라도, 고객들에게 유리하다면 매수 물량을 줄이도록 설득하는 게 장기적으로 훨씬 더 큰 보상이 되어 돌아올 것이라고 나는 믿었다. 일자리에 대한 올바른 자세를 가지려면 지금 당장의 급여가 아니라 오랜 세월에 걸쳐 얼마나 많은 보상을 받느냐를 생각해야 한다. 더구나 스카우트 제의를 해왔던 로스앤젤레스 지점이 불과 몇 년만에 문을 닫았으니 E.F. 허튼에 머물러 있은 건 현명한 결정이었다.

앞서 내가 건축 공부를 계속할 수 없었던 이유 가운데는 건강상의 문제도 있었는데, 다시 한번 건강 문제로 인해 뉴욕으로 가야 했다. 아픈 곳은 무사히 치료를 끝냈지만 이번에는 캘리포니아로 돌아가기 힘들었다.

월 스트리트에서 활동하는 회사에서 일한다면 월 스트리트가 바로 내가 일할 곳이라는 생각이 들었기 때문이다. 나는 어떤 것이든 최고가 아닌 차선책으로의 타협을 원하지 않는다. 결국 나는 뉴욕에 정착

하기로 결심했다. 1924년의 일이다.

E.F. 허튼에서 일한 지 이제 겨우 2년도 채 안 됐고, 내 나이 스물넷에 불과했지만 샌프란시스코의 E.F. 허튼 경영진으로부터 기대 이상의 추천서를 받을 수 있었다. 뉴욕 본사로 옮기면서 나는 하룻밤 사이에 몇 단계를 건너뛰어 승진하게 됐다. 시장 소식지를 쓰는 일을 대타(代打)로 맡았기 때문이다. E.F. 허튼의 시장 소식지는 명성이 대단했다. 주식시장 개장 전에는 간략한 내용의 시장 소식지가 나왔고, 폐장 후에는 그날 거래의 중요한 아이템들을 소개하는 긴 내용의 시장 소식지가 발행됐다. 이 시장 소식지는 E.F. 허튼의 전용 전신회선을 타고 전국적으로 전해졌고, 일부 도시에는 우편으로 보내지기도 했다. 처음에는 대타로 시작했지만 일을 잘한 덕분에 곧 정식 팀원이 됐다. 사실 이로부터 얼마 지나지 않아 나는 E.F. 허튼의 뉴욕 본사 통계분석 부문 책임자로 자리를 옮겼다.

당시 우리가 만든 시장 소식지는 독자가 수만 명에 이를 정도로 유명했다. 시장 소식지를 본 독자들은 나를 찾았고, 나는 시장 소식지를 통해 쌓은 영향력 덕분에 고급 정보원들을 만날 수 있었다.

그 시절 나는 동부지역 언론계의 새로운 친구들을 사귀느라, 또 뉴욕 금융계의 주요인사들, 즉 증권회사와 투자신탁회사, 투자자문회사, 은행, 기업체 경영자들과 만나느라 무척 바쁘게 지냈다.

하지만 새로운 고객과 신규 주문을 확보하지 못한다면 내 발전에는 한계가 있을 수밖에 없었다. 다행히 고객들은 빠르게 늘어났다. 자기 발로 걸어와 자기가 원하는 것을 매수한 경우가 대부분이었다. 나는 절대 대놓고 그들을 끌어들이지 않았다. 나는 그들이 시장에서 더 나은 투자성과를 올릴 수 있도록 도와주고자 했다. 나를 만난 덕분에 투자수익은 더 많아지고 투자손실은 더 적어질 수 있도록 최선을 다했다. 나는 고객들의 안전을 지켜주고자 노력했고, 이들이 필요 이상으로 투자하는 것을 막았다. 나는 고객들에게 최신 정보를 1분1초라도 빨리 전해주고자 했다. 고객들은 나에게서 가장 먼저 정보를 입수했고, 이를 올바로 활용했다. 내가 거둔 고객별 거래 한 건 당 수수료는 가장 낮은 수준이었지만, 그것을 전부 합치면 꽤 큰 금액이었다.

대부분의 통계분석 담당자는 애널리스트 역할만 할 뿐 고객들로부터 주문을 받지 않는다. 자신은 학구적인 일을 한다는 이유에서다. 그러다 보니 고객이 "제너럴 모터스에 대해 어떻게 생각하세요?"라고 물어오면 그저 "괜찮은 회사지요"라고 대답한다. 대화는 그것으로 끝난다. 나 같으면 고객들에게 오히려 물어볼 것이다. "무엇 때문에 알고 싶으신 건가요? 제너럴 모터스 주식을 갖고 계세요? 아니면 매수하려고 하는 건가요? 다른 종목도 갖고 계신가요? 혹시 다른 자동차회사 주식은 갖고 있지 않으신가요? 투자 규모는 어느 정도나 되시나요?" 그러면 고객들은 자기가 어떻게 해야 하는지, 내가 보기에 제너럴 모터스의 적정 주가는 얼마인지, 주식시장이 상승할지 하락할지, 이런 문제들에 관해 개인적으로 털어놓는다. 이렇게 내가 먼저 개인적으로 관심을 보이면 곧 바로 새로운 고객을 확보하게 되는 것이다.

물론 나는 늘 더 많은 정보를 구하고자 했다. 앞으로 어떻게 될 것인지 보다 확실한 지식을 갖고 있어야 고객들에게 그들이 기꺼이 사려고 하는 서비스를 제공할 수 있었다. 여기서 "서비스"라는 표현을 사용했지만, 나는 뉴욕증권거래소에서 규정한 정상적인 거래수수료 외에는 받지 않았다. 주식투자자들이 필요로 하는 정보를 내가 갖고 있다면 주문은 자연히 알아서 내게로 올 것이라고 생각했다. 그래서 나는 상당히 두터운 정보원을 확보해놓고 있었고, 여러 기업체 경영진과 개인적으로 자주 만났다. 나는 곧 자동차업계와 영화업계, 석유업계 등 내 사업과 연관된 거의 모든 경제계 지도자들과 만나 그들 회사의 증권 관련 문제들을 자문해주었다. 나 역시 그들 회사 주식의 시장가치와 추세를 제대로 평가하기 위해 많은 것을 물어보았다. 그들은 자기 회사 주식의 진정한 가치를 알기 위해서는 물론 다른 회사 주식에 투자하는 문제까지 나의 도움을 청했다. 내가 그들의 회사 사정을 얼마나 상세히 파악하고 있는지 알게 되자, 다른 회사나 다른 산업, 시장 전반에 대해서도 그 정도의 지식을 갖고 있을 것이라고 믿었던 것이다.

한 예로 내가 가장 자주 찾은 곳은 디트로이트의 크라이슬러 공장과 뉴욕 크라이슬러 빌딩 꼭대기 층에 있는 월터 크라이슬러의 사무실이었다. 자연히 나는 투자와 관련해 크라이슬러 주식에 대해 많은 것을 알게 됐다. 크라이슬러에 다니는 친구와 고객들도 많이 생겼다. 크라이슬러 사람들은 그들의 제품을 바라보는 내 시각을 꽤 높게 평가했다. 그래서 디트로이트의 깊은 숲 속에서 비밀리에 진행한 신형 자동차 모델의 주행 테스트에 나를 초청했다. 그리고는 내가 작성한 크라이슬러의 신형 "에어플로우(Airflow)" 자동차에 대한 장문의 분석보고서 40부를 월터 크라이슬러가 직접 임원들에게 나눠주었다. 이건 집집마다 찾아 다니며 무엇이 강점인지 내세우는 전통적인 영업방식과는 그야말로 정반대였지만, 나는 아주 손쉽게 내 사업기반을 구축해나갈 수 있었다.

캘리포니아의 한 최고경영자가 자기 회사에 대해 나에게 무척 많은 것을 말해준 적이 있었다. 나는 그 회사를 좋아했고, 그래서 친구들과 함께 그 회사 지분의 10%를 매수했다. 주가는 많이 올라 결과적으로 괜찮은 투자였다. 그런데 갑자기 그 최고경영자가 입을 닫아버렸다. 나는 뭐가 잘못 됐는지 알 수 없었다. 그런데 나중에 그 사람이 말하기를 내가 무서워졌다는 것이었다. "당신은 우리 회사에 대해 너무 많이 알고 있어요. 당신의 진짜 속셈이 무엇인지 겁이 나더군요." 그는 내가 자꾸 경영상의 문제점을 파고들자 악의를 품고 있는 게 아닌지 의심했던 것이다. 물론 그의 의심은 터무니없는 것이었고, 그 이후에는 이런 경험을 단 한 번도 하지 않았다. 어느 회사의 경영진을 만난 다음에는 통상 그 회사의 경쟁업체와 납품업체 관련자, 객관적이고 균형 잡힌 시각을 갖춘 정보원들을 만났다. 영업자가 이렇게까지 할 필요가 있느냐고 생각하겠지만 실은 그렇다. 사람들은 사라고 강하게 압박하는 사람보다는 "뭔가를 알고 있는 사람"한테서 더 많은 것을 산다.

나는 단 하나의 고객 계좌도, 단 한 건의 주문도 얻으려 하지 않았지만, 나에게는 아주 다양한 방식으로 수많은 개인투자자 고객들의 계좌가 들어왔다. 누구나 원칙을 갖고 있다. 내 원칙 가운데 하나는 절대 타협하지 않는다는 것이다. 하루는 잘 모르는 사람이 우연히 E.F. 허튼의 샌프란시스코 지점에 들어왔다가 전신을 통해 내가 어떤 종목의 매수를 추천한 내용을 읽었다. 콜로라도 퓨얼(Colorado Fuel)이었다고 생각되는데, 그 무렵 주당 85달러 정도 했다. 그는 이 주식을 샀다. 그런데 얼마 후 뉴욕으로 돌아와보니 주가가 35달러로 떨어져 있는 게 아닌가. 그는 곧장 뉴욕 본사로 찾아와 누가 그런 식의 추천을 해서 자기에게 손실을 입혔느냐고 따졌다. 나는 그에게 자초지종을 설명했다. 그는 손절매를 한 뒤 워너 브라더스 주식을 샀는데, 이전의 손실을 전부 만회하고도 어느 정도의 이익까지 챙겼다. 나중에 그는 나에게 여러 증권회사에 맡겨놓은 수많은 개인 계좌들을 맡아달라고 부탁했다. 나는 동의하는 대신 다른 증권회사의 계좌를 전부 정리하고 그 돈을 나에게 맡기도록 했다. 나는 처음부터 내가 매수하지 않은 주식에까지 의견을 밝히고 싶지 않았다. 그는 내가 말한 대로 했다. 그의 계좌는 성공적으로 운용됐고, 우리는 아주 친한 친구가 됐다. 그래도 나는 그의 사업에는 전혀 관여하지 않았다. 통상적으로 나는 집에서 함께 저녁을 할 정도로 친한 친구의 사업에는 참여하지 않는다. 대신 전혀 모르는 사람의 사업에는 냉정하게, 아무런 개인 감정도 개입하지 않고 순전히 비즈니스 관점에서 관여하려고 한다. 그러다 보면 나중에 이런 사람과도 아주 친밀한 관계를 맺게 된다.

개인투자자들을 대상으로 주식을 매매하는 일은 일종의 소매업이다. 1935년 증권거래법 제정 이전까지는 주식 인수가 도매업이었다. 그러다 보니 주식중개업자가 소위 말하는 "매수 세력"과 결탁해 "시세조종" 행위를 벌이는 일도 있었다.

아주 큰 규모의 주문이 처음으로 나에게 들어온 일은 영원히 잊지 못할 것이다. 주문이 들어오게 된 계기는 내가 경쟁관계에 있는 두 상장기업에 대한 연구보고서를 만든 것이었다. 연구보고서에서 나는 두 기업의 순이익과 성장률, 시장가치를 비교 분석했다. 연구보고서 한 부는 두 기업 가운데 큰 쪽의 임원에게 보냈는데, 이 임원은 퍼스트 내

서널 뱅크 오브 뉴욕 (First National Bank of New York)의 잘 나가는 은행가이기도 했다. 당시 이 은행은 미국에서 최고의 은행이었다. 이 은행에 계좌를 트려면 최소한 5만 달러의 잔고가 있어야 했다. 그런데 나는 연구보고서가 인연이 돼 이 은행가와 친해졌고, 계좌를 개설할 수 있었다. 당연히 나는 이 은행의 수표를 쓰게 됐고, 덕분에 신용도가 높아졌음은 물론 사교범위도 넓어졌다. 또 이 은행으로부터 아주 귀중한 금융정보까지 얻을 수 있었다.

나는 또 한 부의 연구보고서를 두 기업 가운데 작은 쪽의 사장에게 보냈다. 그는 나를 만나자고 했는데, 자기 회사 사무실이 아니라 시내 고층빌딩에 따로 갖고 있는 개인 사무실로 불렀다. 나는 그 이전까지 이 사람이 그저 기업체 최고경영자라고만 알고 있었다. 실은 일류 투자자이자 "큰손"이었다. 고층빌딩의 사무실은 개인적으로 운영하는 일종의 투자본부였다. 그는 많은 사람들로부터 호감과 존경을 받았고, 전국적으로 모르는 사람이 없을 정도였다. 나는 그런 사실조차 몰랐다. 하지만 그는 이런 건 무시한 채 그저 젊은 친구를 도와주려고 했다. 당시 나는 스물아홉이었는데, 나로서는 꽤 나이가 들었다고 생각했지만 그에게는 어린 나이였다. 그의 아들과 사위 가운데 여럿이 주식중개업을 하고 있었지만, 우리는 좋은 관계를 유지해 나갔다. 이렇게 친하게 지낼 수 있었던 이유는 몇 가지 있었다. 처음에는 그의 계좌를 아들과 사위들이 관리했지만 이와는 관계없이 나는 그에게 내가 줄 수 있는 유용한 정보를 최대한 제공하고자 애썼다. 나는 정직했고, 정직은 말이 아니라 행동으로 드러나는 것이라고 믿었다. 그 시절 약간 순진한 구석이 있었던 게 사실이다. 나는 그때나 그 이후나 그에게 무엇을 팔려고 해본 적이 없다.

그는 나를 오클라호마 출신의 일류 석유 사업가에게 소개해주었는데, 내가 처음으로 대규모 주문을 받는 계기가 됐다. 이 석유 사업가는 뉴욕증권거래소에 상장된 자기 기업의 최대주주였다. 그는 자본조달을 도와줄 후견인을 필요로 했고, 나는 기꺼이 그 역할을 맡았다. 그런 일은 처음으로 해보는 것이었지만 나는 밤을 새워가며 최선을 다했다.

2년쯤 지나자 이 석유 사업가의 사업은 기울어갔다. 하지만 나는 계속해서 그를 도왔다. 그는 고맙다는 말도 없었고, 감사의 편지나 전보도 보내오지 않았으나, 나는 꾸준히 그의 사업에 도움이 될 만한 정보들을 보내주었다. 그러던 어느날 이 석유 사업가의 친구라는 사람이 브로드웨이 61번가에 있던 내 사무실로 찾아왔다. 석유 사업가가 나에게 무언의 감사 표시를 한 셈이었다. 그 사람은 사무실로 들어오더니 나에게 이렇게 말했다. "당신에게 주문할 게 조금 있습니다." 그리고는 5만 주의 매수주문을 냈다.

내 생애 최대의 고객 투자계좌 가운데 하나 역시 아주 사소한 인연으로 나에게 왔다. 회사에서는 우리를 통해 주식거래를 하지만 영업활동 무대는 교외지역인 주식중개업자를 따로 두고 있었는데, 그 사람을 방문할 일이 생겼다. 나는 떠나기 전에 그 주식중개업자의 사무실 인근에 본사를 두고 있는 주요 상장기업들을 체크해봤다. 그런데 그중 한 기업의 주가를 받아보니 상당히 높은 매수호가에 상당히 많은 매수물량이 걸려 있었다. 나는 주식중개업자를 찾아간 김에 그 회사의 사장을 소개받았다. 그는 이렇게 높은 매수호가에 많은 물량의 매수주문이 들어가 있는 것은 주가가 떨어지는 것을 "막기" 위한 것이라고 설명했다. 그의 회사에서 일하는 수많은 임직원들이 돈을 빌려서 회사 주식을 샀는데, 주가가 하락하면 이들의 사기도 떨어질 것이며, 회사의 작업능률도 내려갈 것이라는 이야기였다. 나는 심층 분석보고서를 작성해 이 회사 이사회에 제출했다. 아무리 큰 물량의 매수주문도 인위적인 주가를 영원히 떠받칠 수는 없으며 결국 더 큰 문제로 귀결될 것이라는 내용이었다. 또한 주가가 나중에 자연스러운 지지선을 형성할 수 있도록 하는 방안과 함께 현실적으로 실행 가능한 주가 안정 프로그램을 제시했다. 아울러 종업원들이 대출을 받아 매수한 주식은 회사가 도로 사들이고 대신 이들의 대출을 회사가 떠안도록 했다. 이렇게 하자 우리와 경쟁 관계에 있던 증권회사에 내놓은 매수주문은 전부 취소됐다. 반면 나를 이 회사에 소개시켜준 주식중개업자와 우리 회사는 아주 큰 주문을 따낼 수 있었다. 이 회사 사장은 내가 제시한 프로그램이 제대로 작동한다는 것을 확인했고, 주가 하락 역시 성공적으로 막아낼 수 있었다.

이렇게 우연히 큰 고객을 따낸 경우는 또 있다. 한 기업체 사장이 자기가 보유한 주식에 약간의 문제가 있다며 나를 초대했다. 그는 롱아일랜드 해협 인근에 사무실과 저택을 보유하고 있었는데, 나는 주식시장 마감 후에 그를 찾아가기로 했다. 그러면 아마도 오후 5시에나 도착할 것이고, 자연스레 저녁을 함께 하자고 할 것 같았다. 나는 일부러 사무실에다 일이 끝나자마자 뉴욕으로 곧장 돌아오라는 전화를 해달라고 일러두었다. 그와 만나 주식시장과 사업에 관한 이야기를 마치고 나니 한 시간이 흘러갔다. 나는 미리 일러둔 것처럼 전화를 받고서

선약이 있다며 서둘러 떠나려고 했다. 그런데 그가 너무 아쉬워하는 것이었다. 자기 요트를 타고 롱아일랜드 해협을 따라 뉴욕까지 내려가면서 저녁을 할 수 있게 준비해두었다는 것이다. 내 차는 자기 운전사를 시켜 가져가도록 하면 된다는 것이었다. 사실 그와의 얘기는 아주 잘 끝났기 때문에 나는 솔직하게 털어놓았다. 회사에서 온 전화는 내가 공적인 일과 사적인 일을 구분짓기 위해 일부러 꾸민 것이라고 말이다; 그리고 일이 이렇게까지 잘 끝날지 몰랐다고 덧붙였다. 우리는 함께 요트에 올라 저녁을 했고, 친한 친구가 됐으며, 그 뒤로 많은 사업을 같이 했다.

고객 가운데 제약사업을 하는 사람이 있었다. 나는 이 사람이 면도용 크림을 만드는 것을 도와주었는데, 여러 성분과 성능을 조합해서 만든 시제품을 다양한 방식으로 써보는 것이었다. 그렇게 해서 우리는 면도가 끝나면 깨끗한 느낌과 함께 향기도 오래 가는 아주 훌륭한 조합을 찾아냈다. 우리 회사는 이 사람에게 상당한 금액을 투자했고, 이 사람 역시 자기 분야를 잘 알고 있는 우리 회사에 호감을 갖게 됐다.

이처럼 판매에 성공하는 데는 원칙이 있다; 당신이 파는 제품이나 당신이 제공하는 서비스가 최고라는 믿음, 그리고 고객의 사업과 직접 연관되지 않더라도 어떤 식으로든 고객에게 꾸준히 이익을 줄 것이라는 믿음이 있어야 한다는 것이다.

제 65 장
시장 소식지 활용하기

시장 소식지는 읽을 만한 가치가 있을까? 시장 소식지를 활용하면 돈을 벌 수 있을까? 시장 소식지에 어떻게 대응해야 할까?

이런 물음에 대한 답은 시장 소식지를 누가 썼느냐에 달려있다. 괜찮은 시장 소식지는 적절히 활용하면 아주 훌륭한 길잡이가 될 수 있다.

시장 소식지를 평가하기 위해서는 우선 그것을 발행한 회사가 어떤지 알아봐야 한다. 발행회사는 오랜 연륜과 건전한 재무구조를 갖추고 있을 뿐만 아니라 평판도 좋아야 한다. 내용이 좋은 시장 소식지는 개별 필자의 이름을 명기한다. 또 앞으로의 전망에 대한 의견이 담겨있어야 높은 점수를 받을 수 있다. 즉, 시장 소식지는 이미 일어난 사실들의 기록이 아니라 필자가 무엇을 예상하고 있는지 밝혀야 한다. 과거의 통계수치들을 부연하는 것은 그리 중요하지 않으며, 정확성이나 완벽함이라는 측면에서도 큰 의미가 없다.

다음으로는 시장 소식지를 누가 썼는지 살펴봐야 한다. 필자는 충분한 경험과 넓은 활동범위, 호의적인 평판을 갖고 있어야 하며, 본인부터 성공한 사람이라야 한다.

이런 모든 요건을 전부 충족시킨 시장 소식지라 해도 가끔은 모호하거나 상충되는 내용을 담게 되고, 기본적으로 잘못된 판단을 전하기도 한다. 그렇다 해도 이 정도의 시장 소식지는 읽을 만한 가치가 있고, 시장에서 돈을 버는 데 유용하게 쓰일 수 있다.

괜찮은 시장 소식지를 투자수익과 연결시키는 열쇠는 그것을 읽는 투자자가 얼마나 이해하느냐에 달려있다.

시장 소식지에서 읽을 수 있는 의견은 크게 두 가지다. 우선 주식시장 전반에 관한 것으로, 지금 시장이 높은지 낮은지, 안전한지 위험한지, 상승 추세인지 하락 추세인지 이야기한다. 이런 의견은 그것을 정말로 강조하고 있는 게 아니라면 그냥 무시해도 된다. 시장 소식지를 쓰는 필자는 매일 혹은 매주 의견을 밝혀야 하기 때문에 별로 중요하지 않거나 사소한 것들마저 적어야 하는 경우가 많다. 독자들은 이런 일상적인 내용에 너무 신경 쓰지 않는 게 좋다. 필자가 쓰고자 하는 중심 주제가 무엇인지 찾아내 그것을 제대로 읽어야 한다. 또 한 가지 주의할 점은, 시장 소식지의 필자는 늘 판단상의 실수를 의식하며 시장의 방향에 대해 자신을 정당화하려고 애쓴다는 사실이다.

시장 소식지에서 볼 수 있는 두 번째 전형적인 의견은 매수종목 혹은 보유종목의 선정에 관한 것으로, 이게 첫 번째 의견보다 더 중요하다. 시장 소식지의 필자 입장에서도 시장 전반의 추세나 주가 수준을 예측하는 것보다는 이쪽이 더 맞을 가능성이 높다. 하지만 여기서도 시장 소식지를 읽는 투자자는 매일매일의 일상적인 내용이 아니라 필자가 정말로 강조하고자 하는 내용을 찾아내는 게 중요하다. 그리 어려운 일은 아니다. 진짜로 중요한 종목 선정에 관해서는 보다 진지하게, 더 많은 지면을 할애해서 쓸 것이기 때문이다. 그냥 한 번 쓰고 마는 게 아니라 여러 번 반복해서 쓰는 경우도 있을 것이다. 너무 수준 높은 내용일 때도 있다. 그러면 초보 투자자로서는 흥미를 느끼지 못하거나 이해하지 못할 수도 있다.

한번은 해외시장 전문가가 고객들에게 이렇게 말한 적이 있다. "내 의견이 틀렸다고 생각될 때 특히 나를 믿어 달라." 이건 정말 매우 중요한 말이며 투자수익과 직결될 수 있다. 내 경우에도 주식시장에 관한 의견을 내놓았는데 대다수가 믿지 않았을 때 항상 최고의 수익률을 올렸다. 반면 의견을 내놓자마자 대다수가 수긍했을 때는 내 판단이 틀렸던 경우가 종종 있었다.

개별종목에 관한 의견을 살필 때 주목해야 할 점은, 갑작스럽게 의견이 사라져 버렸다면 지금까지의 의견이 뒤집혀졌음을 의미한다는 것이다. 교류 범위가 넓은 시장 소식지 필자치고 개별기업에 대한 좋지 않은 의견을 퍼뜨려 자신의 정보원을 날려버리고 싶지는 않을 것이다. 하지만 통찰력 있는 투자자문가라면 고객들에게 왜 그 좋던 종목이 "잠수하게" 됐는지 그 이유를 주저 없이 알려줄 것이다.

훌륭한 시장 소식지는 분명 읽을 만한 가치가 있으며, 적절히 활용하면 투자수익으로 연결될 수 있다. 하지만 아무런 노력 없이 결실을 바라서는 안 된다. 시장 소식지의 요점을 찾아내 그 의미를 보다 깊이 있게 해석해봐야 한다. 시장 소식지에 담겨 있는 아이디어들은 개인적으로 공부하고 확인하는 투자자에게 투자수익을 안겨준다.

아무리 뛰어난 시장 소식지라도 맹목적으로 추종한다면 결국 손실을 입을 수 있다. 독자가 아무것도 주지 않으면 당연히 아무것도 받을 수 없다. 나의 경우 딱 한 번 예외가 있었는데, 이 투자자(독자)는 내가 정말로 좋아한다고 생각하는 종목은 무조건 매수했다. 그런데 매수한 종목이 떨어지면 팔아버렸다. 올라가면 그대로 놔뒀다. 몇 년 뒤 이 투자자는 아주 큰 돈을 벌었고, 꾸준히 투자수익을 올렸다. 내가 쓴 시장 소식지를 따른 덕분에 돈을 벌었을 수 있다. 어쩌면 손실은 빨리 털어내고 이익은 계속 커나가도록 놔두라는 오랜 격언을 따랐기 때문인지도 모른다.

시장 소식지와는 약간 다른 영역으로, 주식중개인이나 인수업자가 신문이나 잡지에 기사 형식으로 개인적인 증권분석을 내놓는 경우가 있다. 증권회사 같은 기관투자가의 이름으로 이런 기사를 발표하기도 하는데, 기업체를 방문하거나 경영진을 인터뷰하는 등 내용이 상당히 충실한 편이다.

이런 기사 역시 필자의 능력이 매우 중요하다. 〈파이낸셜 애널리스트 저널Financial Analysts Journal〉에 내가 최근 발표한 내용 가운데 일부를 여기에 소개한다:

"체사피크 앤 오하이오를 사고 세인트 폴을 팔라"

정확히 보자. 시간은 돈이다. 증권 애널리스트의 존재 이유는 돈 버는 방법을 찾아내는 것이다. 자신의 지식을 활용해 그들 스스로 부를 쌓지 않는다면 그들의 아이디어를 고객들이나 자기 회사에게 최선을 다해 넘겨주어야 한다.

40년이 넘는 세월 동안 내가 월 스트리트에서 알고 지낸 최고의 애널리스트는 프랭크 딕(Frank Dick)이었다. 그는 이미 오래 전에 고인이 됐다. 내가 그를 단지 "애널리스트"라고 불렀다는 사실을 안다면 그는 틀림없이 나에게 화를 낼 것이다. 딕은 아주 철저한 사람이었다. 그가 어떤 기업을 조사한다고 하면 정말로 철저하게 조사했다. 한 걸음 더 나아가 그는 무엇을 살펴봐야 하고, 무엇을 무시해도 좋은지 잘 알고 있었다; 무엇을 믿을 것이며, 무엇을 의심해봐야 하는지도 알았다. 하지만 그는 어떤 결론에 이르면 딱 두 마디로 자신의 의견을 요약했다: "체사피크 앤 오하이오(Chesapeake & Ohio) 철도를 사라, 세인트 폴(St. Paul) 철도를 팔라."

왜 그런지 그 이유를 밝히지 않았는데도 자신의 의견이 널리 받아들여질 정도로 강력한 명성을 쌓아놓은 애널리스트는 요즘 극소수에 불과하다. 애널리스트들의 의견은 왜 그런지 이유를 밝혀야 하고, 그 이유는 믿을 수 있는 것이어야 한다. 아무리 좋은 주식이라도 잘못된 시점에 잘못된 가격으로 매수했다면 최악의 주식이 될 수 있다. 긍정적인 주변 여건이 결정적일 수 있다. 세상에서 가장 좋은 씨앗이라 할지라도 제대로 싹을 틔우려면 봄에 뿌려야 한다. 겨울에 뿌려서는 싹을 틔울 수 없다!

요즘 보면 애널리스트들의 보고서가 너무 현학적이다. 분석이라기보다는 묘사에 가깝다. 내가 더 우려하는 것은 그 필자들이 너무 잘 믿는 것 같다는 점이다. 애널리스트들도 인간이다 보니 실제 현장에 나가서 눈으로 확인하고 듣게 되면 더 좋아 보인다. 그러나 그 이면을 들춰봐야 한다. 겉으로 드러나지 않고 깊숙이 숨겨져 있는 게 무엇인지 경쟁업체를 찾아가 물어봐야 한다.

결국 최후의 순간에 믿을 것은 바로 자기 자신이다. 개인이야말로 이 세상에서 가장 강력한 존재이니 말이다.

제 66 장
증권회사 고객으로서의 올바른 자세

증권회사의 본래 기능은 고객의 매매주문을 수수료를 받고 처리해주는 것이다. 고객이 정확히 주문하고, 주식 매수대금이나 매도한 주식을 즉시 건네주면 그것으로 모든 게 끝나는 셈이다.

그런데 요즘에는 양상이 크게 달라졌다. 고객은 증권회사 직원을 투자자문가로 여기고, 일종의 재산 신탁인으로 대하기까지 한다. 고객 스스로 어떻게 행동하느냐에 따라 자기 투자계좌의 성패가 좌우된다고 해도 과언이 아니다. 아무리 뛰어난 증권회사 직원이라 해도 모든 고객을 똑같이 대하지 않는다. 또 같은 시각에 동일한 투자조언을 자신의 모든 고객에게 제공해도 그 결과는 다르게 나타난다. 이런 차이는 어디서 비롯되는 것일까?

한번은 고객이 나에게 이렇게 물은 적이 있다. 자기가 얼마나 자주 나를 만나는 게 좋겠느냐고 말이다. 매일 만난다면 내가 화를 내지나 않을지, 그렇다고 한 달에 한 번 만나면 자신을 잊지나 않을지 궁금했던 것이다.

당신은 증권회사의 좋은 고객일 수도 있고, 그렇지 않을 수도 있고, 그 중간일 수도 있다.

당신의 투자수익률은 어떤 주식을 사는가보다 오히려 당신의 개인적인 성격에 더 좌우된다.

증권회사 직원이 제공한 정보를 실제로 어떻게 받아들이며 여기에 어떻게 반응하느냐는 개인에 따라 다르고, 또 고객이 어떻게 행동했느냐에 따라 다음 번에 증권회사 직원이 정보를 제공하는 양상도 달라진다. 가령 몇 명의 고객이 증권회사를 찾아와 각자 10만 달러를 맡겼다고 하자. "이 돈을 제대로 투자할 수 있게 해주십시오." 고객들의 말은 여기까지만 똑같다. 모두가 동일한 목적, 즉 위험은 최소화하면서 투자수익은 최대화하겠다는 생각을 갖고 있지만 각각의 고객이 보여주는 다음 행동은 저마다 다르다.

먼저 첫 번째 고객은 더 이상 아무 말도 하지 않는다. 두 번째 고객은 "절대 손해를 보면 안 됩니다"라고 덧붙인다. 세 번째 고객은 배당금 수입이 중요하다고 이야기하고, 네 번째 고객은 손실이 났을 경우 재빨리 손절매할 것을 주문한다.

이처럼 고객들마다 제각각 다른 목소리를 낼 것이다. 물론 내가 여기서 이야기하는 것은 고객들마다 연령이 다르고, 원하는 게 다르고, 세금 문제도 다르다는 게 아니다. 이론적으로 전혀 다를 게 없는 고객들의 투자계좌를 놓고 하는 말이다.

이런 상황에서 열 개의 투자계좌를 맡은 증권회사 직원이라면 약간씩 다르게 시작하는 게 당연할 것이다. 어떤 계좌는 첫 날부터 전부 주식에 투자하고, 어떤 계좌는 주식을 전혀 편입하지 않고, 어떤 계좌는 그 중간쯤으로 한다. 또 주식을 매수한 고객들의 계좌마다 편입한 종목도 다를 것이다. 증권회사 직원은 자신이 알고 있는 최선의 방법 한 가지가 아니라 열 개의 계좌마다 서로 다른 최선의 방법을 쓰려고 할 것이다.

일단 시장이라는 큰 바다로 나가게 되면, 열 명의 승객은 자신이 돈을 맡긴 증권회사, 즉 "선장"을 저마다 다르게 대할 것이다. 한 사람은 신뢰를 갖고 대할 것이고, 다른 한 사람은 우려의 눈초리를 보낼 것이다. 그런가 하면 자기 주장을 펼치는 사람도 있을 것이고, 어떤 조언도 받아들이지 않는 사람도 있을 것이다. 친밀하게 지내는 사람이 있는가 하면, 일체 나타나지 않는 사람도 있을 것이다. 열 명의 고객이 보여주는 저마다 다른 반응은 증권회사 직원에게 영향을 미칠 수밖에 없다. 나중에 투자 결과가 나오게 되면 역시 열 명의 고객 각자가 저마다 다른 반응을 보일 것이다. 그리고 이런 반응은 증권회사 직원에게 영향을 미쳐 각각의 계좌를 가능한 한 고객들의 성향에 맞춰서 운용하려 애쓸 것이다. 그렇게 1년이 지나면 열 개의 계좌에 들어있는 돈은 9만 달러에서 14만 달러까지 큰 차이를 보인다. 처음에 똑같이 10만 달러로 시작했고, 동일한 시장 상황 아래서 투자했고, 같은 증권회사 직원이 관리해준 계좌인데도 그렇다. 믿을 수 없을지 모르겠지만, 실제로 이런 일은 비일비재하고 얼마든지 확인할 수 있다.

내가 여기서 "관리해준"이라는 표현을 쓴 것은 열 명의 투자자들이 동일한 목적 아래 증권회사 직원의 조언을 받아들였기 때문이다.

따라서 "이상적인 고객"이 "이상적인 증권회사"를 찾기란 무척 어렵다.

예전에는 증권회사 직원이 스스로 모든 일을 다했다. 고객을 직접 찾아갔고, 투자에 필요한 정보를 알아서 발굴해냈다.

지금은 증권회사 안에 리서치 부서와 포트폴리오 분석팀이 따로 있고, 여기서 투자의견을 내놓는다. 고객을 상대하는 증권회사 영업자는 이 의견을 고객에게 건네줄 뿐이다.

이렇게 하면 증권회사 직원의 잘못된 판단이나 실수를 피할 수 있다. 그러나 한편으로는 한 개인의 탁월한 능력이나 천재성마저 사장될 수 있는 것이다.

제 67 장

새로운 기회는 언제든 찾아낼 수 있다

월 스트리트에서 40년 이상을 활동하면서 나는 적어도 한 가지 교훈은 확실하게 배웠다. 기회는 바로 지금 여기에 있다. 모든 것은 늘 변한다. 세대가 바뀌면 모든 게 달라 보인다.

예를 들어보자. 1935년 무렵 나는 집을 장만하기 위해 부동산 시세를 유심히 살펴봤다. 당시 부동산시장은 상대적으로 더 깊은 침체에 빠져 있었고, 집값 역시 싼 편이었다. 요즘 3만 달러 정도 나가는 집을 보면 너무 비싸다는 생각이 든다. 1935년에는 그것보다 더 나은 집을 7500달러면 살 수 있었다. 물론 집을 처음으로 장만하려는 요즘 "젊은 신혼부부"들이 볼 때는 지금 집값이 적정하게 느껴질 것이고, 이 정도면 잘 지었다고 생각할 것이다. 이들은 1935년에 집값이 얼마였으며, 당시 그 정도 가격으로는 어떤 집을 살 수 있었는지 알지 못하기 때문이다.

이와 똑같은 원칙이 주식시장에도 그대로 적용된다는 점을 명심해야 한다. 현재의 가격을 과거의 가격과 비교해서는 안 된다. 나이든 세대들은 예전보다 세율이 더 높아졌다고 해서, 혹은 과거만큼 마음대로 할 수 없다고 해서 "좋았던 그 시절"에 비해 기회가 줄어들었다고 잘못 생각한다.

투자의 세계에서도 적극적이고 경쟁력 있는 사람들은 요즘 젊은 신혼부부가 현재의 집값을 평가하는 것과 똑같이 사고한다. 늘 미래를 향한 충실한 계획을 세워놓고 성공적인 미래를 열매 맺는다. 처음 집을 장만하는 나이와 인생에서 최고의 정점에 도달하는 나이는 전혀 다르지만, 이 원칙은 언제나 똑같다.

주식시장에서 큰돈을 번 사람들은 이 원칙을 따랐다. 사실상 파산 상태였던 맥스웰-캘머스 자동차가 월터 크라이슬러의 크라이슬러 코프(Chrysler Corp.)에 인수된 뒤 성장을 거듭해 포드나 제너럴 모터스와 어깨를 견주게 된 건 대표적인 사례다. 밥 영(Bob Young)과 알 펄만(Al Perlman)은 다 쓰러져가던 뉴욕 센트럴 철도를 재건했다. 내일 혹은 내년, 아니 앞으로 언제든 또 다른 주인공이 새로운 사례를 만들어낼 것이고, 이런 기업을 찾아낼 만한 안목과 이런 기업에 투자할 만한 믿음을 갖고 있다면 주식을 매수해 투자수익을 올릴 수 있을 것이다. 주요주주의 지분 변동 상황은 증권거래위원회(SEC)에 의해 매달 공시되므로 해당 기업의 경영진이 새로운 기회를 어떻게 생각하는지 귀중한 단서를 포착할 수 있을 것이다.

기회는 언제든 어디에서든 찾아낼 수 있다. 돈은 가만히 놓아두면 가치만 떨어질 뿐이다. 〈크리스천 사이언스 모니터Christian Science

Monitor〉에 실린 일화 한 토막이다: "오늘 우리 아기를 위해 채권 1000 달러어치를 샀다네." 이렇게 말하며 행복한 표정을 짓는 아버지에게 비관적인 성격의 한 친구가 따지듯 물었다. "세상에, 그 아이가 나중에 컸을 때 그 돈으로 뭘 할 수 있겠어?" 그러자 아버지는 환한 표정으로 이렇게 답했다. "고등학교 졸업식 때 입고 갈 정장 한 벌은 살 수 있지 않겠어?"

지금 우리가 살아가는 세상은 비관주의자들에게는 아주 혹독하겠지만 낙관주의자에게는 늘 기회로 넘쳐난다.

제 68 장

무엇이 "좋은" 주식을 만드는가

주식의 가치를 평가하는 데 다른 무엇보다 중요한 세 가지 기본적인
요소가 있다. 가장 일반적으로 이야기되는 것은 주식의 "질(quality)"
이다. 만약 질이라는 요소가 유일한 잣대라면 어떤 주식들은 늘 "좋
은" 주식일 것이다. 가령 듀폰의 경우 내가 기억하는 한 최고의 주식
가운데 하나였다. 하지만 역설적이게도 좋은 주식이라고 해서 항상
좋은 매수 대상은 아니다.

　듀폰의 주가를 살펴보자. 듀폰은 1929년에 57.75달러까지 오른 뒤
1932년에는 5.50달러까지 떨어졌다; 그 뒤 주가를 회복해 1936년에 46
달러까지 상승했지만 1938년에 다시 22.625달러로 하락했다; 1939년
에 47.125달러로 올랐다가 1942년에는 25.625달러로 주저앉았고,
1946년에 55.875달러로 상승한 뒤 1948년에는 41달러로 떨어졌다;
1951년에 102.50달러로 치솟았지만 1952년에는 79.625달러로 하락했

고, 1955년에 249.75달러로 상승했던 주가는 그해 말 157달러로 떨어졌다; 마지막으로 1959년에 278.75달러로 사상최고치를 갈아치웠지만 1962년에는 164.50달러로 다시 하락했다.(제너럴 모터스 주식 0.5주를 배당한 것은 감안하지 않았다.)

좋은 주식을 평가하는 두 번째 요소는 "가격(price)"이다. 사람들은 주가가 높은지 낮은지를 살핀다. 하지만 주가가 높다고 해서 정점을 친 것인지, 주가가 낮다고 해서 바닥을 친 것인지는 아무도 모른다. 초보자든 전문가든 마찬가지다.

내가 가장 중요하다고 생각하는 세 번째 요소는 바로 "추세(trend)"다. 당신이 주식을 살 때는 투자수익을 바라고 살 것이다. 주가가 올라야만 당신의 바람이 이루어질 수 있다. 주가가 높은 주식을 매수했는데 주가가 더 올라가면 돈을 벌 수 있다. 주가가 낮은 주식을 매수했는데 주가가 떨어지면 손실을 볼 것이다. 따라서 "추세"는 당신이 어떤 주식을 사서 돈을 벌 수 있느냐의 여부를 판가름 짓는 데 무엇보다 중요한 요소라고 할 수 있다. 다행히도 추세를 판단하는 문제는 주가 수준의 적정성을 판단하는 것보다 어렵지 않다.

실제로 주식투자를 하다 보면 주식의 질은 확실히 판단할 수 있다. 노련한 애널리스트라면 기업의 대차대조표와 손익계산서만 면밀히 검토하고도 그 주식이 아주 뛰어난지 괜찮은 편인지 아니면 형편없는지 정확하게 등급을 매길 수 있다. 1964년 이후 질이라는 요소가 좀더 중요해졌는데, 이것은 부실했던 기업이 우량기업이 되는 경우보다는 최고의 기업이 계속 최고의 자리를 지키는 경향이 더 강해졌기 때문이다. 따라서 최근의 이 같은 경향을 감안한다면, 몇 가지 예외는 있지만 배당금 수입과 안전성 측면에서 가장 우수한 주식이 시세차익을 위한 투기적 목적에서도 최고의 주식이라고 할 수 있다. 넉넉한 배당금을 지불할 여력이 없는 기업은 충분한 성장동력을 갖추지 못했다고 보는 것이다. 질과 주가를 고려할 경우에도 여전히 주식 분석에서 가장 중요한 요소는 추세다. 성장이 멈추었거나 뒷걸음질치는 기업보다는 성장을 이어가고 있는, 질적으로 우수한 회사를 선택해야 한다.

두 배로 중요한 의미

오랜 경험을 통해 터득한 사실 한 가지를 알려주겠다. 기본적인 요소를 살펴봤을 때 시장의 방향이 상승 또는 하락할 것으로 예상됐다고 하자. 그런데 시장이 실제로 움직인 방향은 그와 정반대였다면, 역으로 움직인 그 방향은 두 배로 중요한 의미를 담고 있다.

제 69 장

매수 후 보유 전략에 대해

최근 투자관련 신문이나 잡지를 보면 이런 기사를 많이 접하게 된다. 주식을 매수해서 아주 오랫동안 보유하게 되면 언젠가는 투자수익을 올릴 수 있고 적어도 본전을 되찾을 수 있다는 것이다. 다우존스 평균 주가가 마침내 1929년 수준을 회복한 뒤에도 계속해서 상승세를 타고 있는 상황을 반영한 이야기다. 결국 매수 후 보유하기만 하면 그만이 며, 만약 주가가 떨어지면 추가로 매수하는 게 좋다는 말로 이해된다.

하지만 이건 엄청난 착각이며 잘못된 이야기다. 여러 측면에서 오류를 지적할 수 있다. 무엇보다 먼저 지적해둘 사실은 하락한 주식이라고 해서 전부 주가를 회복하는 것은 아니라는 것이다. 현재 다우존스 평균주가는 1929년 수준보다 더 높지만, 개별 종목들의 경우 아직도 당시 주가를 밑도는 경우가 많고, 상당수는 아마도 영원히 그때 기록한 사상 최고치를 회복하지 못할 것이다. 30년이 넘도록 이전의 주가를 회복하지 못하는 종목이 바로 당신이 매수한 주식일 수 있다.

두 번째 오류는 초등학생들도 알만한 것이다. 내일의 1달러는 오늘의 1달러만 못하다. 물론 이건 순전히 수학적인 것이며 구매력은 따지지도 않았다. 가령 1달러를 6% 복리로 저축한다면 세금을 무시할 경우 12년 뒤 2달러가 된다. 따라서 6% 복리이자를 전제로 하면 현재의 1달러는 12년 후의 2달러 가치를 지닌다. 달리 표현하자면 12년 후의 1달러는 현재가치로 50센트에 불과하다는 말이다.

만약 당신이 오늘 매수한 주식이 하락했는데 몇 년 뒤 겨우 주가를 회복했다고 하자. 하지만 그때는 모든 게 달라졌을 것이다. 화폐가치도 달라졌을 것이고, 구매력도 변했을 것이다. 또 주식을 보유하고 있는 당신도 더 늙었을 것이다. 현명한 투자자라면 아무도 이런 식의 투기는 하지 않는다. 따라서 오늘 주식을 투자하면서 몇 년 뒤를 바라봐서는 안 된다. 그건 너무나 무모한 짓이다. 그렇게 맹목적으로 투자하지 말라.

투자수익을 합리적으로 기대할 수 있는 곳에 투자해야 한다. 당신의 소중한 돈을 투자하는 것이다. 기대한 것처럼 움직여주면 투자수익을 거둬들여라. 만약 실수를 저질렀다면 손절매를 하라. 그리고 향후 전망이 보다 확실한 주식을 새로 매수하라.

제 70 장

표범은 무늬를 바꾸지 않는다

능력 있고 신중한 경영진이 기업공개나 유상증자를 통해 자기자본을 확충할 때는 최소의 비용으로 최대의 자금을 확보하는 것을 목표로 한다. 얼마나 성공적으로 이 목표를 달성하느냐는 경영진의 능력을 보여주는 지표일 뿐만 아니라 새로이 자금을 투자한 주주들의 이해와도 직결된다.

정책적 함정

라디오 방송 등을 통해 한 달에 한 번쯤은 이런 질문을 접한다. "초보 주식투자자들이 피해야 할 가장 큰 함정은 무엇인가요?" 나의 대답은 항상 똑같다. "시장에서 띄우는 주식을 피하십시요. 우선 가장 널리 알려져 있고, 유동성이 높고, 자본금 규모도 크며, 성공적인 사업을 영위하고 있는 상장기업의 주식을 매수하십시오."

증권거래위원회(SEC)는 낮은 주가를 무기로 시장에서 띄우는 주식을 투자자들이 매수했다가 낭패를 보는 것을 막기 위해 여러 규제장치를 내놓고 있다. 풀브라이트 조사위원회에서는 장외주식에 대해서는 추가적인 규제가 더 필요하다고 밝혔다. 의회청문회에서도 완전한 정보 공개 없이 이뤄지는 자금조달에 대해 추가 규제의 필요성을 지적했다. 물론 가장 시급한 것은 주(州)정부 산하의 증권당국이 연방정부 수준의 정보공개 요건을 도입하는 것이다.

이와 관련해 어떻게 규제할 것인가를 놓고 상당히 복잡하고도 이해가 대립하는 문제들이 논의돼왔다. 하지만 내가 보기에 가장 간단한 해결책은 최초 기업공개 시 주가를 10달러 이상으로 강제하는 것이다.

사실 어느 정도 지식을 갖춘 투자자들은 주당 발행가격보다는 시가총액을 살펴본다. 시가총액이란 발행주식 총수에 주당 발행가격을 곱한 것으로 해당 기업의 시장가치를 말해준다. 이를 기초로 주식을 분석하는 것이다.

그런데 초보 투자자들은 단순 주가와 시장가치를 자주 혼동한다. 예를 들면, 수피어리어 오일(Superior Oil) 주식이 1070달러 하면 "너무 비싸다"고 하고, 이름도 없는 석유회사 주식이 1달러 하면 "싸다"고 하는 식이다. 자신이 무지하다는 사실은 모른 채 그저 몇 센트 하는 주식을 보면 무조건 싸다고 여기는 것이다. 불특정 다수의 "호구들"이 "낚이는" 이유가 바로 이 때문이다. "월 스트리트의 악마들"이 도사리고 있다고 이야기하는 것도 이런 이유 때문이다. 하지만 뉴욕증권거래소

(NYSE) 소속의 증권회사들은 절대 "월 스트리트"를 이런 식으로 이야기하지 않는다. 그건 기본적으로 좋은 이름을 나쁜 목적으로 오도하는 것이다.

물론 지금의 거대기업들도 처음에는 작게 시작해서 발전해왔다. 모든 사업에는 리스크가 따르기 마련이다. 중요한 점은 리스크를 감당할 수 있고, 리스크가 무엇인지 아는 사람이 그것을 감수해야 한다는 것이다. 또 한 가지 중요한 점은 이렇게 리스크를 감수하고 투자한 돈이 기업으로 들어가야지, 그 주식을 띄운 사람의 주머니로 들어가서는 안 된다는 것이다.

뉴욕의 공식 증권거래소에서 거래되는 기업의 주가에는 상장돼 있다는 사실 자체가 어느 정도의 가치로 반영돼 있다. 물론 이 기업의 주가가 10달러 이상이라면 상장 프리미엄 가치가 주가에 비해 무시해도 좋을 만큼 적을 것이다. 그러나 주가가 아주 낮다면 상장 프리미엄 가치가 주가의 절반을 차지할 수도 있을 것이다. 상장기업 주식이라도 10달러 미만이라면 특별한 이유가 있어서 면밀히 분석해본 경우가 아닐 경우 일단 피해야 한다고 말하는 것도 이 때문이다.

제 71 장
초보 투자자의 종목 선정 기준

어디에 투자하든 일단 시작하기 전에 당신이 충분히 준비가 되어있는지 반드시 자문해봐야 한다. 적은 돈이라고 해서 함부로 덤벼들어서는 안 된다. 본격적인 투자는 기본적으로 필요한 자금을 전부 충당한 다음에도 남는 여유자금으로 해야 한다.

투자를 시작하기 전에 긴급자금으로 현금을 따로 남겨둬야 한다는 말이다. 가족들을 위해서도 비상자금을 추가로 갖고 있어야 한다. 전혀 예기치 못했던 의료비가 들어갈 수도 있고, 경제가 갑자기 어려워질 수도 있다. 이런 자금은 장롱 속에 넣어둘 수도 있고 동네 은행에 예치해둘 수도 있을 것이다. 언제든 현금화할 수 있는 국채에 투자하는 것도 한 방법이다. 이런 긴급자금을 얼마로 할 것인가는 당신의 나이와 소득수준, 안전성을 얼마나 중시하는가에 따라 달라질 것이다. 한 가지 괜찮은 원칙을 소개하자면 최소한 두 달치 생활비 이상은 항상 긴급자금으로 갖고 있어야 한다는 것이다.

그러면 이제 기본적으로 필요한 자금은 따로 떼어놓았을 테니, 남은 자금을 어떻게 운용할 것인지 고민해보자. 당신은 우선 이 돈이 불어나기를 바랄 것이다. 그게 바로 투자라고 하는 것이다.

주식에 투자할 경우 당신은 1년 만에, 혹은 10년 만에 투자원금을 두 배로 늘릴 수 있을 것이다. 이와는 반대로 투자를 잘못해 손실을 볼 수도 있다. 어떻게 될 것인지는 상황에 따라 얼마든지 달라질 수 있다.

문제는 어떤 주식을, 언제 사서, 언제 파느냐에 달려있다. 우리가 주식을 가리켜 "위험자산"이라고 부르는 이유가 바로 이 때문이다. 좋든 싫든 당신이 선택한 기업의 운명에 기꺼이 동참하겠다는 마음가짐 없이 주식에 투자해서는 절대 안 된다.

경험이 있는 투자자가 지난 10년간 괜찮은 주식에 투자했다면 원금이 적어도 두 배 이상 불어났을 것이다. 하지만 이 기간은 주식시장 전반이 좋아서 주가가 바닥권에서 올라오기 시작했을 때였다. 일부 주식, 특히 유틸리티 기업의 경우 큰 변동 없이 주가를 그대로 유지하면서도 꾸준히 배당금을 지급하고 있다. 뉴욕증권거래소(NYSE)에 상장된 주식 가운데 1900년 이후 단 한 번도 빼지 않고 배당금을 지급한 기업이 60개가 넘는다.

이와는 달리 "천당과 지옥을 왔다 갔다 하는" 주식들도 상당히 많다. "환상적인" 주식의 대표적인 예를 들자면 대형 석유 기업들이다. 1942년에 대형 석유 기업 주식을 100달러어치 샀다면 9년 만에 4000달러가 됐을 것이다. 또 다른 예를 들자면 대형 항공주의 경우 주가가 4년 만에 800%나 올랐다. 1년 만에 두 배로 오른 주식도 수두룩하다.

그러나 배당소득을 겨냥하고 투자한 초보자라면 이런 "환상적인" 주식을 매수하는 기회를 거의 잡지 못할 것이다. 다만 초보 투자자도 경험을 쌓으면 투자수익률이 나아질 수 있다. 초보자는 반드시 최적의 장기 투자대상을 찾아야 한다. 또 잡초를 뽑아주듯이 적어도 1년에 한 번은 약한 종목이 있는지 점검해야 한다. 하지만 단기적인 이익을 위해 주식을 자주 사고파는 것은, 깊은 연구와 뛰어난 감각이 필요하므로 노련한 전문가의 영역으로 남겨두어야 한다.

장기적인 투자대상을 찾다 보면 주식시장에서 잘 알려진 종목 대다수가 매력적인 후보로 떠오를 것이다. 평균적으로 보면 주식시장 전체는 완만하지만 꾸준히 상승하는 추세를 이어왔다. 지난 55년간 산업주 주가는 오르내림은 있었지만 연평균 3%이상의 상승률을 기록했다. 물론 앞으로 하락하는 일이 벌어지기도 할 것이다. 그러나 멀리 내다보면 인구 증가와 생활수준의 향상, 화폐가치의 하락에 따라 주가는 느리기는 하겠지만 지속적으로 상승 곡선을 그려갈 것이다.

그렇다면 당신이 원하는 최고의 투자대상을 어떻게 찾아낼 것인가?

처음 주식을 매수하는 투자자라면 뮤추얼펀드가 가장 좋다. 특히 500~1000달러로 시작하는 투자자의 경우 안성맞춤이다. 뮤추얼펀드에 투자하면 일단 엉뚱한 실수를 피할 수 있고, 나중에 직접 투자할 때를 대비한 교육기회를 얻을 수도 있다. 뮤추얼펀드 회사에서는 주식시장의 현재 흐름에 관해 알기 쉬운 보고서를 보내줄 것이며, 왜 어떤 종목은 포트폴리오에 새로 편입하고 어떤 종목은 포트폴리오에서 제외했는지 그 이유를 설명해줄 것이다. 돈도 벌고 주식 공부도 하는 것이다!

뮤추얼펀드는 수천 가지가 넘는다. 증권회사나 은행에 가면 당신에게 가장 적합한 펀드를 소개해줄 것이다. 당신이 적극적인 성격의 젊은 사업가라면 빠르게 성장하는 기업들에 주로 투자하는 펀드가 마음에 들 것이다.

시간이 흘러 이제 더 이상 뮤추얼펀드가 제공하는 평균적인 수익률이 만족스럽지 않을 수 있다. 시장 전반이 하락세로 돌아서면 당신이 투자한 뮤추얼펀드도 떨어질 것이다. 그러면 당신이 직접 개별종목에 투자하는 게 더 나은 수익률을 올릴 것이라는 생각도 들 것이다.

직접 투자를 하기로 결심했다면 모든 가능성을 따져봐야 한다. 물론 당신이 알아야 할 기본적인 사실들을 증권회사에서 알려줄 수도 있다. 하지만 투자대상 기업의 주당 순이익이 얼마인지, 현재 주가가 고평가된 건지 저평가된 건지는 직접 살펴봐야 한다. 종목 선택 시 반드시 고려해야 할 다섯 가지 중요한 사항을 여기서 소개하겠다:

1. 당신의 목표가 무엇인지 확실히 결정해야 한다. 대부분의 투자자들이 그런 것처럼 당신 역시 앞으로 주가가 오를 것인지의 여부가 가장 중요하다고 생각한다면 해당기업의 성장 가능성에 무게를 두는 것이다. 만약 매년 배당금을 지급해줄 게 확실해 보이는 안정적인 주식이 마음에 든다면 재무구조가 얼마나 탄탄한지, 그리고 배당금을 얼마나 오랫동안 계속해서 지급해왔는지 살펴봐야 할 것이다.
2. 몇 개 종목에 투자할 것인지 미리 정해두어야 한다. 초보자의 경우에는 업종이 다른 4~5개 종목 정도를 보유한다면 충분할 것이다.
3. 투자대상 기업을 선택하기 전에 먼저 투자할 업종을 정해야 하고, 이

산업이 국민 생활에 꼭 필요한지 확신할 수 있어야 한다. 특히 장기투자를 한다면 반드시 미래가 밝은 산업에 투자해야 한다.

4. 초보자라면 누구나 회사이름을 알고 있는 선두기업 주식에 투자해야 한다. 마치 브랜드 이름만으로 신뢰할 수 있는 제품을 사듯이 그런 주식을 골라야 한다.

5. 투자할 기업은 열정적이고 긴 안목을 가진 경영진을 갖고 있어야 한다. 일류 경영자를 끌어들이고, 끊임없는 연구개발 노력을 하며, 자사 제품이나 서비스의 시장을 계속 넓혀나가는 회사를 물색해야 한다.

일단 주식을 매수하면 무슨 일이 벌어지든 당신은 새로운 흥분을 경험하게 된다. 매일같이 신문의 경제면을 들춰보며 당신의 주식이 어떻게 됐는지 확인할 것이다. 주주총회에도 참석해 회사가 제공하는 특별 점심식사를 맛볼지도 모른다.

하지만 이보다 더 중요한 것은 당신이 국가의 발전에 꼭 필요한 역할을 하고 있다는 느낌을 받는 것이다. U.S. 스틸의 회장을 지냈던 어빙 S. 올즈(Irving S. Olds)는 이런 말을 한 적이 있다: "모든 미국인이 미국 기업의 주식을 사는 날이 오리라고 생각한다. 몇 주를 사든 관계없다. 진정한 공유제는 그날부터 시작되는 것이다."

나는 이 말에 전적으로 동의한다. 미국의 미래 성장은 중산층이 얼마나 기꺼이 우리 기업의 소유자 역할을 담당하느냐에 달려 있다.

국가의 미래에 투자하라! 하지만 주의 깊게 신중하게 투자하라. 그건 바로 당신의 돈이니 말이다!

제 72 장

시세와 다투지 말라

뉴욕증권거래소(NYSE)의 시세를 알려주는 티커는 현재 전국적으로 3772개가 작동되고 있다. 여기에 트렌스-럭스(Trans-Lux) 사가 운용하는 시세단말기가 650개에 달하고, 이밖에도 주식시세를 알려주는 5650개의 각종 단말기가 이용되고 있다.

실제로는 이 같은 장치들을 접할 수 있는 사람들보다 훨씬 더 많은 숫자가 시시각각 변하는 주식시세를 지켜볼 것이다.

주식시세를 읽는다는 것은 현재의 거래상황을 해석해 앞으로의 주가를 예측하려는 것이다. 더 자세히 말하자면 미래에 영향을 미치는 과거의 중요한 움직임을 파악해 주가의 추세를 예측하는 것이라고 할 수 있다.

그런 점에서 "시세 추적자(tape reader)"라고 하면 주식을 사고 팔 것인지의 여부와 어떤 주식을 매매할 것인지를 결정할 때 현재의 주식거래상황을 가장 중시하는 사람이라고 말할 수 있다. 내가 시세 추적자라고 이름 붙인 것은 정확한 표현이라기 보다는 그냥 편의상 그렇게 부른 것이다. 따라서 귀에 거슬리지 않는다면 "거래상황 애널리스트(transactions analyst)"라고 불러도 괜찮을 것이다.

따라서 매시간 단위로 주가를 확인하고 여기서 정보를 얻어 주식을 매수한다면 이 역시 "시세 추적자"라고 할 수 있다. 나는 이런 경우가 여러 차례 있었다. 한번은 뉴올리언스에서 병원에 입원한 적이 있었다. 나는 매시간 현지 주식중개업자에게 가장 최근의 주가를 보내달라고 했고, 무슨 종목을 사고 팔 것인지 말해주었다. 병원비보다 그에게 준 수수료가 더 많이 들었는데, 어쨌든 이것 역시 내가 티커를 본 것이나 마찬가지였으므로 "시세 추적자"였다고 할 수 있다.

매일같이 그날의 주식 거래량과 시가 및 종가, 고가 및 저가를 신문을 통해 확인하는 투자자 역시 내가 정의한 시세 추적자에 포함될 것이다. 일주일에 한 번 시세표를 확인해도 그렇다.

"차트"를 보는 투자자도 어느 정도는 "거래상황 애널리스트"라고 할 수 있다.

내가 여기서 어느 정도라고 표현한 것은 이들 가운데 진짜 시세 추적자는 극히 일부이기 때문이다. 시세 추적자에 대한 내 정의는 오로지 주식의 거래상황에 따라서만 투자 결정을 내리는 투자자이기 때문이다. 따라서 투자 판단 시 거래상황이 아닌 다른 요소를 개입시킨다면 그 순간부터 "순수한 시세 추적자"가 아니다. 가령 주식중개업자에게 어떤 주식을 매수하는 게 좋은지, 매도하는 게 좋은지 확인한다면 시세 추적자의 범주에서 벗어나는 것이다. 시세를 읽는 것과 기술적 분석은 구별해야 한다. 시세를 읽는 것은 기술적 분석의 일부다. 따라서 기술적 분석에는 시세 읽기를 포함해 여러 가지 요소가 들어간다.

따라서 순수하게 시세를 읽는다는 것은 기업의 순이익이나 배당금, 재무구조는 전혀 고려하지 않는다는 말이다.

진정한 시세 추적자는 실제 거래상황은 물론 이미 나온 뉴스와 앞으로 예상되는 뉴스에 대해서도 알고 있어야 한다.

가령 어느 종목이 아무런 뉴스도 없는데 강세를 보인다면 그건 시세 추적자에게 나름대로 의미가 있으며, 배당금 증액과 같은 뉴스가 발표된 뒤 주가가 강세를 보인다면 그것 역시 또 다른 의미를 담고 있는 것이다. 진정한 시세 추적자는 뉴스를 반드시 시세의 변동과 연관지어 생각하며, 절대 뉴스 그 자체만 고려하지 않는다. 만약 호재성 뉴스가 나와 주식을 매수했다면 그건 다른 요소를 고려한 것이므로 시세 추적자라고 할 수 없다. 하지만 어떤 뉴스가 나온 뒤 해당 종목이 강세를 보였기 때문에 주식을 매수했다면 시세에 따라 행동한 것이므로 시세 추적자라고 할 수 있다.

그렇다면 시세 읽기는 얼마나 중요한 것일까? 시세 읽기를 다른 요소와 함께 사용해 정확한 투자 결정을 내릴 수 있다면, 또 시세 읽기를 통해 좀더 정확한 투자 분석을 할 수 있다면 매우 유익하다는 게 내 생각이다.

나는 여기서 "트레이딩"이나 "투기"가 아니라 "투자"라는 용어를 썼다. 거래상황의 분석은 소위 말하는 "트레이더"나 "투기자"에게 한정된 것이 아니기 때문이다. 투자의 최종 결과는 그 주식을 매수한 가격과 매도한 가격 간의 차이에 따라 결정된다. 미래의 주식가치를 결정하는 요소로 과거와 현재의 주가 및 거래량이 얼마나 중요한지 무시한다면 그것은 무지하거나 편견으로 가득 차있는 것이다. 시세를 읽으면서 잠재적인 투자대상을 고르는 일 역시 매우 중요하다.

"순수한 시세 추적자"에 대한 이야기는 이제 그만 하겠다. 현실적으로 이렇게 투자하는 경우는 매우 드문 데다, 그렇게 해서 투자수익을 얻기도 어렵기 때문이다. 하지만 시세 읽기를 통해 매수하려는 종목이나 보유하고 있는 종목이 "제대로" 움직이고 있는지, 아니면 "형편없이" 움직이고 있는지 파악한다면 성공적인 주식투자에 큰 도움이 될 것이다. 나 자신도 어떤 종목이 형편없이 움직이고 있다면, 내가 그 이유를 확실히 납득할 수 있고, 또 약세를 보이는 이유가 일시적인 것이 아니라면, 매수하지도 보유하려 들지도 않을 것이다. 내가 "보유하려 들지도"라는 표현을 쓴 데 주목하기 바란다. 내가 이런 표현을 쓴 것은 실제로 투자를 하다 보면 주식거래를 시작하는 것보다 끝내는 게 더 어렵기 때문이다.

시세 읽기를 통해 새로운 투자대상을 보다 자세히 분석하는 투자자는 틀림없이 투자수익과 직결되는 멋진 아이디어를 얻게 될 것이다.

"신고가"를 기록한다든가 갑작스런 강세 움직임이 나타난다면 이건 매우 중요한 의미를 전해주는 것으로 반드시 체크해볼 필요가 있다. 나의 경우 "시세 흐름에서 뭔가를 포착해" 개별종목을 심층 분석한 적이 무척 많다. 그렇게 해서 장기적으로 큰 투자수익을 올려준 종목을 매수한 적도 여러 번 있었다. 물론 그렇지 않은 적도 있었다.

그런 점에서 균형감각이 있는 투자자에게 시세 읽기는 기회를 알리는 종소리가 될 수도 있고 경고음이 될 수도 있다.

다시 강조하지만 투자는 수학이나 물리학처럼 정밀과학이 아니다. 기관투자가들이 발표하는 보고서를 보면 쉽게 드러난다. 시장이 하락세로 돌아서기 전에 "빠져나오는" 경우는 얼마나 되는가? 또 시장이 약세로 돌아서기 전에 얼마나 많은 기관투자가들이 주식을 매수하는가? 불확실한 세상이다 보니 의학이나 군사학, 정치학 분야에서는 얼마나 정확한 견해를 내놓는지 모르겠다. 자신의 투자계좌 잔고가 줄어들면 투자자들은 왜 그렇게 됐는지 안다. 그런데 환자가 사망하면, 병이 너무 위중해서였는지 아니면 의료기술이 부족해서였는지 누구도 정확히 말할 수 없다. 한 가지 확실히 이야기할 수 있는 것은 시세 읽기는 투자분석에서 기본적인 요소이며, 기관투자가들의 투자성과를 높여줄 것이라는 점이다.

시세 읽기는 어떤 식으로 투자하든 모든 투자자가 고려해야 할 필수적인 요소다.

물론 다른 것은 전혀 고려하지 않고 "순수하게" 시세 읽기만 하는 투자자는 성공하기 힘들다. 나는 이렇게 시세만 읽거나 차트만 보고 다른 기본적인 요소는 완전히 무시하고서도 성공한 경우를 본 적이 있다. 하지만 대부분의 투자자들에게는 그렇게 하지 말라고 조언하고 싶다.

그렇다면 실제로 투자 성과를 높이려면 시세 읽기를 얼마나 배워야 할까?

서점에 가면 주가 시세나 차트 읽기에 대해서만 설명해놓은 수백 페이지짜리 책을 쉽게 발견할 수 있을 것이다. 나는 이런 책들의 내용을 잠시 살펴보기는 했지만 공부한 적은 없다.

이 책에서도 "이중 천정"이나 "헤드 앤 쇼울더" "삼각형 모양" "직사각형 모양" 같은 내용은 따로 설명하지 않았다. 이런 생각들에 동의하지 않기 때문이다.

나는 아예 이런 분석방법을 믿지도 않을뿐더러 연구해본 적도 없다. 나는 매일 주식을 사고 판다. 시세 읽기에서 얻어지는 가장 유용한 아이디어는 바로 그날 떠오르는 것이다. 그 아이디어를 더 깊이 파고들어 며칠씩 묵혀둔다면 그 의미를 상실해버리고 말 것이다. 시세 읽기에서 드러난 중요한 포인트를 오늘 놓쳐버리면 그건 더 이상 중요하지 않은 게 돼버린다.

이 같은 시스템을 활용하다 보면 거래상황을 분석할 때 항상 마음에 두어야 할 단어가 바로 "상대성"이다. 어떤 주식이든, 어떤 차트든, 신고가를 기록했든, 신저가를 기록했든, 해당 종목의 주가 흐름을 다른 종목이나 시장 전반의 흐름과 비교하지 않는다면 아무 의미도 없다. 시세 읽기는 한마디로 상대적인 것이다. 다른 종목과 다른 업종, 다른 시점과 비교해봐야 한다. 또 한 가지 염두에 두어야 할 단어는 시간, 즉 "언제"냐는 것이다. 무엇이든 그것이 "언제" 발생했느냐에 따라 의미가 달라진다.

우선 개별종목의 주가 흐름을 살펴본다고 하자. 그러면 반드시 시장 전반의 흐름과, 그리고 해당 업종의 흐름과 비교해야 한다. 꼭 필요한 일이지만 그리 어렵지는 않을 것이다. 사실 우리는 살아가면서 의사결정을 할 때마다 비교를 하니까 말이다. 주식시장에서도 똑같이 하라. 지난 수 년간의 주가 흐름을 비교해볼 수 있을 것이다. 어느 종목이 가장 많이 올랐는가? 어느 종목이 사상 최고치를 경신했는가? 또 종목별 지지선을 확인해볼 수도 있고, 최근에 기록한 바닥권 주가를 비교해볼 수도 있을 것이다.

이런 작업은 시작에 불과하다. 일단 확인한 다음에는 시세 읽기를 멈추고 그 이유를 찾아봐야 한다. 과연 이런 추세가 계속될 가능성은 얼마나 되는가?

주식시장에서 아마도 이것만큼 확실한 법칙은 없을 것이다. 시장의 상승과 하락, 시장의 천정과 바닥을 만들어낸 "열쇠"는 절대로 다시 쓸 수 없다는 것이다. 한마디로 자물쇠가 매번 바뀌기 때문이다. 따라서 주식시장에서는 복잡한 이론보다도 약간의 상식이 훨씬 더 유용하다.

그러나 크게 보자면 시장 전체의 평균주가는 추세의 변화가 검증되기 이전까지는 현재의 추세를 이어간다고 할 수 있다. 개별종목의 주가나 개별기업의 실적 역시 마찬가지다.

"시세와 다투지 말라." 이 말은 반드시 명심해두어야 한다.

주가의 추세가 방향을 바꾸기 위해서는 먼저 그 추세를 만들어낸 원인이 변해야 한다. 추세의 변화가 명백하게 드러나기 전에 그 변화를 미리 감지할 수 있는 사람은 대단한 분석력과 높은 경지의 예지력을 타고났다고 이야기할 수 있을 것이다. 사실 대부분의 경우 비록 추세의 변화가 나타난 다음이라도 그리 오래 지나지 않아 감지하기만 해도 상당한 투자수익을 올릴 수 있다. 보통 투자자들은 차라리 늦더라도 확실해졌을 때 그 변화를 인식하는 게 의심스럽지만 남들보다 일찍 알아차리는 것보다 더 낫다. 주식시장이 한없이 추락했던 1929년부터 1932년 사이 이제 바닥권에 도달했다고 생각한 많은 사람들이 주식을 매수했지만 이들 대부분은 큰 손실을 입었다. 뒤늦게 1933년 이후에 매수한 투자자들과 바닥권에서 약간 반등한 다음 뛰어든 투자자들이 결과적으로 더 정확했다.

평균 매수단가는 올려야지 내려서는 안 된다. 일단 성공한 투자는 계속 따라가되 실패한 투자는 최소화해야 한다는 말이다. "손실은 즉시 잘라내고, 이익은 알아서 커가도록 놓아두라."

주가는 그 자체로 무엇인가를 알려준다. 나는 여러 종목을 편입한 포트폴리오를 보면 그 중 안 좋은 종목들은 팔고 좋은 종목들은 더 사고 싶어진다. 하지만 나는 오로지 시세만 추종하는 순수한 시세 추적자는 아니다. 시세를 읽은 다음에는 이를 활용해 어떤 주식이 왜 약세를 보이며, 어떤 주식은 왜 강세를 보이는지 그 이유를 찾고자 한다. 나는 주가가 낮다고 해서 그 주식이 싸며, 주가가 높다고 해서 그 주식이 비싸다고는 생각하지 않는다. 물론 그럴 수도 있다. 사실 주가가 "천정"을 쳤을 때는 높고, "바닥"을 쳤을 때는 낮을 수밖에 없으니 말이다. 하지만 절대적인 의미의 천정이나 바닥은 잘 드러나지 않는다. 내가 찾아낸 이유가 올바른 것으로 확인되는 시점은 대개 사람들이 천정이나 바닥을 쳤다고 생각하는 여러 시점의 중간쯤인 경우가 많다.

상대성만큼 중요한 것이 타이밍이다. 무엇이든 그게 언제 일어났느냐가 매우 중요하다. 몇 년간 약세를 보이다 마침내 처음으로 사상 최고가를 경신했다면 그것은 아주 큰 의미를 담고 있는 것이다. 반면 다른 종목들이 신고가를 기록한 다음 뒤늦게 사상 최고가를 경신했다면 그건 아무런 의미도 없다.

거래량 역시 중요한 요소다. 하지만 정확히 수치화하기는 어렵다.

자동차를 몰고 어떤 곳을 갈 때 시속 10마일보다는 시속 50마일로 가면 더 빨리 도착할 것이다. 그러나 시속 100마일로 몰았다가는 사고를 낼 수 있다. 마찬가지로 주가가 조금이라도 오르면서 거래량이 증가하는 것은 강세 신호라고 할 수 있고, 반등할 때마다 거래량이 줄어드는 것은 약세 신호라고 할 수 있지만, 실제로는 상황에 따라 얼마든지 달라질 수 있다. 경험이 최고의 스승이다. 거래량의 변화를 유심히 관찰하라. 그러면 그 의미를 알게 될 때가 올 것이다.

앞서도 지적했듯이 주식시장의 거래 패턴은 무궁무진하다. 거래 패턴을 공부하려면 책을 봐야 한다. 물론 이것을 실제로 투자하는 데 활용할 것인지 여부는 당신의 판단에 달려있다. 사실 유용하게 쓰이는 패턴은 극소수에 불과하다. 어떤 패턴인지 이름조차 모른다 해도 주가 흐름을 잘 관찰하면 그런 패턴이 어떻게 만들어지는지 이해할 수 있을 것이다.

주의를 기울여 시세를 추적하고 차트를 관찰하는 게 필요한 가장 대중적인 이유를 한 가지 소개하겠다. 앞서 언급한 뉴스를 확인해야 한다는 이유와 유사하다. 노련한 시세 추적자는 특정 시점의 주가 흐름을 대중들이 어떻게 해석하는지 잘 알고 있다. 그렇게 해서 시세에 반영되는 정도, 즉 주가에 미치는 영향이 예상했던 수준보다 큰지 아니면 작은지가 중요한 것이다. 아주 약간의 차이만 있다 하더라도 중요할 수 있다. 물론 그 차이가 아주 크다면 노련한 시세 추적자는 투자 결정을 내리는 데 이 단서를 유용하게 활용할 것이다.

시세 읽기를 통해 발견한 사실들을 기록하고 기억해두는 것은 단순히 시세와 차트를 읽거나 주가나 거래량을 체크하는 것보다 훨씬 더 중요하다.

뛰어난 기억력을 갖고 있는 노련한 투자자는 시장의 추세를 완벽하게 그려낼 수 있다. 이것은 무엇보다 "살아있는" 것이다. 이것과 비교하자면 차트는 이미 지나간 그림일 뿐이다. "지금의 실상"을 보는 게 중요하다. 시시각각 변하는 시장의 시세는 다른 어느 것으로부터도 얻을 수 없는 정보를 담고 있다. 주가와 함께 거래량도 확인할 수 있을 것이다. 거래량은 앞서도 언급했던 것처럼 이전 거래량과 비교해야 의미가 있다. 가령 자동차 주식들이 상승세를 타고 있다면 시세 읽기를 통해 어떤 자동차 종목이 가장 먼저 오르기 시작했으며 거래량도 많은지 확인할 수 있을 것이다. 이런 주가 흐름이 얼마나 지속될 것인지, 반전될 가능성은 없는지도 알아볼 수 있을 것이다. 시세가 얼마나 빨리 변하는지, 또 실제 거래량은 얼마나 변동했는지를 확인하면 시장이 얼마나 강한지 이해할 수 있을 것이다. 물론 이것 역시 반드시 이전과 비교해봐야 하는 것이다.

따라서 시간과 노하우만 있다면 자신이 직접 시세를 추적해보는 게 아주 좋다. 틀림없이 그만한 보상을 받을 것이다. 하지만 앞서도 지적한 것처럼 한계도 있다. 대개는 다른 직업이 있어서 주식투자에 많은 시간을 할애할 수 없을 것이다. 또 직접 시세를 추적하다 보면 초단기 거래에 관심을 쏟기 쉽다. 나무만 보고 숲은 보지 못하는 일이 벌어질 수도 있는 것이다. 하지만 시간만 충분하다면 결국 보상을 얻을 수 있는 것은 나무지 숲이 아니다.

대개의 투자자들은 차트나 도표를 활용해 거래상황을 분석하는데, 나는 차트보다 도표를 더 선호한다. 아주 특별한 강세나 약세 움직임,

혹은 중요한 신고가나 신저가처럼 당신이 잊지 말아야 할 항목만 기록해도 충분히 유용하게 활용할 수 있다.

결론적으로 말해 현재의 주가를 평가하되 시장 전반의 추세와 그 추세의 지속가능성을 함께 고려하지 않는다면 제아무리 정교한 투자분석이든, 고급 정보나 내부자 정보든 아무 쓸모도 없다. 내가 만나본 애널리스트들 대부분이 이 점을 모르는 것 같아 이렇게 강조하는 것이다. 이들 애널리스트가 큰돈을 벌지 못한 이유도 바로 이것 때문이다. 거래상황을 분석하는 데 더 주의를 기울인다면 투자 의사결정의 정확성도 더 높아질 것이다. 증권회사의 신용거래 담당자가 증거금을 추가로 내라고 할 때는 장부가치나 주가수익비율(PER), 배당수익률이 아니라 현재의 시장가격을 보고서 그러는 것이다. 따라서 당신 역시 이 사람만큼 현재의 주가에 관심을 기울여야 하는 것이다.

제 73 장

시세 읽기는 얼마나 중요한가

뉴욕증권거래소(NYSE)의 주가 티커 시스템은 현재 미국 내 700개 도시에서 운용되고 있고, 캐나다와 스위스, 푸에르토리코에도 보급돼 있다.

오랜 전에는 이 주가 티커가 종이 테이프에 인쇄돼 거래 상황을 중계했었다. 지금은 80% 이상이 트랜스-룩스 전광판으로 표시되고, 폐쇄회로 텔레비전으로 중계되는 경우도 자주 볼 수 있다. 뉴욕증권거래소 회원사에서 일하는 3만 명 이상의 인력이 이 주가 티커를 통해 시장 상황을 주시한다. 이들 외에도 증권회사 객장에서는 수많은 고객들이 주가 티커를 본다.

그렇다면 이렇게 시세를 보는 이유는 무엇일까? 시세를 봐서 어디에 쓰겠다는 건가? 시세 읽기가 투자수익을 올리는 데 도움이 되는 걸까?

전자 호가 시스템으로 운용되는 요즘 시대에 시세를 읽는 첫 번째 이유는 아마도 매매주문이 어떻게 처리되고 있는지 확인하기 위해서 일 것이다. 시세 읽기의 가장 큰 목적은 주가의 추세를 제대로 판단하려는 것이다.

이 점에서 시세 읽기는 요즘보다 과거에 더 중요했다. 주가 티커가 처음 도입된 것은 1867년이었다. 초창기에는 주로 단기 투자에 활용됐다. 그 후 소득세 부과와 수수료 인상, 투자자의 저변 확대 등으로 쓰임새가 달라졌다.

하지만 시세 읽기는 여전히 매우 중요하다. 주식시장이 열리는 동안 하루종일 시세를 지켜보는 사람은 거의 없을 것이다. 나의 경우 1922년부터 1936년까지 내 책상에서 점심을 먹었다. 한 순간도 시세를 놓치기 않기 위해서였다. 지금도 그렇게 하고 싶다. 대부분의 투자자들은 주식중개인을 통해 부분적으로나마 시세 읽기를 한다. 주식중개인의 업무가 고객을 위해 끊임없이 주가 티커를 주시하는 것이니 말이다.

주식시장에서 투자수익을 올리려면 뉴스와 분석보고서, 시장 흐름을 남들보다 월등하게 해석할 수 있어야 한다. 그런 점에서 주가 티커는 신문에 실리는 시세표나 주가 차트보다 훨씬 더 우수한 시장 정보의 원천이다.

시세는 시장이 현재 어떻게 거래되고 있는지 알려주는 "살아있는" 보고(寶庫)다. 시세를 보고 시장을 판단한다는 말은 언제 무슨 일이 벌어졌는지, 그 시점의 거래량은 얼마였는지, 그리고 시장 전체 및 관련 종목의 움직임과는 어떻게 다른지 확인한다는 것이다.

주가 티커를 주시하고 있으면 지금 당신 눈앞에서 벌어지고 있는 이 모든 요소들을 알 수 있다. 어떤 주식이 가장 먼저 움직이는지 볼 수 있다. 움직임이 얼마나 강한지도 알 수 있다. 다른 종목들과 비교할 때 더 강한지, 아니면 약한지도 파악할 수 있다. 과거의 주가 흐름이나 차트를 활용하면 더 깊이 들여다볼 수 있다.

시세 추적자는 차트만 읽는 사람보다 훨씬 더 앞서 간다. 마치 컴퓨터를 활용해 각종 지표를 즉시 파악하는 기업 경영자가 혼자서 주먹구구식으로 판단하는 쪽보다 한 발 앞서 가는 것과 같은 이치다.

시세 읽기를 잘 활용하면 가장 유리한 가격으로 매매주문을 낼 수 있다. 또 기업 분석 등을 통해 내린 자신의 판단을 검증해볼 수도 있다. 주식시장에 대한 시각을 바로 잡는데도 도움을 준다. 주가 티커는 기본적으로 단기적인 잣대라고 할 수 있지만, 6개월 이상의 투자에서도 충분히 활용할 수 있다.

기술의 발전에 따라 시세 읽기도 새로운 르네상스를 맞고 있다. 시세 읽기에 대한 철저한 이해야말로 요즘 유행하는 차트 분석기법보다 훨씬 더 큰 보상을 해줄 것이다.

제 74 장

주식투자를 "하지 않는" 위험성*

학생 여러분들은 곧 투자의 세계로 들어갈 것입니다. 그곳은 35년 전
내가 처음 발을 들여놓았을 때에 비해 너무나도 많이 변했습니다. 투
자자들에게는 분명히 좋은 변화였다고 생각합니다. 주식중개인의 위
상도 크게 높아졌습니다. 앞으로 여러분들이 경력을 쌓아나가는 동안
반드시 명심해야 할 게 네 가지 있습니다: (1) 자신의 직업에 자부심을
갖고 그에 걸맞게 행동하십시요. (2) 단순히 돈이 아니라 가치에 따라
판단하는 법을 배우십시요. (3) 주식투자가 은행예금이나 보험처럼 널
리 확산될 테니, 그때를 준비하십시요. (4) 어제가 아니라 오늘과 내일
에 대한 생각에 집중하십시요.

　우선 증권회사에서 일하는 주식중개인은 투자은행의 은행원이나

---

*이 글은 저자가 1956년에 펜실베이니아 대학교 와튼 스쿨 재학생들에게 강의한 내용
이다.

증권 판매업자와는 다르다는 점을 지적하고자 합니다. 나는 주식중개인입니다. 주식중개인은 문자그대로 대리인이자 때로는 신탁관리인이기도 합니다. 투자은행은 일반적으로 대규모로 증권을 인수해 이것을 작게 쪼개 직간접적으로 판매하는 도매업자입니다. 증권 판매업자는 자기가 일하는 회사가 보유하고 있는 주식이나 채권을 판매하는 사람들입니다. 그런데 진정한 주식중개인은 도매도 소매도 하지 않고, 자기 회사가 갖고 있는 유가증권을 판매하지도 않습니다. 주식중개인은 수수료를 받고 고객들의 유가증권 매매를 처리해주는 대리인입니다. 물론 요즘 주식시장에서 일하는 사람들을 통틀어 주식중개인이라고 부르기도 하지만, 내가 여기서 말하는 "주식중개인"은 사전적인 의미 그대로입니다.

예전에는 주식중개인이 그저 매매주문만 처리하면 됐습니다. 그 시절 주문을 내는 사람은 비교적 세련된 부유층이거나 정보에 밝은 사람, 혹은 투자의 세계를 노름판으로 여기고 덤벼드는 도박꾼들이 전부였습니다.

그런데 최근에는 주식중개인이 일종의 투자 상담자로 성격이 바뀌었습니다. 주식중개인의 주문처리 능력이나 이를 뒷받침할 수 있는 경제적 능력은 여전히 중요합니다. 하지만 이제 주식중개인의 능력은 고객들에게 투자와 관련된 조언을 얼마나 잘해주느냐에 따라 평가됩니다. 따라서 주식중개인이 속한 증권회사의 리서치 부서 역시 중요해졌습니다. 그러나 무엇보다 중요한 제일 덕목은 실전에서 익힌 시장 감각을 얼마나 제대로 활용하는가에 달려 있습니다.

우리 가족을 돌봐주는 주치의가 있으면 큰 도움이 됩니다. 마찬가지로 잘 아는, 신뢰할 만한 전담 주식중개인이 있다면 아주 좋습니다. 신체적인 건강과 정신 건강은 매우 밀접한 관계가 있습니다. 굳이 현대 정신의학을 들먹이지 않아도 될 것입니다. 그런 점에서 주식중개인의 역할은 지금까지 계속 커져왔고, 앞으로는 더욱 중요해질 것입니다. 화폐가치는 갈수록 떨어지고 세금 부담은 갈수록 커지면서 주식투자 계층은 그 어느 때보다 넓어졌습니다. 우리가 돈을 맡긴 은행이나 보험회사, 연금펀드가 주식투자를 하고 있다는 말은 이제 주식이 대중화됐음을 입증하는 것입니다. 주식중개인은 높아진 위상만큼이나 그 역할이 증대됐고 새로운 책임도 느끼게 됐습니다.

혹시 편향된 시각일지는 모르겠지만 내가 생각하기에 훌륭한 주식중개인은 은행가나 변호사보다 더 나은 조언을 해줄 수 있습니다. 주식중개인은 고객과 같은 입장이기 때문입니다. 절대 멀리 떨어져 있는 관찰자의 입장에서 조언하려고 하지 않습니다.

다만 주식중개인이 훌륭한 조언을 해주기 위해서는 진실되고 균형 잡힌 시각을 가져야 합니다. 그렇게 하기만 한다면 법적으로나 정신적으로 고객의 진정한 대리인이자 신탁관리인으로서 제 역할을 할 수 있을 것입니다.

직업이라는 관점에서 볼 때 훌륭한 주식중개인은 또 한 가지 아주 큰 이점을 갖고 있습니다. 바로 자기 자신의 개인적 이익을 도모할 수 있다는 것입니다. 자신이 일하는 직장에서 자기 재산의 투자 관리를 할 수 있습니다. 다른 일을 하는 사람의 경우 투자 관리를 하려면 억지로 여유시간을 내거나 누군가의 도움을 받아야 하는 것과 비교하면 매우 유리한 셈입니다.

오늘날 증권투자의 양상이 "완전히" 바뀌게 된 이유는 화폐가치가 끊임없이 변하는 데다, 특히 요즘처럼 화폐가치는 꾸준히 떨어진다는 재인식이 확산됐기 때문입니다. 증권투자는 화폐의 구매력이 유지되는 방향으로 쏠리게 됩니다. 따라서 지금처럼 화폐가치가 하락하는 시기에는 주식투자로 돈이 몰리게 되는 것입니다.

내가 증권업계에 처음 발을 들여놓았을 때만 해도 주식투자는 특수한 계층의 전유물이었지만 지금은 누구나 할 수 있는 대중적인 투자수단이 됐습니다.

부모님들이나 사장님, 여기에 은행가와 변호사들까지 주식투자의 "위험성"을 강조합니다. 그러나 지금은 주식투자를 "하지 않는" 위험성을 지적할 때입니다.

1929년에 벌어진 대폭락 사태는 주식시장에서 무슨 일이 벌어질 수 있는지 경고하면서 자주 드는 사례입니다. 하지만 비록 오랜 시간은 걸렸지만 주식시장 전체의 평균주가는 이제 1929년 당시보다 높아졌습니다. 다수의 개별종목들이 1929년의 고점을 8년 만인 1937년에 돌파했습니다. 1946년에 돌파한 종목들도 많이 있고, 작년에 돌파한 기업들도 상당수에 달합니다.

따라서 여러분이 지금 어떤 주식을 매수했다면 36년 뒤인 1992년에는 그 종목의 주가가 현재 수준을 밑돌지는 않을 것이라고 자신 있게 말할 수 있습니다. 물론 시간이라는 요소는 중요합니다. 지금 21세일 때의 1달러와 36년 후 56세가 됐을 때의 1달러가 같을 수는 없습니다. 하지만 그렇다 해도, 매우 오랜 시간이 흘렀다 해도 어쨌든 1929년에 대폭락했던 주가가 다시 회복된 것은 사실입니다.

만약 돈을 장롱 속에 넣어두었다면 어떻게 됐을까요? 영원히 그때의 가치를 회복하지 못할 것입니다. 역사를 돌아보면 시간이 길어지면 길어질수록 장롱 속의 화폐는 가치를 잃어갑니다. 물론 화폐가치가 올라갈 때도 있었고, 앞으로 이런 시기가 찾아올지도 모릅니다. 그러나 적어도 내가 생각할 수 있는 미래 시점에는 절대로 화폐가치가 상승하는 일은 없을 것입니다.

젊은 투자자와 장래의 주식중개인들이 반드시 명심해야 할 게 있습니다. 주식시장에서 손실 위험에 주의하듯이 현금이나 채권, 보험을 보유할 때는 화폐가치의 변동이라는 위험을 주의해야 한다는 점입니다.

우리는 지금 위험이 없는 세상에 살고 있는 게 아닙니다. 우리가 무엇을 하든 모든 일에는 위험이 따릅니다. 이 점을 인정하면서, 그럼에도 불구하고 우리는 투자를 하는 것입니다.

제 75 장

강한 기업이 더 강력해진다

초보 투자자의 특징은 기고 걷는 것을 배우기도 전에 뛰려고 한다는 점이다. 주식투자를 처음 시작하는 사람에게 잘 알려진 뮤추얼펀드 가운데 하나에 돈을 넣어두라고 하면 틀림없이 왜 그리 생각이 짧으냐고 비아냥조의 대답을 할 것이다. 새로 시장에 등장해 막 주가를 띄우고 있는 종목이나 잘 알려지지 않은 소형주의 위험성에 대해 말해주면 괜히 참견하지 말라며 핀잔만 할 것이다. 최고의 기관투자가들은 블루칩으로 불리는 성공적인 대기업 주식들을 마음 놓고 매수하는데, 막상 아무것도 모르는 초보자들은 이런 주식을 거들떠보지도 않는다.

이렇게 되는 가장 큰 이유는 투자자들이 허물없이 대하는 것을 일종의 모욕으로 받아들이기 때문이다. 가령 "제너럴 모터스는 좋은 주식"이라는 사실은 "누구나" 다 안다고 느낀다. 그래서 뭔가 "신선하고, 특별하고, 자기만 알고 있는" 주식을 사야 성공할 수 있다고 생각한다. 가장 큰 성공을 거둔 기업들은 "미인주 50종목(The Favorite Fifty)"처럼 이미 인기 절정에 있기 때문에 자기와는 맞지 않는다고 보는 것이다.

그런데 문제는 새로 주식투자를 하는 사람의 경우 처음부터 최고의 주식, 그것도 오로지 최고의 주식만 매수하지 않고서는 투자의 세계에서 거의 성공할 수 없다는 점이다. 많은 배당금을 지급하는 것은 물론 성장 전망도 밝은 기업들이 현재 미국에서 가장 성공한 기업들이다. 제너럴 모터스는 1955년에 시가 대비 5% 이상의 배당금을 지급했다. 제너럴 모터스의 주가는 1953년에 18달러였는데, 1955년 여름에는 두 배가 됐다.(이 기간 중의 주식분할을 감안한 것이다.) 만약 제너럴 모터스의 주가가 9달러 수준이었던 1949년에 매수했다면 6년만에 네 배가 됐을 것이다. 1941년에는 5달러에 거래되기도 했다. 또 지난 10년간 제너럴 모터스의 배당금은 시가 대비 7%가 넘었다. 1955년에는 3대1의 주식분할도 실시했다. 아마도 차이는 있겠지만 1965년까지, 어쩌면 그 이후에도 이 같은 투자수익을 올려줄지 모른다.

중요한 점은 많은 초보 투자자들이 생각하는 것처럼 기업의 규모나 지금까지 거둔 성공이 앞으로의 성공을 가로막는 걸림돌이 아니라는 사실이다. 적어도 1933년 이래의 정치 경제적 여건 아래서는 오히려 그 정반대다. 약한 기업이 강해지기 보다는 강한 기업이 더욱 강력해지기가 훨씬 더 쉽기 때문이다.

한편으로는 뮤추얼펀드 투자를 통해 비로소 투자의 세계가 어떤 곳인지 알게 된 투자자들이 있다. 그런데 이제 다 배웠다고 생각하고는 직접 이 종목 저 종목에 분산 투자를 하게 된다. 한 걸음 더 나아가 순전히 주관적인 판단으로 최고의 주식을 한정하기도 한다. 그리고는 마침내 자기에게만 "특별한" 종목을 매수하려는 단계에 이른다. 이들은 빠르게 성장하는 소규모 기업에 특별한 기회가 있다고 생각한다. 때로는 자원개발기업이나 원자력 기업, 첨단 벤처기업 같은 화려한 주식을 좇기도 한다. 잘 알려지지 않았고, 뉴욕증권거래소(NYSE)에 상장돼 있지 않은 주식이라면 더 매력적이라고 여긴다.

분명히 말하건대 이런 식으로 생각하는 사람에게는 숱한 실패가 기다리고 있을 것이다. 이들이 좇는 주식은 한마디로 무지하고 주의력 없는 사람들이 미래의 "중심상업지역"이 될 것이라는 터무니없는 환상과 함께 사들이는 비싼 값의 황무지나 다름없다.

물론 극소수의 노련한 투자자들은 아주 특별한 경우 이런 주식으로 돈을 벌 수 있다. 종목 선정 시 처음부터 조사분석 전담인력이 있는 기관투자가들은 위험을 최소화하고 가능성을 최대화할 수 있다. 따라서 이런 주식에 투자하는 한 가지 방법은 기관투자가들을 주시하는 것이다. 즉, 기관투자가들의 포트폴리오에 낯선 종목이 새로 편입됐다면 한번 확인해보는 것이다. 예를 들면 리만 코프(Lehman Corp.)의 1950년 12월 포트폴리오에 커-맥기(Kerr-McGee)가 처음으로 들어왔는데, 펀드보고서 발간 당시 이 주식은 15달러였다. 그 후 이 주식은 연간 10~33%의 배당금을 지급하고도 1955년 여름에는 75달러까지 상승했다.

또 다른 방법으로는 우선 당신이 매수하려는, 잘 알려지지 않은 종목이 있을 경우 뮤추얼펀드에서 매수하지 않았는지 살펴보는 것이다. 그러나 명심해야 할 점은 하나가 아니라 여러 개의 뮤추얼펀드가 매수한 주식이라 해도 그 자체로 투자수익을 보장해주지는 않는다는 사실이다. 다만 그렇지 않은 경우보다는 투자하는 게 조금 더 낫다는 것이다. 대형 기관투자가의 경우 이런 주식을 조사하는 데 연간 수백 만 달러의 돈을 쓴다. 따라서 이들을 따라 투자하면 당연히 위험을 크게 줄일 수 있을 것이다.

제 76 장

더 높은 수익률을 위한 조언-2

월 스트리트의 10대 부자

일류 신문 편집자 한 명이 나에게 이런 말을 한 적이 있다: "당신은 물론 월 스트리트의 10대 부자에 들겠지요?"

나는 그렇지 않다고 대답했다. 그러자 그는 상당히 실망했다는 투로 따지듯 물었다. "아니라면, 왜 아닌 거죠?"

월 스트리트에서 10대 부자 반열에 오르려면 우선 아주 특별한 두뇌를 타고나야 한다. 그게 첫 번째 조건이다. 그것이 없다면 나머지 조건들을 갖춰봐야 큰 의미가 없다. 아주 특별한 두뇌를 타고난 사람은 위험을 감수할 수 있는 용기도 갖고 있다. 이 사람은 최대한 닿는 데까지 돈을 빌려다 쓸 수 있는 배짱이 있다. 또 다른 사람의 돈을 끌어오는 뛰어난 재주를 가졌다. 가진 돈을 어떻게 써야 하는지도 훤히 꿰뚫고 있다. 절세에도 뛰어난 솜씨를 발휘한다. 단지 건강하고 행복하기를 바라는 데 그치는 게 아니라 진짜로 대단한 부자가 되겠다는 강력한 의지를 갖고 있다. 어쩌면 당신도 어떻게 하면 투자수익을 올릴 수 있는지 이해하는 타고난 두뇌를 가졌을지 모르지만, 그 반면 기꺼이 위험을 무릅쓰고 새로운 아이디어를 활용하는 재주는 없을지 모른다. 그런 점에서 "지금 갖고 있는 전 재산"만 갖고 그 사람의 "경제적 능력 전체"를 판가름할 수는 없다.

자신이 진정으로 무엇을 바라는지 알고, 그것을 성취할 수 있는 능력을 기르는 것이야말로 우리 자신의 의지로 이룰 수 있는 더 나은 목표일 것이다.

자신에게 맞는 주식을 사라

어떤 주식투자자들을 보면 늘 보유하고 있는 종목을 교체하지 못해 속을 태운다. 왜 그럴까? 아마도 이들은 처음부터 투자대상으로서 주식만 생각할 뿐 자신의 기대에 잘 맞는 기업을 먼저 선택하지 못하기 때문일 것이다.

우리는 집에서 애완견을 기를 수도 있고 사냥개를 기를 수도 있다. 하지만 장난감 강아지로 집을 지킬 수는 없다. 주식시장에서도 마찬가지다. 보수적인 경영을 하는 기업도 있고, 레버리지 비율을 투기적일 정도로 높이는 기업도 있다. 매출액이 꾸준한 산업도 있고, 고성장을 구가하는 산업도 있으며, 사양산업도 있다. 그런가 하면 정부의 규제를 받는 업종도 있고, 아무런 규제도 받지 않는 업종도 있다. 생존을 위해서는 해마다 막대한 추가 투자가 필요한 산업이 있는가 하면, 기존 설비로 계속 운영해나갈 수 있는 산업도 있다.

1946~56년 사이 다우 케미칼(Dow Chemical)은 연간 2.5%정도의 배당금을 다시 지급했다. 다우 케미칼은 별도의 배당소득이 필요 없는 고소득층 투자자에게 가장 이상적인 성장주였다. 이 기간 중 다우 케미칼의 주가는 600% 가까이 상승했다.

반면 AT&T의 경우 매년 5.25% 이상의 배당금을 지급해 꾸준한 배당소득과 안전성을 중시하는 투자자에게 매력적이었다. 하지만 이 기간 중 주가는 전혀 오르지 못했다. 화폐가치를 감안하면 사실상 떨어진 셈이다.

이 기간 동안 AT&T의 매출액은 153% 늘었고 순이익은 234%나 증가했다. 그런데 주당 순이익은 29.5% 늘어나는 데 그쳤다. 사업의 성격이 대규모 설비투자가 필요한 유틸리티 기업이라는 게 한 이유였다. 주당 순이익 증가폭이 상대적으로 작았던 또 다른 이유는 배당금 지급액이 많을수록 주당 순이익의 성장은 적을 수밖에 없다는 데 있다. 설비투자에 쓸 이익잉여금을 배당금으로 지출해버렸기 때문이다. 결국 AT&T는 설비투자 자금 조달을 위해 추가로 주식을 발행해야 했던 것이다.

이 10년이라는 기간 동안 다우 케미칼은 모두 44%의 배당금을 지급했고, AT&T는 83.7%를 지급했다. 어느 기업이든 더 마음에 드는 쪽에 투자한 주주는 그만한 배당을 받았을 것이다. 마찬가지로 자기 마음에 드는 다른 수천 개 기업에 투자한 주주들 역시 그랬을 것이다.

한 가지 지적해두어야 할 점은 지난 10년간의 전철이 향후 10년간에

도 그대로 되풀이되지는 않을 것이라는 사실이다. AT&T는 이미 1958
년을 기점을 성장주로 변모했다. 순이익도 크게 증가했고, 배당금도
늘어났다. 주식분할도 실시했고, 주가도 크게 올랐다.

젊은 여인들이 늘 하는 말이 있다. 결혼만 하면 애인을 "길들이겠
다"고 말이다. 그러나 주식투자자들은 처음부터 자기에게 적합한 주
식을 골라야 한다.

뒤처지는 주식은 매도하라

포드 자동차의 진짜 열정적인 경영자인 어니 브리치(Ernie Breech)가
얼마 전 이런 말을 했다: "소비재 생산기업은 제품 엔지니어링의 첫
번째 목표를 구식화(obsolescence)에 둬야 한다. 포드 자동차에서 내가
하는 일은 지금 도로 위를 달리고 있는 모든 자동차들을 시대에 뒤처
지게 만드는 것이다. 단순히 디자인의 변화 정도가 아니라 엔지니어
링과 스타일 측면에서 기본적이면서도 결정적인 향상을 이뤄내는 것
이다."

불꽃 튀는 경쟁의 세계에서 어느 회사 경영자든 경쟁업체의 제품이
나 서비스를 유행에서 밀려나게 만들려고 애쓴다. 더 나은 제품을 더
싼값에 생산해 더 뛰어난 방법으로 판매한다. 한 걸음 더 나아가 다른
산업으로까지 그 영역을 넓힌다. 텔레비전 생산업체는 경쟁회사의 시
장만 빼앗으려 하는 게 아니라 영화제작자의 시장까지 넘보고 있다.
최근에는 영화 관람자들을 겨냥해 99달러짜리 포터블 텔레비전 수상
기까지 내놓았다.

주식투자자 역시 자신의 포트폴리오에 시대에 뒤처진 종목이 없는지 잘 살펴봐야 한다. 최선의 방법은 시스템에 따라 체크하는 것이다. 포트폴리오를 점검한 뒤에는 그 중에서 가장 안 좋아 보이는 종목을 매도하라. 그리고 매도 대금으로 포트폴리오 가운데 가장 좋은 종목을 추가로 매수하거나, 기존의 보유 종목보다 더 나아 보이는 신규 종목을 매수하라.

적립식 투자의 안전성

요즘 "주식은 누구에게나 좋다"는 생각이 널리 퍼져 있는 것 같다. 나 역시 여기에 동의는 하지만 단서가 필요하다. 훌륭한 주식을 선정해 적절한 시점과 적절한 가격에 적당한 물량을 매수했을 때만 좋다. 주식투자를 긍정적으로 바라보는 시각은 증권업계에서 일하는 우리나 국가 경제의 유지를 위해 아주 중요하다. 그런데 최근 몇 년 사이 새로이 주식시장에 뛰어든 많은 투자자들은 어떤 식으로든 환상을 갖고 있는 것 같다.

그런 점에서 메트로폴리탄 생명보험(Metropolitan Life Insurance Company)의 프레데릭 W. 에커(Frederic W. Ecker) 사장이 "변액 연금(Variable Annuities)"을 주제로 한 연설은 시의적절한 내용이다.

보통주 투자는 인플레이션 헤지 수단으로 널리 알려져 있다. 마찬가지로 주택을 소유하고 있는 경우도 인플레이션을 대비한 것이라고 할 수 있다. 요즘 집을 사는 사람들은 당연히 집값이 더 오를 것이라고 생각한다. 인플레이션에 대한 에커 사장의 말을 들어보자: "전시(戰時)

를 제외한 기간을 고려할 경우 잘 관찰해보면 전반적인 물가 수준이 안정적이거나 떨어지는 시기가 상당히 오랫동안 이어졌음을 확인할 수 있습니다. 물론 물가가 상승한 기간이 있었던 것은 사실이지만, 전시나 그 직후의 기간을 제외하면 상당히 짧았습니다."

에커는 또한 적립식으로 보통주를 매수함으로써 평균 매수단가를 떨어뜨리면 위험을 상당부분 제거할 수 있다는 일반적인 주장에 우려를 표시했다: "이런 주장이 실제로 가능한지 의문을 제기할 필요가 있습니다. 경험으로 알 수 있듯이 불황기에는 소득이 줄어든 많은 사람들이 생명보험료도 내지 못합니다. 그렇다면 자신에게 보다 절실한 생명보험계약조차 유지할 수 없는 사람들이 어떻게 적립식으로 주식을 매수할 수 있겠습니까! 평균 매수단가를 떨어뜨리면 위험을 제거할 수 있다는 주장이 성립하려면 주가가 아주 낮을 때 더 많은 물량의 주식을 사들여야 합니다. 하지만 불황기에 소득이 줄어드는 상황에서 이건 너무나 어려운 일입니다. 한걸음 더 나아가 불황기에도 계속 적립식 투자를 할 여력이 있는 고소득층마저 하지 않을 것입니다. 인간의 본성이란 불황기일수록 믿음을 잃고 걱정하게 마련입니다. 주가가 계속해서 떨어지는 판국에 지속적으로 주식을 매수하는 게 맞는지 의문을 던질 겁니다." 사실 그의 이 같은 언급은 평균 매수단가의 하락이 내포하고 있는 위험 가운데 한 가지만을 지적한 것이다.

에커는 다우존스 산업 평균주가를 기준으로 했을 때 20세기 들어 지금까지 주가가 고점 대비 40% 이상 떨어진 적이 8차례나 있었다고 밝혔다. 앞으로도 이런 일은 또 있을 것이다.

에커는 마지막으로 주식시장과 생활비 수준 간의 일반적인 상관관계에 의문을 제기했다. 물론 장기적으로 보면 주식시장과 생활비 수준 간에는 정(正)의 상관관계가 있는 것은 사실이지만, 잘 살펴보면 그 관계가 상당히 불규칙하다는 것이다. 가령 1909~10년 사이 주식시장은 27% 하락했지만 생활비 수준은 거의 변동이 없었다. 1914년 3~12월에는 주식시장이 36%나 떨어졌지만 생활비 수준은 오히려 3% 올랐다. 1946~49년 사이 주식시장은 24% 내렸는데 생활비 수준은 29%나 상승했다.

1939~51년과 1914~20년 기간 중에 인플레이션이 상당히 심각했다고 해서 앞으로도 반드시 그럴 것이라고 봐서는 안 된다. 마찬가지로 지난 10년간 주식시장에서 가장 성공적이었던 원칙이라 해도 앞으로 10년간의 성공을 보장해주는 것은 아니다. 만약 나에게 눈 딱 감고 스탠더드 오일(Standard Oil) 주식을 사둘래, 아니면 현금으로 갖고 있을래, 하고 묻는다면 스탠더드 오일을 택할 것이다. 하지만 나는 선택의 자유를 더 선호하고, 내 마음대로 바꿀 수 있기를 더 바란다.

효율적인 투자

모든 주식투자는 리스크를 안고 있다. 리스크가 클 수도 있고 작을 수도 있지만, 리스크가 제로인 경우는 절대 없다.

투자자가 손실을 볼 위험을 최소화하고 잠재적인 투자수익을 최대화하려면 반드시 자신의 포트폴리오를 살아 숨쉬게 해야 한다. 어떤 주식이든 위험하다는 점에 동의한다면 이제 잠재적인 투자수익이 가장 큰 종목에 투자하도록 해야 한다. 그렇지 않은 종목을 포트폴리오에 편입해서는 안 된다.

죽은 나뭇가지를 꾸준히 잘라내는 것이야말로 심리적으로 가장 어려운 결정 가운데 하나다. 투자한 종목의 주가가 일정 수준 이상 떨어지면 손절매를 해야 한다고 앞서 여러 차례 강조했다. 그러나 한 걸음 더 나아가 당초 투자하면서 기대했던 주가 흐름이 일정 기간 동안 나타나지 않는다면 이 종목 역시 매도해야 한다.

자신이 투자한 종목은 워낙 주가 변동이 느리기 때문에 큰 문제가 없을 것이라고 많은 투자자들이 잘못 생각한다. 그러나 내 생각은 그렇지 않다. 어떤 주식을 보유하든 반드시 리스크가 따르며, 당연히 주식 대비 현금자산의 비중에 영향을 미친다. 따라서 어떤 주식을 보유하고 있다면 적어도 그 금액만큼은 다른 주식을 살 수 없다. 최근의 주식시장을 보면 가파른 상승세에도 불구하고 주도종목은 극히 일부였다. 랠리를 이끈 종목은 10~20%씩 금방 오르지만, 시세가 느린 종목은 거의 상승하지 않는다.

모든 주식은 전체 재산을 늘리는 데 기여해야 한다. 마치 노를 젓는 사람도 배에 실린 자신의 무게를 부담해야 하듯이 말이다.

공매도에 대해

몇몇 독자들이 공매도에 관한 내용을 써달라는 편지를 보내왔다. 주가가 오르는 데서 돈을 벌 수 있다면, 주가가 떨어지는 데서도 돈을 벌지 못할 이유가 없다고 생각할 것이다.

그러나 이론과 실제는 크게 다르다는 데 어려움이 있다. 사실 공매도를 해보겠다고 마음먹기도 힘들다. 더구나 막상 공매도를 하는 대부분의 투자자들이 정반대의 길을 간다. 이들은 대개 가장 많이 오른 종목을 공매도한다. 하지만 주가가 상승하는 데는 다 그만한 이유가 있게 마련이다. 또 이들은 시가총액이 작은 소형주나 유통주식수가 적은 종목, 혹은 다른 공매도 투자자들 사이에 널리 알려진 종목을 공매도 대상으로 택한다. 이게 전부 손실로 가는 첩경들이다.

올바른 공매도 방법은 주가 상승을 기대하고 주식을 매수하는 것과 정확히 정반대다. 기술적으로 말하자면 과매수 상태의 주식을 공매도해야 한다. 즉, 시장에서 과도할 정도로 인기가 높고 매수자가 너무 많은 주식을 공매도해야 한다는 말이다. 공매도 대상은 시가총액이 큰 대형주로 유통주식수가 많고, 현재 공매도 물량이 없거나 극히 적은 종목이라야 한다. 현재 주식시장의 종목별 공매도 현황은 주요 경제지에서 확인할 수 있다. 공매도 종목은 주가가 하락세에 있고, 이전 저점에 근접했거나 신저가를 경신한 주식이라야 한다. 또 순이익과 배당금이 모두 줄어들 것으로 예상되지만 아직 이런 요소가 주가에 반영되지 않은 종목을 공매도해야 한다. 공매도하려는 투자자가 별로 없어야 한다는 점도 추가로 고려할 사항이다.

사실 주가에 부정적인 정보는 긍정적인 정보에 비해 확인하기가 훨씬 더 어렵다. 대개의 경우 기업 경영자는 성공 지향적인 성격이라 모든 것을 건설적으로 바라보기 때문에 비록 현재 상황이 만족스럽지 못하다 하더라도 오래 가지는 않을 것이라고 생각한다. 또한 이들이 상황을 정확히 인식한다 해도 괜히 나쁜 뉴스가 알려지면 더 악화될 것을 우려해 숨기려는 경향이 있다. 심지어 애널리스트가 이런 부정적인 상황을 발견한 경우에도 사실대로 보고서를 발표하기는 어렵다. 만약 그렇게 하게 되면 귀중한 정보원을 잃을 수 있기 때문이다. 부정적인 뉴스는 결코 모두에게 환영 받지 못하므로, 결국 개인적으로 구해야 한다.

공매도에 대해 더 이상 긴 이야기를 하는 대신 짧은 경고를 덧붙이는 게 나을 것 같다. 이론과 실제는 너무나도 다르며 공매도 투자자는 이 차이를 더욱 절실히 깨달아야 하기 때문이다. 성공적인 공매도는 보는 것만큼 그리 녹녹한 게 아니다.

"진짜 블루칩"을 발견하라

한번은 라스베이거스의 카지노에 갔더니 룰렛 테이블에 있는 "블루칩"과 "레드칩" 더미가 눈에 들어왔다. 블루칩과 레드칩은 월 스트리트에서도 잘 알려진 것들이니 말이다. 그런데 이 두 가지 색깔 외에도 노란색과 초록색, 라벤더색도 있었다. 월 스트리트에서 잔뼈가 굵은 나는 당연히 블루칩이 제일 비싼 것일 거라고 생각했는데, 알고 보니 카지노의 손님이 칩의 가치를 마음대로 정하는 데다 칩의 색상은 손님을 구별하는 것 외에는 별다른 의미가 없었다.

월 스트리트에서는 "블루칩"이라고 하면 전부가 일류 기업들이지만, 각 기업의 주가는 현재 시점의 매수자와 매도자의 판단을 반영한다. 올해는 15배의 주가수익비율(PER)이 적용됐다가 내년에는 30배가 될 수도 있고, 그 다음해에는 다시 15배가 될 수도 있다. 주가의 변동폭은 대개 순이익이나 배당금의 변동폭보다 훨씬 더 크다. 명실상

부한 "블루칩" 기업들의 안전성이야 흔들림이 없겠지만 이들 기업의 주가도 늘 안정적인 것은 아니다.

라스베이거스는 합법적으로 편히 도박을 즐길 수 있는 곳이다. 그러나 뉴욕증권거래소(NYSE)는 그렇지 않다. 주식은 반드시 투기적 판단, 혹은 투자의 수단으로 사고 팔아야 한다. 도박은 그저 운에 따라 좌우되는 슬롯머신일 뿐이다.

주식투자는 사실에 대한 지적 탐구를 통해 행해져야 한다. 현재와 과거의 사실을 연구하면 가까운 미래의 사실을 유추할 수 있다. 도박에서 이길 확률은 이미 알려져 있다시피 도박꾼에게 불리하다. 도박이나 투자, 투기 모두 어느 정도의 리스크는 있지만 그렇다고 같은 건 아니다. 경험이 풍부하고 공부도 많이 한 투자자는 주식거래에서 투자수익을 올릴 가능성을 대략적으로나마 계산해낼 수 있다. 이들은 논리와 사실에 입각해 자신에게 유리할 때만 시장에 들어가고, 그렇지 않으면 주식거래를 하지 않는다.

그런데 주식시장을 도박장처럼 이용하려는 일부 "투자자"가 있다. 증권거래소나 증권회사들은 이들을 환영하지 않는다.

도박에 쓰이는 자금은 전혀 유용하지 않다. 단지 판돈을 가진 손님만 바뀌고, 도박장을 개설한 주인이나 정부에 판돈의 일부를 빼앗긴다.

반면 주식투자 자금은 생산적인 시설을 확충하는 데 활용된다. 또화폐의 구매력을 늘려준다. 기업이 직접 자금을 조달하는 데 쓰이지 않더라도 주식투자 자금은 모두 이런 목적에 기여한다.

일부 투자자들을 보면 마치 양떼와 같다; 한쪽 편에서는 어느 종목이 단지 값이 비싸 근사해 보인다는 이유로 사들인다. 비싼 주식을 골라야 한다는 강박관념에 사로잡힌 것 같다. 그 반대편에는 무조건 값이 싼, 그래서 바겐세일이라도 하는 것처럼 보이는 주식을 사는 투자자들이 있다. 이들은 모두 겉만 보고 판단하는 것이다.

투자자든 투기자든 반드시 정확한 분석에 바탕을 둔 "진짜 블루칩" 기업을 발굴해야 한다. 그 다음에 적정한 주가를 따져보고, 현재 주가가 괜찮다면 그때 매수하는 것이다. 만약 주가가 적정 수준보다 높다면 지금 주가를 정당화해줄 만한 사실을 놓친 게 아닌지 추가로 조사할 필요가 있다. 그런 사실을 발견했다면 당연히 매수해야 한다. 그런 사실을 발견하지 못했다면 매수를 보류해야 한다.

주가가 적정 수준에 비해 너무 쌀 때 역시 혹시 분석을 하면서 놓친 게 없는지 살펴봐야 한다. 훌륭한 주식이 아니라면 주가가 아무리 낮더라도 진짜로 싼 게 아니다. 다시 분석을 해봤는데도 아무런 약점을 발견하지 못했다면 그건 정말로 아주 싼 주식이거나, 주가 변동이 아주 작은 주식, 혹은 매우 특별한 경우다. 그러나 수많은 투자자들이 시장을 주시하고 있다는 점에서 이런 상황은 쉽게 찾아내기 어렵다.

투자자에게 완전한 피난처는 없다

1955년에 발표된 주식시장에 관한 풀브라이트 보고서는 주식투자자들에게 널리 알려져 있는 위험을 경고하고 있다. 현금이나 은행예금, 보험, 채권처럼 액면금액이 고정된 정액자산에 투자하는 것은 장기적으로 자산 보유자에게 매우 불리한 것으로 여겨진다.

가장 큰 손실은 화폐구매력의 저하다. 제1차 세계대전이 발발한 해인 1914년부터 시작된 생활비 수준의 상승폭은 세후 순이자율보다 훨씬 앞섰다. 특히 달러 표시 채권가격은 전시자금 조달과 신용 붕괴, 고금리, 불황으로 인한 강제파산 등으로 몇 차례나 급락했다. 채권 투자자는 당초 기대했던 안전성을 전혀 향유하지 못했다.

정확한 타이밍에 주식을 팔아 현금이나 최고등급 기업어음으로 교체하면 당연히 유리하다. 하지만 이렇게 하려면 고도의 투기적 통찰력이 필요하다. 마찬가지로 급락한 채권을 정확한 타이밍에, 그것도 상승추세로 진입하기 시작할 때 매수한다면 괜찮은 수익을 올릴 수 있다. 하지만 이 역시 남들보다 월등한 지식과 투기적인 안목이 요구되는 일이다.

주식을 사든 사지 않든 미래 시점에 쓸 목적으로 여유자금을 갖고 있다면 그 순간부터 투자자라는 사실을 인식해야 한다. 주가는 오르기도 하고 내리기도 한다. 어떤 식으로 저축을 했든 화폐가치가 변할 때마다 그 금액 역시 변동한다.

다음의 표는 퍼스트 내셔널 시티 뱅크 오브 뉴욕에서 작성한 것이다. 표에서 보듯이 급격한 인플레이션이 아니라 소위 "완만한" 인플레이션 아래서도 은행예금이나 채권 같은 정액자산 투자는 큰 손실을 입는다. 정부에서는 2~3%의 물가상승률은 부정적인 측면보다 오히려 긍정적인 측면이 더 많다고 얘기한다. 임금 인상을 요구하는 노동계 지도자들조차 이 말에 동의한다. 하지만 이건 진실이 아니다. 신중한 투자자라면 이를 상쇄할 방법을 강구해야 한다.

(표) 화폐가치의 하락과 금리

국가	화폐가치 지수		연평균 물가상승률	금리(1963년)
	1953	1963		
베네수엘라	100	92	0.9%	–
미국	100	88	1.3%	4.00%
캐나다	100	87	1.4%	5.06%
스위스	100	84	1.8%	3.25%
독일	100	82	2.0%	6.00%
남아프리카공화국	100	82	2.0%	4.75%
호주	100	81	2.2%	4.58%
인도	100	78	2.4%	4.68%
네덜란드	100	77	2.5%	4.22%
영국	100	77	2.6%	5.59%
스웨덴	100	73	3.1%	4.45%
일본	100	72	3.2%	–
프랑스	100	66	4.0%	4.97%
멕시코	100	59	5.0%	–
브라질	100	6	24.4%	–
칠레	100	5	26.3%	–

　　장기적으로 보면 보통주 투자가 채권 같은 정액자산 투자에 비해 기본적으로 더 유리하다. 주식은 기업의 성장과 인간의 노력에 의해 수익성이 나아질 수 있다. 또한 기업은 이익잉여금을 복리이자 수준의 합리적인 재투자로 불려나간다. 주식은 인플레이션의 피해도 더 적게

입는다. 알다시피 인플레이션 정책은 디플레이션 정책보다 늘 환영받고, 심지어 건전한 재정정책으로 간주되기도 한다. 하지만 미래를 제대로 평가하지 못해 결국 비싼 대가를 치러야 하는 시점은 반드시 오고야 만다.

사람들이 나에게 주식을 사야 할지, 아니면 기다려야 할지 물어올 때가 있다. 그럴 때마다 나는 이들에게 뭐라고 말하든 손해를 끼칠 수 있다는 점을 잘 알고 있다. 시장이 상승세를 타고 있는데 좀더 기다려보라고 하든가, 하락세를 보이는데 사라고 할 수 있기 때문이다. 그렇다고 해서 아무것도 사지 말고 무작정 기다리라는 것 역시 결코 옳은 대답은 아니다.

투자자에게는 비바람을 피할 수 있는 완전한 피난처라는 게 있을 수 없다. 다만 자신이 지금 무엇을 하고 있는지 알고 있다면 비바람 속에서도 견뎌낼 수 있을 것이다.

제 77 장

확인 없이는 그 무엇도 받아들이지 말라

나는 1921년 이래 내가 좋아하는 증권에 관한 글을 써왔다. 다른 사람들이 자기가 좋아하는 증권에 관해 쓴 글을 읽기 시작한 것도 그 무렵부터였다. 내가 제일 먼저 쓴 글은 당시 "리버티 본드"로 알려진 미국 국채였다. 당시 리버티 본드는 주세(州稅)와 상속세를 제외한 모든 세금을 면제받았다. 만기까지의 수익률은 연 4% 수준이었다.

당시 굿이어 타이어 앤 러버(Goodyear Tire & Rubber)의 채권은 시가 대비 8%의 수익률로 거래됐는데, 만기가 되면 액면가의 120%를 받을 수 있었다. 그 시절 개인투자자들은 꽤 좋은 수익률을 올렸던 셈이다. 물가와 생활비 수준도 낮아서 여유자금이 있는 고소득층은 풍족하게 소비할 수 있었다. 그러나 인위적인 저금리 정책과 늘어나는 세금, 화폐가치의 저하 등으로 인해 보수적인 저축생활자는 막대한 피해를 입었다.

리버티 본드에 관한 글을 쓰고 얼마 후 나는 "뭔가를 아는 사람이 쓰는 이야기(Talks by Men Who Know)"라는 제목의 칼럼을 연재하기 시작했다. 처음에 다룬 주제 가운데 하나는 당시 고전을 면치 못하고 있던 맥스웰-캘머스 자동자에 관한 것이었다. 나는 칼럼에서 이 회사를 막 인수한 월터 크라이슬러가 회사를 일으켜 세울 것이라고 썼는데, 결국 그렇게 됐다.

나는 다른 사람들이 증권에 관해 쓴 글을 읽을 때 내가 직접 확인하지 않은 생각은 절대 받아들이지 않는다. 흥미로운 글도 있고 그렇지 않은 것도 있다. 당연히 내가 좋아하는 것을 주목하고, 내 생각과 일치하는지 따져본다. 어떤 글이든 그것이 쓰여진 시점과 인쇄된 시점, 독자들이 읽는 시점 간에 시차가 있게 마련이다. 시장도 변하고 상황도 변하고 의견들도 변한다. 이 모든 요소들을 고려해야 한다. 나는 요즘 〈커머셜 앤 파이낸셜 크로니클Commercial and Financial Chronicle〉에 실리는 기사를 열심히 읽는데, 아주 유익한 아이디어를 많이 얻는다. 그렇다 해도 맹목적으로 이런 아이디어에 따라 행동하게 되면 실수를 저지르기 십상이다.

"내가 가장 좋아하는 증권(The Security I Like Best)"이라는 제목의 칼럼이 있는데, 좋은 제목이기는 하지만 오해를 살 수도 있을 것 같다. 처음에 이 칼럼은 일주일에 한 번씩 실렸다. 따라서 사람들은 "내가 가장 좋아하는 주식"을 "내가 가장 좋아하는 시점"에 "내가 가장 좋아하는 가격"으로 매수할 수 있는 기회가 매주 찾아올 것이라고 생각할 것이다. 이렇게 이상적인 매수 기회가 1년이나 2년에 한 번씩만 찾아와도 나는 정말 운이 좋다고 여길 것이다. 사실 이런 아이디어가 신문에 실리는 시점은 신문사에서 그만한 지면을 할애했을 때다. 따라서 나는 칼럼의 이런 제목에 별다른 의미를 부여하지 않는다.

나는 또한 "최고라면 어디에 최고인지" 물어봐야 한다고 생각한다. 나는 늘 각각의 투자계좌마다 그 성격에 가장 적합한 주식을 보유했다. 배당소득을 중시하는 투자자에게는 그런 목적에서 최고의 종목을, 특별한 절세 방안이 필요한 투자자에게는 그런 목적에서 최고의 종목을 보유하도록 했다. 엄격하게 사전적인 의미의 "모든 점을 고려한 최고의 주식"은 몇 년에 한 번 우리 앞에 그 모습을 드러낼 뿐이다.

제 78 장

투자의 세계에서 살아남기 위한 전투

이 책에서 설명한 나의 투자 경험과 "월 스트리트에서 보는 시각"은 상당히 광범위하고 다양한 분야를 아우르는 것이다.

개인 독자들에게는 자신의 자산과 역량, 기회, 목표를 정확히 평가하는 데 꽤 도움이 될 것이다.

이 책을 읽고서 자신의 성격이 주식투자를 하는 데 적합하지 않다는 사실을 알게 된 독자들도 많을 것이다. 이런 독자들은 직접 투자를 하는 대신 저축을 하는 게 더 나을 것이다. 또 긴급 자금의 여유도 없이 주식투자를 하는 것은 피해야 한다. 요즘 뮤추얼펀드는 주식투자에 관해 아무것도 모르는 사람들에게 안전하면서도 만족스러운 수익률을 안겨준다. 자기가 보기에 제대로 주식투자를 하기 어렵다고 생각하는 사람은 대부분 다른 종류의 투자에도 맞지 않는다. 이런 사람에게 가장 이상적인 저축자산의 배분법은 정부발행 채권과 일류 뮤추얼펀드에 절반씩 투자하는 것이다. 정부 채권은 불황기와 디플레이션에 좋은 대비책이다. 뮤추얼펀드는 경기 호황기와 물가상승 시 좋은 헤지 수단이다. 정부 채권이나 뮤추얼펀드 모두 주식시장은 물론 부동산시장에서 횡행하는 온갖 선전과 사탕발림으로부터 안전하다. 이렇게 자산을 배분하는 게 현금이나 은행예금, 모기지 채권 같은 곳에 돈을 넣어두는 것보다 훨씬 더 훌륭한 접근방법이다.

이 책을 읽은 대부분의 독자들은 이제 자신의 직접 투자 방법도 한 단계 더 높일 수 있게 됐다고 생각할 것이다. 자신이 무엇을 할 것인지, 또 어떻게 할 것인지는 개인적인 요소, 즉 나이와 자산규모, 목표, 능력, 직업, 사회관계 등에 따라 크게 달라질 것이다.

정규 직장을 갖고 있는 사람의 경우 하루종일 전력을 기울여야 하는, 그래서 프로 투자자들에게 적합한 단기 트레이딩을 하려고 해서는 안 된다. 이 책에서 제시한 여러 내용들과 자신의 개인 성격을 비교해보는 것도 필요하다.

주식중개인으로서, 또 투자자로서 40여 년간 지내오면서 온갖 부류의 투자자들과 투자계좌를 전부 겪어봤다. 돈을 번 사람도 봤고, 돈을 날린 사람도 봤다. 극히 일부는 주식시장에서 거의 언제나 돈을 벌었다. 아주 큰돈을 번 사람도 봤다. 나 역시 손해를 본 경우가 여러 차례 있었지만, 다행히도 주식시장이 대폭락세를 보였던 1929~32년 사이에는 별로 손실을 기록하지 않았다.

따라서 월 스트리트를 "두려워" 할 필요는 없다. 마찬가지로 다른 데 투자했더라도 손실을 봤을 것이라고 해서 월 스트리트에서 입은 손실을 합리화시켜줄 수는 없다. 모두가 실제 상황이기 때문이다.

리스크를 부담해도 괜찮은 시기는 젊을 때라고 생각한다. 젊은 시절은 자신의 능력을 시험하고 평가해볼 만한 시기다. 이 말은 미래가 있어 보이는 직업을 가져야 한다는 말이다. 또 검소하게 살라는 의미다. 젊은 시절에는 집을 사기보다는 임대하는 게 좋다. 개인적인 역량을 한 가지 방향, 즉 자본을 모으는 데 집중해야 한다. 내가 젊었을 때는 신용까지 쓰면서 투자했는데, 뒤돌아보면 그렇게 하기를 잘 한 것 같다. 당시 나는 얼마든지 벌 수 있었지만 실질적으로 잃을 것은 거의 없었다. 그러나 당신의 배가 항구로 들어왔을 때, 즉 잃을 것은 엄청나게 많은데 얻을 것은 크게 줄어든 시기에는 안전하게 보수적으로 행동해야 한다. 노력을 해도 성공하기 어려워 보이고, 저축하는 게 더 나아 보일 때 역시 보수적으로 바뀌어야 한다.

이 점만은 틀림없다. 도전하는 사람들 가운데 극히 일부만이 성공한다. 우리 삶의 모든 국면에서 이 말은 진실이다. 그렇다고 해서 도전하지 말라는 이야기는 절대 아니다.

그러면 어떻게 해야 하느냐는 물음이 나올 것이다. 이 책을 읽은 젊은 독자들, 그 중에서도 현재 투자의 세계에서 일하고 있는 독자라면 자기 방식대로 강력히 도전하는 게 자연스러울 것이다. 하지만 다른 일을 하고 있는 대다수 독자들은 자신을 성공으로 이끌어줄 사람을 구해야 할 것이다.

가족이나 친구 가운데 자신을 도와줄 아주 뛰어난 인물이 있을 수도 있겠지만, 그렇지 않다면 투자업계에서 일하고 있는 탁월한 조언자를 물색하면 될 것이다.

나는 은행가나 투자상담사보다는 주식중개인을 권하고 싶다. 나 자신이 주식중개인이라서가 아니라 투자자금의 가치 상승이라는, 이 책을 읽는 독자들의 목적에 더 부합하기 때문이다. 은행가나 투자상담사들은 소득과 안전성, 보수적인 성장을 적절히 분산한 전통적인 방식을 선호한다.

그렇다고 해서 반드시 투자업계에서 최고로 손꼽히는 인물을 찾을 필요는 없다. 이런 사람은 연로한 경우가 많고, 또 과거에 거둔 성공이 오히려 계속적인 투자수익을 위해 전념하는 데 방해가 될 수 있다. 투자업무 외에도 경영진으로서 해야 할 일이 많아지는 것이다. 따라서 서둘러 조언자를 구하기 보다는 정확히 판단하는 게 중요하다. 시간은 돈이다. 고소득자일수록 더욱 그렇다.

사실 주식중개인이 하는 일 가운데 가장 큰 부분은 무엇을 할지 결정하는 것이다. 무엇을 사고, 무엇을 팔고, 언제 사고, 언제 팔고, 이런 결정들이다. 일단 결정이 내려지면 개별 투자계좌별로 실행하는 것은 매우 간단하다. 따라서 조언자를 구할 때 최고의 요건으로 따져봐야 할 것은 그 사람이 관리하고 있는 투자자금의 규모가 아니라 고객의 만족을 위해 얼마나 많은 시간을 쏟느냐다.

월 스트리트 바깥에 있는 대부분의 사람들은 "내부자"가 쉽게 이익을 챙길 수 있다고 잘못 생각한다. 고객이 아니라 주식중개인이 멋진 요트를 갖고 있다는 이야기를 한번쯤 들어봤을 것이다. 만약 월 스트리트에서 그렇게 쉽게 돈을 벌 수 있다면, 그 방법을 알고 있는 사람들이 벌써 다른 이들에게 알려줬을 것이다. 내가 "투자의 세계에서 살아남기 위한 전투"라는 제목을 붙인 것은 실제로 투자원금을 지키고 불려나가는 게 전투기 때문이다. 전투에서 살아남으려면 경험과 육감,

폭넓은 대인관계 외에도 지속적으로 주의를 집중하고, 시간을 투자하고, 또 성공하려는 의지가 있어야 한다. 따라서 성공적인 투자를 위해서는 이 세상을 마음껏 헤쳐나가려는 젊고 똑똑한 주식중개인을 발굴해, 그의 도움을 받으며 함께 올라가는 게 최선의 길이다.

나의 경우에도 내가 잘 몰랐던 분야의 벤처기업에 투자할 때 개인적으로 이런 원칙을 활용했고, 극장업종이나 부동산업종, 석유업종의 벤처기업에 투자했을 때도 그랬다.

이 원칙은 개인적인 문제에도 똑같이 적용할 수 있다. 몇 해 전 나는 수술을 받아야 했다. 물론 나 혼자서는 결정할 수 없었다. 그래서 여섯 명의 의사를 놓고 정밀 평가해보기로 했다. 결국 그 중에서 훌륭한 의사를 선택했고, 덕분에 수술도 성공리에 마칠 수 있었다.

꾸준히 이어가야 하는 일의 경우 자문을 해주는 사람을 얼마나 정확히 선택하느냐에 따라 성공 여부가 결정될 수 있다.

내가 만나본 투자자들 가운데 대다수는 자신의 전문 분야에서 어느 정도 성공을 거둔 사람들이고, 이들은 일종의 부업으로 투자자금을 운용했다. 이들의 나이는 대개 35세 이후였다. 이 점은 매우 중요하고 생각해볼 필요가 있다. 적어도 하루에 한 시간은 투자자금을 운용하는 데 할애할 수 있어야 한다. 많은 돈을 저축했거나 상속받은 사람의 경우 최소한 이 정도 시간을 투자에 쏟고, 나머지 시간을 자기 일에 전념한다면 꽤 훌륭한 성과를 거둘 수 있을 것이다. 사실 이건 투자의 세계에서 손실을 보느냐, 아니면 큰돈을 버느냐 하는 갈림길이나 마찬가지다. 이렇게 한다면 이 책의 내용을 가장 잘 활용하는 게 될 것이다.

한 개인의 투자 인생을 나눠보면, 첫 번째 단계는 21~35세까지고,

두 번째 단계는 35~50세까지다. 50세 이후에는 대개 보수적으로 변하는 경향이 있다. 하지만 앞서도 지적했듯이 성공적인 투자자라면 최선의 공격이 최선의 방어라는 사실을 잘 알고 있을 것이다. 따라서 투자 규모는 줄어들 수 있겠지만 투자 방식은 별로 바뀌지 않는다. 성공적인 투자자 역시 나이가 들면 투자에 대한 관심이 약해지지만, 그동안의 성공에 힘입어 자신의 기본적인 전술을 바꾸려 하지 않을 것이다. 그런 점에서 성공적인 투자자에게는 은퇴를 대비한 투자라 해도 실제로는 자본이득(시세차익)을 위한 투자와 다르지 않을 것이다.

어떤 사람들은 많이 물어볼수록 안전하다고 생각한다. 한 사람의 의견을 들은 다음 또 다른 사람의 의견을 듣는다. 그러나 이런 방법은 좋지 않다. 가령 은행가의 경우 주식중개인이 제시한 투자 종목에 동의하지 않는 경우가 많다. 목적이 다르니 당연히 차이가 날 수밖에 없지만 은행가의 개인적인 성격으로 인해 동의하지 않을 수도 있다. 결국 무슨 문제든 조언을 받을 때는 투자자 자신의 판단에 따를 수밖에 없다.

주식중개인으로서 내가 자주 듣는 질문이 있다. "뭐 좀 좋은 거 알고 있어요?" 한마디로 "좋은 거 알게 되면 나에게 알려 줘!"라는 의미다. 이런 식으로 묻는 사람은 월 스트리트에서 정말로 괜찮은 조언을 얻지도 못할 것이고, 성공하지도 못할 것이라는 게 내 생각이다. 월 스트리트는 결코 한 번에 큰돈을 챙겨가는 곳이 아니기 때문이다. 월 스트리트는 꾸준히 지속적인 투자를 해나가는 곳이다.

내가 자주 듣는 질문으로 이런 것도 있다. "어떻게 하면 대박을 터트릴 수 있을까요?" 물론 대박을 터트릴 수도 있겠지만, 그러려면 엄청난 리스크를 부담해야 한다. 요즘 주식시장에서 대박을 터트리기 위해서는 자기 능력이 되는 데까지 신용을 얻어 변동성이 가장 큰 주식을 최대한 사들여야 한다. 만약 자기가 틀렸을 경우 대박을 터트릴 것이라고 기대했던 것만큼 막대한 손실을 입을 수 있다는 말이다. "대박"에 대한 기대는 "쪽박"의 위험을 수반한다. 결국 이 문제는 본인 스스로 판단해야 할 문제다. 도덕적으로 책임감을 갖고 조언을 해줄 지적이고도 양심적인 주식중개인을 찾기 위해서는 상당한 노력이 필요하다.

마지막으로 이 책은 기본적으로 내가 지금까지 투자의 세계에서 일하면서 경험하고 목격한 것들을 시간의 순서에 따라 되돌아본 것이다. 이 책에서 제시한 방법들이 모든 독자들에게 똑같이 유용할 것이라고는 생각하지 않는다. "한 사람에게는 약이 되지만 다른 사람에게는 독이 될 수도 있다"는 말은 이 책에도 그대로 적용된다.

그러나 모든 독자들이 이 책을 덮기 전에 투자자금의 운용에 따르는 위험을 더 잘 알았으면 좋겠다. 투자의 세계에서 살아남기 위한 전투가 무슨 의미인지도 이해했으면 하는 바람이다. 다시 강조하지만 "유비무환(forewarned is forearmed)"이다. 진정한 투자의 목적이 무엇이며, 그것을 달성하기가 얼마나 어려운지 제대로 알았다면, 그것만으로 전투에서 절반은 승리를 거둔 것이며, 그 자체만으로도 매우 의미 있는 일이다.

투자의 고전을 펴내면서

어느 분야에나 고전은 있다. 문학과 역사, 철학, 과학 분야의 고전은 우리 인간이 쌓은 지식의 보고(寶庫)다. 고전은 세월의 검증을 받은 책이고, 고전이기에 틀림없이 우리에게 무언가 좋은 것을 말해줄 것이다. 수많은 독자들로부터 위대한 책으로 인정받았기 때문에 고전이 된 것이다.

투자 분야의 고전도 마찬가지다. 투자의 고전을 통해 우리는 투자 이론과 투자 심리를 이해할 수 있고, 투자 역사와 투자 산업을 통찰할 수 있다. 우리나라 주식시장에서 외국인 투자자가 활개를 치는 이유는 자금력이 우세해서도, 정보력이 뛰어나서도 아니다. 이들이 늘 한 발 앞서 갈수 있는 것은 다름아닌 지식이라는 힘을 가졌기 때문이다. 이 지식은 투자의 고전에서 나온 것이다.

우리나라 투자자들도 이 지식으로 무장할 수 있다. 그러기 위해서는 훌륭한 투자의 고전이 한국어로 번역돼야 한다. 처음부터 우리말로 쓰여지지 않았다고 해서 우리의 것이 아니라고 여겨서는 안 된다. 기본적으로 저자가 쓴 글이 어떤 의미를 가진 텍스트라면 그것은 어떤 언어를 통해서든 이해하고 소화할 수 있어야 한다. 제대로 된 번역이 절실히 요구되는 이유이기도 하다.

모든 분야의 고전이 한국어로 번역돼야 하는 것처럼 투자의 고전도 반드시 한국어로 읽을 수 있어야 한다. 고전 읽기는 뿌리를 찾아가는 여행이다. 투자의 분야도 예외일 수 없다.